잘 살았다고 말할 수 있기를

잘 살았다고 말할 수 있기를

A LIFE WELL LIVED

맨프레드 케츠 드 브리스 지음 | 김현정·양재희 옮김

더블북

서문

잘 살았다고 말할 수 있는가

이 책의 원 부제는 '카부터와의 대화'이다. 이 부제에 대해 어떻게 설명해야 할까? 물론, 특색 있는 표현을 제목에 넣어 독자의 관심을 끌려는 의도가 있었다. 하지만 네덜란드 사람이 아니라면 '도대체 카부터가 뭐지?'라고 생각하며 고개를 갸웃거릴 것이다. 이 질문에 대한 답은 곧 설명하겠다.

이 책은 그동안 내가 받은 각양각색의 질문에 대한 답을 담고자 집필한 것이다. 그 질문들은 우리가 살면서 한 번쯤 겪는 유별난 경험이나, 근본적인 삶의 문제들과 밀접하게 관련되어 있었다. 나는 사회에서 다양한 역할을 맡고 있다. 필요에 따라 정신분석가, 리더십 코치, 경영관리 교육가, 연구자 그리고 작가 입장에 선다. 하지만 어떤 역할로 대중 앞에 서든, 내가 받는 질문 대부분은 결국 '후회 없는 삶이란 무엇인가'에 관한 것이었다.

나는 이러한 질문에 답하는 데 '이야기'만큼 효과적인 것이 없다고 생각한다. 결국, 인생 자체가 이야기 모음집 아니겠는가? 우리는 이야기를 통해 기억을 새기고 깨달음을 얻는다. 교육자로서 나는 이야기꾼, 그러니까 이야기를 잘 만들고 전달하는 사람이 되어야겠다고 생각했다. 우리는 이야기를 통해 해결할 수 없어 보이는 어려움을 이해하고, 수수께끼 같은 딜레마 상황의 의미를 깨닫는다.

이 책은 인생의 고락과 딜레마를 다룬다. 모든 일이 잘 풀리는 시기에는 행동마다 활기가 가득 차 하루하루가 무난하게 흘러가는 것처럼 느껴지게 마련이다. 하지만 모든 일이 꼬이는 시기라면 잠시 멈춰 자신을 돌아보고 각자가 진정 원하는 삶을 살고 있는지 자문할 필요가 있다.

이야기는 호모 사피엔스에게서 떼어놓을 수 없는 특징이다. 나는 특히 동화, 전설, 영웅담, 신화에 매력을 느껴왔고, 삶의 어려움을 빗대어 설명하기 적합한 이야기들을 찾아왔다. 이러한 이야기들은 재미뿐만 아니라 가치 있는 삶을 사는 데 필요한 도덕적 교훈, 우리가 마주할 도전에 대한 경고, 그리고 그 도전에 어떻게 대처해야 하는지에 대한 지침을 담고 있다. 정신분석가로서, 나는 이러한 이야기들이 가진 묵직한 메시지에 빠져들 수밖에 없었다.

나는 늘 이야기가 어떻게 생겨났는지 궁금했다. 처음에 이야기는 어떻게 움트게 되었을까? 사람들이 이야기를 만들어내도록 이끈 원동력은 무엇일까? 그리고 어떻게 전 세계 여러 다른 지역에서 흩어져 시작된 수많은 이야기가 이토록 많은 공통점을 갖고 있을까? 인간의 본성에 관해 이야기가 말해주는 것은 무엇일까?

이런 호기심을 품고 있을 때, 나는 아주 색다른 연극을 보고 충격을 받았다. 1985년, 네덜란드에서 프랑스로 다시 정착하던 그해, 나는 연극 연출가이자 영화감독인 피터 브룩Peter Brook이 연출한 힌두 서사시 〈마하바라타Mahabharata〉를 접했다. 장장 9시간에 걸쳐 진행된 이 대작을 보며 큰 깨달음을 얻었다. 인류를 매료시킨 수많은 이야기의 기원에 대한 오랜 의문이 풀리는 순간이었다. 지금도 이 공연을 보며 전율했던 기억이 생생하다. 시각적 요소와 대사가 함께 빚어낸, 그야말로 잊지 못할 경험이었다.

〈마하바라타〉는 선과 악의 대결을 다룬 전통적인 도덕극과는 달랐다. 이 작품은 매우 복잡한 도덕적 딜레마에 빠진 인간들의 모습을 그려냈다. 인간이란 선과 악으로 쉽게 구분할 수 없는 매우 복잡한 존재임을 일깨운 것이다. 등장인물들은 다양한 양상으로 각자의 모습을 드러냈고, 그 앞에 '선' 또는 '악'이라는 이분법적 구분은 무의미했다.

이 작품이 낯선 독자들을 위해 설명을 덧붙여 보겠다. 〈마하바라타〉는 산스크리트어로 된 고대 인도의 주요 서사시 중 하나로, 기원전 8세기 또는 9세기로 거슬러 올라간다. (후기 청동기 시대에서 초기 철기 시대로, 인도 역사로 보면 베다 시대에 해당한다.) 〈마하바라타〉는 신화적이고 교훈적인 이야기 모음집으로, 왕실의 두 파벌 사이에서 벌어지는 갈등 속에 영웅 서사가 주축을 이루며 전개된다. 죽은 자와 산 자에 대한 여러 작은 이야기들이 얽혀 제시되는 가운데 철학적 담론이 함께 펼쳐진다. 마치 마트료시카 인형처럼 중심 서사 속에 다른 이야기들이 겹겹이 중첩되어 있는 구조인 것이다.

연극을 보면서, 나는 〈마하바라타〉가 인도의 단편 모음집인 『판차탄트라Pañchatantra』와 『자타카Jātaka』에 나오는 이야기들에 영향을 주었을 것이라고 생각했다. 『판차탄트라』는 동물들의 익살스러운 행동을 통해 젊은 귀족들에게 지혜와 미덕의 가치를 가르치고자 쓰인 작품이다. 인간처럼 말하고, 생각하고, 행동하는 동물들을 이야기에 등장시킨 것은 인간의 본성과 행동을 극화하는 영리한 방법이었다. 〈마하바라타〉처럼, 『판차탄트라』도 주요 줄거리 속에 작은 이야기들이 중첩된 구조를 갖고 있다.

『판차탄트라』 속 이야기들은 다시 『자타카』에 담긴 이야기들에 영향을 미쳤다. 『자타카』는 싯다르타 고타마Siddhartha Gautama, 부처가 다양한 난제에 빠진 여러 등장인물들과 만나 인연을 맺는 과정을 그린 500여 개의 일화와 우화로 구성되어 있다. 부처는 등장인물이 겪는 문제를 해결로 이끌어 그들이 행복한 결말에 이르도록 돕는다. 이 이야기들의 목적은 사람들이 자기희생, 겸손, 정직, 도덕과 같은 가치의 중요성을 깨닫고 인격을 함양하도록 하는 데 있다. 『판차탄트라』와 『자타카』 모두 철학, 심리학, 사회학, 정치, 경제, 음악, 그리고 인간관계를 다루며, 각 이야기는 인생에서 마주하게 되는 어려움을 어떻게 성찰하고 대처해야 하는지를 알려준다.

나는 이 고대 이야기들을 읽으면서, 그 내용이 그리스 신화, 이솝우화, 라퐁텐 우화, 마더 구스 이야기 그리고 그림 형제가 수집한 동화들과 어떻게 연결되어 있으며, 또한 어떻게 중동의 유명한 이야기들과 서양의 자장가, 서사시의 원천이 될 수 있었는지를 이해할 수 있었다. 이 이야기들은 모두 도덕적인 교훈을 담고 있어 세계 여러 지역의 공동체에서 인기를 끌었고, 세대를 거쳐 전승되며 각 지역의 특성에 맞게 변형되어 왔다.

이 이야기들이 널리 퍼진 이유는 동서양을 잇는 무역로였던 실크로드의 문화적 중요성으로 설명할 수 있다. 무역상들은 낙타나 말이 이끄는 마차를 타고 실크로드를 따라 중국, 일본, 인도, 중동, 유럽을 오가며, 큰 여관이나 숙소에서 머물렀을 것이다. 여행자들이 모이는 이런 휴식처에서 쉬는 동안, 길에서 들었던 이야기들을 서로 나누었을 모습은 어렵지 않게 상상해볼 수 있다. 이전에도 그랬듯, 그 이야기들은 반복해서 전해졌을 것이다. 등장인물과 배경이야 이야기하는 사람과 상황에 따라 달라질 수 있었겠지만, 인간과 동물의 어리석음에 대한 교훈은 그대로 남아 있었을 것으로 보인다.

이 책에서도 나는 이러한 패턴을 따르려고 했다. 카부터와의 대화 속에 언급되는 교훈적인 이야기들은 『판차탄트라』와 『자타카』에서 각색된 다양한 이야기에서 영감을 받은 것이다. 나는 이 이야기들을 소크라테스식 문답법을 통해 전달하기로 했다. 그리스 철학자 소크라테스가 처음 사용한 이 방법은 스승과 제자가 정해진 답 없이 대화를 나누며 각자의 신념과 가치관, 가설을 탐구하도록 돕는 대화법이다. 소크라테스는 끊임없이 질문을 던져 제자들이 비판적으로 사고하여 각자의 관점을 도출할 수 있도록 독려했다. 이 방법은 논의 주제에 더 적극적으로 참여하게 한다는 점에서 매우 효과적인 것으로 알려져 있다.

소크라테스의 제자 플라톤은 이 대화법을 기록으로 남기면서, 소크라테스를 아테네의 저명인사들에게 끊임없이 질문을 던지는 호기심 많은 질문자로 묘사했다. 소크라테스의 질문을 받은 당대의 저명인사들은 마치 아바타처럼 다른 이를 대변하는 역할을 맡았다. 소크라테스식 대화를 통해 '발전을 위해 견뎌야 하는 불편함'이라는 개념이 퍼졌으며, 학생들은 더 이상 교사의 가르침을 가만히 앉아 지켜보는 식으로 배울 수 없었다. 고도의 집중이 필요해진 것이다. 질문은 언제든지 자신을 향할 수 있었고, 질문을 받은 사람은 반드시 대답을 해야 했다. 이 교육 방법은 독립적인 사고를 촉진하는 데 매우 효과적이었다. 학생들은 배운 내용에 의문을 갖고, 눈에 보이는 것을 넘어 사고하는 방법을 익혔다. 그러나 소크라테스식 대화의 궁극적인 목표는 도덕 교육에 있었다. 여기서 도덕 교육이란, 플라톤의 국가Republic에서 소크라테스가 강조한 바와 같이, 학생들이 어떻게 가치 있는 삶을 살아야 할지를 스스로 깨닫도록 돕는 일이었다.

이 책을 쓰기로 결심했을 때, 내 안의 두 가지 모습을 의인화하여 소크라테스식 대화를 나누게 해 보면 어떨까 하는 생각이 떠올랐다. '순진한 나'와 '성찰적인 나'가 나누는 대화였다.

교육자 입장에서, 이런 대화 방식이 후회 없는 삶을 사는 방법에 대한 질문에 답하는 흥미로운 접근이 될 수 있겠다는 생각이 들었다. 내가 인생에서 배운 교훈들을 강조하기에도 좋은 방법이었다.

그다음으로, 나는 '성찰적인 나'를 대신할 아바타를 누구로 할지 고민했다. 어린 시절 들었던 이야기들을 떠올려 보던 중, 카부터kabouter를 사용하면 어떨까 하는 생각이 스쳤다. 내가 태어난 네덜란드에서 카부터는 무척 친숙한 존재로, 아일랜드의 레프리콘leprechauns, 스칸디나비아의 톰테tomtes와 닛세nisses, 영국의 호브고블린hobgoblins과 놈gnomes, 스코틀랜드의 브라우니brownies, 그리고 독일의 클라바우터klabauters와도 유사하다. 네덜란드어인 kabouter는 '옛 이야기에 나오는 작은 남자 요정'을 일컫는 코볼트kobolt에서 유래했다.

카부터는 축소된 인간의 모습으로, 언덕이나 동굴에 사는 지혜로운 존재이다. 보통 긴 흰 수염과 회색, 빨강, 혹은 밝은 색의 원뿔형 모자나 니트 모자를 쓴 모습으로 묘사된다. 카부터는 선하게도, 악하게도 행동할 수 있다. 자신을 존중하지 않는 사람에게는 쉽게 화를 내며 골탕을 먹이지만, 자신을 잘 대우해 주는 이들에게는 불행을 막아주는 수호자 역할을 하는 것으로 알려져 있다.

카부터를 아바타로 선택한 또 다른 이유는 두 세계를 넘나들기 용이했기 때문이다. 하나는 이성적이고 의식적인 일상의 세계이고, 다른 하나는 독자들이 신화적이고 환상적인 세계로 받아들일 수 있는 세계이자 우리의 무의식을 대표하는 꿈, 공상, 그리고 불가능해 보이는 일들이 가능해지는 세계였다.

이 책은 결과적으로 험지를 헤매는 여행자(순진한 나)와 카부터(성찰적인 나) 사이의 대화로 구성됐다. 나는 아바타 카부터를 베르길리우스Vergilius라고 여겼다. 베르길리우스는 단테의 작품에서 지옥과 연옥으로의 여정을 안내하는 역할을 한 인물이다. 하지만 이 책에서 '순진한 나'는 시베리아 야생에서 (여러가지 의미로) 길을 잃는 것으로 설정되어 있다.

시베리아 아무르Amur 지역은 나에게 꽤 친숙한 장소이다. 이 지역은 강, 범람원, 습지, 드넓은 초원, 툰드라, 목초지, 북방림, 아열대림이 마치 네트워크처럼 연결되어 있어, 북부와 남부의 다양한 동식물을 모두 만날 수 있다. 러시아, 중국, 몽골의 일부를 포함하는 아무르-헤이룽Amur-Heilong 지역에는 세계에서 가장 잘 보존된 '온대림'이 자리하고 있다. 이 온대림은 기후가 온화하고 강수량이 풍부하며, 겨울이 혹독함에도 놀랍도록 다양한 동물이 서식한다. 북방림과 열대림이 만나는 곳으로, 전 세계에서 가장 독특한 장소 중 하나로 꼽힌다. 여름 평균

기온은 약 20도이고 비가 많이 내리지만, 겨울에는 기온이 영하 40도까지 내려가며 눈은 거의 내리지 않는다. 러시아 극동에 위치한 이 지역에는 독특한 동식물이 서식하고 있지만, 이러한 다양성에도 불구하고 사람이 거주하기는 어려운 환경이다. 야생 덩굴과 레몬그라스가 온갖 나무와 덤불에 얽혀 있는 울창한 숲이기 때문에, 사람들이 이동하기가 쉽지 않기 때문이다. 이 지역의 숲에는 귀룽나무, 인동덩굴, 마가목, 산사나무, 라즈베리, 야생 인삼과 같은 열매 나무가 번성하며, 각종 견과류 나무와 버섯, 씨앗, 자작나무 수액, 알뿌리 식물, 고사리, 채소, 허브 등 먹거리를 제공하는 삼림 자원도 풍부하다. 서식하는 동물군 역시 다양하다.

이 지역에는 일반 다람쥐와 날다람쥐, 여우, 늑대, 무스, 만주 사슴, 담비, 스라소니, 사향 사슴, 시베리아 노루, 갈색 곰, 흰입술곰, 희귀한 아무르 표범, 그리고 지구상에서 가장 큰 고양잇과 동물인 아무르 호랑이가 살고 있다.

호숫가와 강둑에는 사향쥐, 밍크, 극동 거북이 등이 살며, 습지에는 다양한 어류가 서식한다. 또한 이곳은 거위, 두루미, 황새, 오리 등 철새 수백만 마리가 거쳐 가는 주요 경로이자, 물까치, 찌르레기, 들꿩, 멧닭, 검은 뇌조, 꿩, 자고새 등 희귀종에 속하는 다양한 조류가 사는 서식지이다. 이처럼 놀랍고

경이로운 이 지역은 내가 설정한 두 자아가 대화를 나누기에 완벽한 장소였다.

이 특별한 야생의 땅에서 두 인물은 처음 만났고, 카부터가 인간의 삶에서 중요한 주제들을 하나씩 소개하기 시작하자 이 책은 후회 없는 삶을 사는 방법에 대한 담론이 되었다. 마치 실크로드를 오갔던 상인들처럼, 나는 옛이야기들을 주제에 맞게 각색했으며, 카부터와의 대화는 현실에서 설정된 한계를 넘어 미지의 영역으로 나아가는 장치가 되어 주었다. 나는 독자들이 이 대화 과정을 지켜보며, 자신이 과거나 현재에 맞닥뜨렸거나 앞으로 직면해야 할 어려움들을 스스로 성찰할 수 있기를 바란다.

내게 심리 분야의 임상 경험이 있다 보니, 자연스레 많은 대화가 심리적인 주제를 다루고 있다. 그동안 나는 언제나 인간의 '내면 극장inner theatre'을 보다 잘 이해하는 일에 관심을 갖고 활동해 왔다. 특히, 내면 극장에서 사용되는 대본을 우리가 어떻게 연기하며 살아가는지가 주요 관심 대상이었다. 이를 위해, 정신분석이론, 진화론, 발달 이론, 신경학 이론을 접목해 왔지만, 내담자와의 상호작용에서 어떤 형태로든 진전을 이룰 수 있다면 유용하다고 판단되는 모든 임상 방법을 얼마든지 활용할 준비도 되어 있다.

카부터와의 대화에는 후회 없는 인생이란 무엇인가에 답하는 데 필요한 다양한 주제를 담았다. 특히 타인과 내가 이루는 조화의 중요성, 친밀한 관계 구축의 필요성, 그리고 자신의 역량을 넘어서는 일에 대한 도전을 강조하고자 했다. 의미 있는 삶을 산다는 것은 무엇이 자신을 살아있게 하는지를 깨달았다는 뜻이며, 자신의 역량을 파악하고 올바른 선택을 하는 방법을 안다는 말과도 같다. 이 외에도 나는 직업, 가족과 친구, 철학과 이념, 공동체에 대한 헌신의 중요성도 부각하려 했다.

　이 담론을 통해, 독자들이 삶의 중요한 가치들을 더 명확하게 이해할 수 있기를 바란다. 하지만, 이 책을 완전히 새로운 아이디어만으로 채울 수는 없었음을 고백한다. 인류가 쌓아온 지혜의 깊이는 그만큼 놀랍다. 아이작 뉴턴Isaac Newton은 '내가 더 멀리 볼 수 있었다면, 그것은 오직 거인들의 어깨 위에 서 있었기 때문이다'라고 말한 바 있다. 앞선 세대의 지식인들에 대한 경의를 참신하고 감동적인 비유를 사용해 표현했던 것이다. 나도 같은 마음으로 이 책을 집필했다. 과거의 많은 작품들을 창작의 원천으로 삼았고, 나보다 앞선 세대를 살아간 사상가들로부터 얻었던 통찰을 대화에 담아냈다.

　이제 인간 본성과 딜레마에 대한 통찰을 제공하는 이야기 하나로 서문을 마무리하려고 한다. 어느 석공에 대한 이야기이다.

먼 옛날, 스스로에게 만족하지 못하는 석공이 있었다. 자신의 삶 역시 못마땅하기는 마찬가지였다. 그러던 어느 날, 석공은 부유한 상인의 집을 지나가다 문틈으로 안을 엿보게 되었다. 귀한 물건들로 가득 찬 집에 기품 있는 손님들로 북적이는 모습을 보자 석공은 상인이 몹시 부러워졌다.

"저 상인은 얼마나 대단한가! 나도 저런 상인이 되면 좋겠다!"

놀랍게도 석공의 소원이 이루어졌다. 석공은 갑자기 상인으로 변했고, 상상조차 할 수 없었던 부와 권력을 누리게 되었다.

그러던 어느 날, 상인이 된 석공은 고위 관료가 행차하는 모습을 보았다. 가마를 탄 관료 곁에는 수행원들이 있었고, 군인들은 북을 울리며 그를 호위하고 있었다. 부유한 상인이라 하더라도 관료의 행차 앞에서는 몸을 낮춰 절을 해야 했다.

"저 관료는 얼마나 대단한가! 나도 저런 관료가 되면 좋겠다!"

다시 한번, 소원이 이루어졌다. 그는 고위 관료가 되어 자수가 놓인 가마를 타고 어디든 행차했다. 하지만 사람들은 그를 두려워하고 미워했다.

어느 무더운 여름날이었다. 이제는 고위 관료가 되어 가마를 타고 다니던 석공은 작렬하는 햇빛 때문에 피부가 타들어 가

는 느낌이 드는 것이 싫었다. 태양은 자신의 존재 따위는 아랑
곳하지 않고 하늘에서 찬란하게 빛나고 있었다.

"저 태양은 얼마나 대단한가! 나도 저런 태양이 되면 좋겠
다!"

곧 그는 태양으로 변해 모든 이의 머리 위에서 강렬한 빛을
내리쬐었고, 밭을 태워 농부와 일꾼들의 불만을 샀다. 하지만
개의치 않았다. 태양이 된 자신이 좋았기 때문이다.

그러나 만족은 오래가지 않았다. 먹구름이 햇빛을 가로막아
땅에 닿지 못하게 하자 짜증이 치밀었던 것이다.

"저 구름은 얼마나 대단한가! 나도 저런 구름이 되면 좋겠
다!"

구름으로 변한 석공은 비를 쏟아붓고 들판과 마을에 홍수를
일으켜 모두의 미움을 샀다. 그러나 얼마 지나지 않아, 그는 자
신이 어떤 강력한 힘에 의해 밀려나는 것을 느꼈다. 바람이었
다.

"저 바람은 얼마나 대단한가!" 나도 저런 바람이 되면 좋겠
다!"

석공은 순식간에 바람이 되어 집의 지붕을 날려버리고 나무
를 뿌리째 뽑아 버렸다. 그러자 사람들은 바람을 두려워하고
또 싫어했다.

하지만 금세 자신이 아무리 강하게 불어 넘기려 해도 꼼짝하지 않는 것을 발견했다. 거대한 바위였다.

"저 바위는 얼마나 대단한가! 나도 저런 바위가 되면 좋겠다!"

눈 깜짝할 사이에 바위로 변한 석공은 마침내 세상에서 가장 막강한 존재가 된 것 같았다. 그렇게 만족하는 사이, 어디선가 소리가 들려왔다. 아래를 내려다보니, 한 석공이 끌과 망치를 사용해 바위 밑부분을 깎아내고 있었다.

마법 같은 여정의 끝에, 석공은 결국 여정을 시작했던 곳으로 돌아와 있었다. 한 바퀴를 온전히 돌아 제자리에 이른 것이다. 이 이야기는 우리가 무엇을 바랄 때 신중해야 한다는 교훈을 준다. 남이 가진 것이 더 좋아 보일 수 있지만, 막상 그 자리에 가 보면 기대와 달라 놀랄 수 있기 때문이다. 또한, 이 이야기는 인간이 자신이 가진 것에 만족하지 않는 경향이 있다는 사실을 일깨운다. 자신이 누구인지, 어떤 사람인지, 무엇을 가졌는지를 알고, 있는 그대로 감사하는 법을 배운다면 우리는 좀 더 충만한 삶을 살 수 있다. 부처가 말했다. '평화는 내면에서 오는 것이다. 밖에서 찾지 말라.'

목차

둘째 날

셋째 날

넷째 날

다섯째 날

첫째 날

1.
길을 잃었다는
생각이 든다면

　내가 길을 잃은 것일까? 혹시 같은 자리를 맴돌고 있는 것은 아닐까? 잠시 길을 잃고 헤맬 때 쉽게 돌아 나올 수 있는 샛길이라도 있으면 좋으련만, 이곳에는 방향을 일러주는 이정표 하나 없다. 나는 집에서 멀리 떠나와 시베리아의 야생을 탐험하고 있다. 좀 더 정확히 말하자면, 이곳은 북방림과 아열대림 사이에 있는 어느 울창한 숲 지대다. 매일 반복되는 바쁜 일상에서 벗어나 자연을 탐험하고 싶었다. 익숙한 환경에서 벗어날 필요가 있다고 생각했던 것이다. 나는 자연에서 보내는 시간이 감정을 다스리는 데 효과가 있다고 굳게 믿는 사람이다. 자연 속에 있으면, 다시 중심을 다잡아 삶의 우선순위를 바로 세울 수 있다. 최근 나의 심리 상태는 지금 내 몸이 처한 상황과 별반 다르지 않았다. 어쩐지 길을 잃고 헤매는 기분이었달까? 그런 기분이 드는 이유를 특정할 수는 없지만, 몇 가지 이유는 댈 수 있었다. 하지만 그 이유가 무엇이든, 너무 많은 시간을 도시에서 보내고 있다는 것만큼은 분명했다. 자연과의 단절은 나의 내면에 영향을 미친다. 그래서 다시 자연으로 돌아가 내게 진정으로 중요한 것이 무엇인지 알아내야겠다고 마음먹었다.

누군가에게는 진정한 나를 찾겠다며 험지를 떠도는 일이 엉뚱하거나 어리석어 보일 수도 있다. 그러나 나는 그 의미를 잘 안다. 탐험을 즐기는 사람으로서, 나는 이런 땅에서 살아남는 것이 얼마나 어려운지, 또 생존 필수품으로 무엇을 꼭 챙겨야 하는지도 잘 알고 있었다. 이런저런 고민 끝에, 놀랍도록 다양한 생물이 서식하는 시베리아 야생을 몇 주간 탐험하기로 했다. 이 탐험이 정신 건강에 도움이 된다고 생각했다. 복잡한 머리를 비우고, 내면의 고뇌를 마주보기에 이보다 더 좋은 방법은 없었다. 이 여정을 통해 내 삶이 나아가야 할 방향을 잡고 존재의 의미를 깨닫게 될 것이라고 믿어 의심치 않았다.

나는 탐험 경험이 많은 편이라 야생에서 겪게 되는 어려움에 대해 잘 알고 있었다. 열악한 환경에서 활동하는 데 필요한 체력을 한 번도 얕잡아 본 적이 없고, 이런 환경에서는 체력이 뒷받침되어야 버틸 수 있다는 사실도 익히 알고 있었다. 자아는 근본적으로 신체적 경험을 통해 형성된다는 말도 있지 않은가? 험지에서 몸이 녹초가 되는 경험에 비하면, 심리적인 방황은 사치스럽게 느껴지기도 하니 말이다. 야생에서는 물자가 부족해 어려움을 겪게 될 수도 있다. 실제로 길을 잃는 실수는 그 자체로 감당하기 어려운 시련임을 이곳에서 절실히 깨닫고 있다.

자연스레, 단테Dante의 『신곡Divine Comedy』 첫 구절이 머릿속에 떠올랐다.

"우리네 인생 여정 한가운데에서
어두운 숲을 헤매는 나를 보네.
곧게 나아갈 길을 잃어버린 나…"

나 또한 이런 상황에 처했기 때문일까? 아니면 몸도 마음도 길을 잃었기 때문일까? 그러나 지금은 심리적으로 길을 잃었었는지를 고민할 상황이 아니었다. 주위를 둘러보다 이상한 느낌이 들었기 때문이다. 몇 시간 전에 빵을 먹으려고 앉았던 나무가 이 나무 아닌가? 여기서 블루베리를 한 움큼 땄던 것 같은데? 잎갈나무를 봤던 산이 왜 여기에도 있지? 그리고 저 바위는? 내가 이동을 하기는 한 걸까? 분명 지도에 나온 마을을 향해 가고 있었는데 돌고 돌아 제자리라니, 이게 가당키나 한 일인가?

길을 잃었을지도 모른다. 하지만 크게 당황하지 않았다. 평소에도 숲을 걷다가 여러 번 헤맨 적이 있었다. 평평한 들판이나 숲에서는 방향을 잡기가 쉽지 않다. 산이 있는 지형과 달리, 모든 것이 엇비슷해 보여 기준점을 정하기 어렵기 때문이다. 게다가 나는 쉽게 잡생각에 빠져 방향에는 주의를 잘 기울이지 않는 편이었다.

한동안 내 마음이 발길을 따라 방황하고 있었다는 생각이 들었다. 시골에서 자란 나는 마치 동화에나 나올 법한 아름다운 숲과 들판을 뛰어다니며 어린 시절을 보냈다. 그때의 기억들이 이곳 시베리아 야생에서 한껏 되살아났다. 낙엽 색깔이 어찌나 다채로운지! 울긋불긋한 색의 향연에 눈이 즐거웠다. 나무 아래 핀 이끼 위로 버섯도 많이 돋아 있었다. 넓게 퍼진 걸 보니 아무 데서나 잘 자라는 버섯 같았다.

어린 시절, 할머니, 어머니와 함께 버섯을 따던 기억이 떠올랐다. 두 분은 내게 식용버섯과 독버섯을 구별하는 방법을 알려주셨다. 꾀꼬리버섯, 그물버섯 같은 다양한 버섯을 찾아내는 즐거움도 그때 배웠다. 덕분에 나는 사냥, 낚시, 채집 같은 활동에 일찍부터 익숙해질 수 있었다. 이곳에서 온갖 종류의 버섯을 보니 예전에 내가 만들었던 버섯 요리들의 맛과 향이 떠올랐다. 하지만 버섯 구경에 정신이 팔려 걷다가 결국 길을 벗어나게 된 것 같았다.

그리고 죽은 나무에 난 구멍에서 박쥐를 발견했을 때, 슈트라우스Strauss의 오페레타 〈박쥐Die Fledermaus〉의 선율이 떠올라 잠시 산만해지기도 했다. 할머니와 어머니가 아리아를 부르던 장면이 스쳐 지나갔고, '더는 바뀔 가능성이 없는 것을 포기하는 사람이 행복하다'라는 가사가 머릿속에 맴돌았다. 그 가사를 들을 때면, 나는 슈트라우스가 무언가를 먼저 깨달은 사람이라고 느끼곤 했다.

한편 〈박쥐〉 선율에 슬픔이 밀려오기도 했다. 할머니가 농가 부엌 한쪽에 있는 작은 욕조에서 어린 나를 씻기며 자주 부르던 노래였기 때문이다. 그때의 기억은 아직도 생생하다. 할머니는 아마추어로 오페레타 공연을 하던 분이셨다. 어린 시절, 욕조에 앉아 듣던 할머니의 아리아들은 내 기억 속에 깊이 새겨져 있다.

할머니와는 어린 시절을 오래 보내지 못했다. 병환으로 일찍 돌아가셨기 때문이다. 할머니가 젊은 나이에 폐렴으로 돌아가셨을 때, 내가 받은 충격은 컸다. 내가 기억하는 첫 번째 죽음이었다. 언젠가 할머니는 나를 씻기면서, '이 할미가 죽더라도 기억해 줄 수 있겠니?'라고 물으셨다. 그때, 슬프면서도 허탈했던 기억이 난다. 물론 할머니는 내 기억에서 지울 수 없는 존재지만, 당시에는 할머니가 없는 삶을 감히 상상조차 할 수 없었다. 오랜 세월이 지난 지금도 할머니가 돌아가셨을 때 느꼈던 슬픔과 절망감이 또렷이 남아있다.

누군가의 기억 속에 살아 있는 한 그 사람은 죽은 게 아니라고들 한다. 하지만 시간이 흐를수록 대부분 기억이 희미해진다는 사실을 받아들이기란 쉽지 않다. 시간은 무언가를 변화시킬 힘이 있고, 기억은 휘발되기 마련이다. 할머니를 떠올리다 보니 슬픔이 물밀듯 밀려왔다. 우리 가족의 중심이었던 할머니가 돌아가신 후 많은 것이 달라졌다. 할아버지는 할머니의 부재를 견디지 못하셨다. 지금 내가 시베리아 야생에서 길을 잃고 헤매는 것처럼, 할아버지도 배우자를 잃고 방황하셨다. 이제는 할아버지가 돌아가셨던 나이도 지나버린 내가 갑작스러운 감정 변화라도 겪고 있는 걸까? 어쩌면 나는 다가오는 죽음에 대한 집착 때문에 남은 생을 잘 살아갈 방법을 찾으려고 이곳에서 방황하고 있는 것인지도 모른다.

이제 다시 지금 이곳에 집중할 시간이다. 숲은 도시에 비해 당연히 조용할 것 같지만, 실제로는 온갖 소리로 가득 차 있다.

이윽고 까마귀 울음소리가 들려왔다. 진정한 야생의 소리였다. 다람쥐, 눈덧신토끼, 검은 꿩이 부산스럽게 움직이며 내는 소리도 들렸다.

곧 다시 어린 시절 기억이 떠올랐다. 토끼를 잡으려고 쫓아다니던 날이다. 당시 나는 사냥과 채집을 하는 사람이 되고 싶다는 생각에 사로잡혀 있었다. 이 열망은 아마도 어머니가 들려주신 제2차 세계대전 때의 경험담에서 비롯되었을 것이다. 당시 네덜란드는 식량 부족과 기아에 시달리고 있었다. 외조부모님은 나치를 피해 다니던 피난민들을 집에 숨겨주었고, 어머니는 이들을 위해 시골로 식량을 구하러 다녀야 했다.

이 과정에서 어머니는 자신을 매우 중요한 존재라고 느꼈다고 한다. 가족과 피난민들의 먹거리를 자신이 책임지고 있다는 생각 때문이었다. 이 이야기의 영향 때문이었는지, 나도 가족의 생계를 책임지는 사람이 되고 싶다는 생각을 언젠가부터 갖게 되었다. 지금도 나는 언제나 집에 먹을 게 넉넉하게 있는지 신경 쓴다. 가족을 책임지고 부양하는 역할을 빼놓고는 내 정체성을 완전히 설명할 수 없을 정도다.

내가 일곱 살이던 어느 날, 만화책 『도널드 덕Donald Duck』을 넘겨보다가 도널드가 토끼 사냥용 덫을 만드는 장면에 눈이 번쩍 뜨인 적이 있다. 도널드는 큰 상자를 거꾸로 뒤집어 한쪽

끝을 막대기로 떠받쳤다. 토끼가 덫으로 들어오는 순간 막대기에 달린 줄을 잡아당길 생각이었다. 토끼를 유인하기 위해 당근을 상자 아래에 놓아두는 것도 잊지 않았다.

도널드는 토끼가 잘 다니는 곳에 덫을 설치한 다음 덤불 뒤에 숨어 때를 기다렸다. 예상대로 토끼가 나타나 미끼를 물자, 도널드는 재빨리 밧줄을 당겼고, 우당탕, 토끼가 잡혔다.

얼마나 순진했었는지, 나는 곧장 도널드를 따라 덫을 만들었다. 꽤나 공을 들여 나만의 걸작을 완성한 뒤, 상자 아래 당근을 내려놓고 덤불 뒤에 숨어 기다리고 또 기다렸다. 하지만 실망스럽게도 아무 일도 일어나지 않았다. 가족의 생계를 책임지겠다는 마음으로 도널드를 따라 제대로 위장까지 했건만, 아무 일도 일어나지 않았다. 내 당근에 관심을 보인 토끼가 한 마리도 없다니! 하염없이 기다리다 결국 덫을 챙겨 터덜터덜 집으로 돌아갔다.

돌이켜 보니, 이 사건 이후 야외 활동을 할 때마다 하나씩 교훈을 얻기 시작했던 것 같다. 하지만 당시 생각은 좀 달랐다. 나는 실망 가득한 목소리로 집에 토끼를 잡아 오려던 계획이 무산된 이야기를 어머니에게 털어놓았다. 어머니 입장에서는 그저 웃어넘길 수도 있는 일이었다. 그러나 내 얼굴에 어린 슬픈 표정 때문이었는지, 어머니는 원래 토끼들은 영리해서 그런

덫에 잘 걸리지 않는다며 도널드가 운이 좋았다고 말씀해 주셨다. 저녁 식탁에 토끼 요리를 낼 수 있었다면 좋았을 거라고도 덧붙여 주셨다.

하지만 궁금했다. 도널드는 어떻게 성공했을까? 나와 무엇이 달랐을까? 어리석게 들릴지 모르지만, 이 사건을 계기로 나는 인생이 항상 공평하지만은 않다는 사실을 깨달았다. 남을 무턱대고 따라 하지 말아야겠다는 다짐도 하게 되었다.

그때의 나는 어머니의 위로가 크게 도움이 되지는 않아, 외할아버지를 찾아갔다. 할아버지는 내 이야기를 좀 더 안타깝게 들으시더니, 포기하지 말라고 응원해 주셨다. 언젠가 할아버지는 내가 좋은 운을 타고났으니, 그저 인내심을 갖고 뭐든 꾸준히 하면 된다고 말씀해 주신 적이 있다. 인생에서 가장 중요한 덕목인 인내와 끈기를 갖고 있다면, 내가 뜻한 바를 모두 이루게 될 거라는 덕담이었다. 할아버지 말씀이 정말 마음에 들었다. 결코 잊지 못할 인생 교훈이었다. 겉으로는 아닌 듯 보여도, 내게는 누구에게도 뒤지지 않을 인내심과 끈기가 있다. 나는 결코 쉽게 포기하는 사람이 아니다.

사냥과 채집 경험이 해를 거듭해 쌓이면서, 인내와 끈기에 대해 많은 것을 배웠다. 오랫동안 조용히 앉아 있는 방법, 동물과 사람을 관찰하는 방법, 사람들의 말을 주의 깊게 듣는 방법도 익혔다. 내가 다른 사람을 잘 관찰할 수 있게 된 것은 이런 경험들 덕분이었다.

인내와 끈기 얘기는 이쯤 해두자. 지금 분명히 말할 수 있는 것은 어린 시절 숲을 탐험했던 경험이 시베리아 아무르 야생에서 길을 찾는 데는 별 도움이 되고 있지 않다는 사실이다. 어린 시절 내가 살던 곳에서는 길을 찾는 방법을 알아 둘 필요가 없었다. 길 잃을 일이 드물었기 때문이다. 집 근처 숲은 그리 넓지 않았다. 내가 태어난 네덜란드는 단 몇 시간이면 차로 횡단할 수 있을 만큼 작은 나라다. 하지만, 시베리아 야생은 차원이 달랐다. 내가 서 있는 곳은 덤불을 헤치며 걷고 또 걸어도 끝에 닿을 수 없는 광활한 숲속이었다.

그럼에도 아직 크게 당황하지는 않았다. 왜냐하면 다음 마을로 가는 길을 곧 찾게 될 거라 낙관했기 때문이다. 애초에 해결하려던 심리적 문제들은 제쳐두고, 지금은 눈앞에 닥친 현실적인 문제들에 집중할 때였다. 경험에 비추어 볼 때, 마을로 가려면 강을 따라 내려가기만 하면 된다. 강을 따라가다 보면 결국 호수나 바다를 만나게 되고, 그곳에는 문명이 있을 가능성이 높기 때문이다. 그러나 '결국'이라는 단어가 문제다. '결국'이라는 말을 쓰려면 아주 오랫동안 걸어야 할지도 모른다. '결국'은 강을 찾아야만 쓸 수 있는 말인 셈이다. 그래도 그렇게 어려울 것 같지는 않았다. 머리 위로 날아다니는 오리, 거위, 두루미를 보니 이곳이 물이 많은 지역임을 알 수 있었기 때문이다.

어떻게 할지 궁리하던 중, 가까운 덤불에서 무언가 바스락거리는 소리가 났다. 뭐지? 소리로 미루어 보아 토끼나 다람쥐보다는 덩치가 클 것 같았다. 문제는 얼마나 큰가였다. 상상력이 총동원됐다. 곰? 아니면 시베리아 호랑이? 내가 있는 우수리 크라이Usuri Krai 지역은 덩치 큰 고양잇과 동물들의 서식지다. 만약 곰이나 호랑이가 낸 소리라면, 너무 가까운 거리였다. 바로 잡아먹혀도 이상하지 않을 정도로 가까웠다!

걸음을 멈추고 가만히 서서 주의를 기울이자, 바람 소리만 남았다. 바람 소리마저 들리지 않았다면, 정말 기묘한 정적이라 할만했다. 슬슬 불안감이 밀려왔다. 처음에 소리를 잘못 들은 거라고도 생각해 봤지만, 그럴수록 소리를 들은 기억은 점점 더 또렷해졌다. 분명 무언가가 있었다. 부디 나를 먹잇감으로 노리는 동물만은 아니길! 한편으로는 있을 수 없는 일이라고 생각하면서도 누군가 나타나 내게 말을 걸고, 어느 방향으로 가야 할지 알려주면 좋겠다는 생각도 들었다.

이런 생각들이 머릿속을 스쳐 지나가는 사이, 숲에서 어떤 형체가 걸어 나오는 게 보였다. 나무들에 가려 정확히 알아볼 수는 없었지만, 가까워질수록 작은 사람처럼 보였다. 카부터

kabouter였다! 정말 신기한 일이었다. 카부터는 원래 인간에게
보이지 않는 데다 사람들을 피해 다닌다고 알고 있었기 때문
이다. 그런데 내 눈앞에 나타난 이 카부터는 그렇지 않았다!

민을 수가 없어 두 눈을 의심했다. 시베리아 야생에 카부터
라니? 하지만 안 될 것도 없지! 이곳은 샤먼으로 이름난 곳이
기도 하고, 어떤 면에서 카부터도 샤먼이라고 할 수 있으니까.
캐나다에는 거대한 털 복숭이 유인원 사스콰치sasquatch가, 히말
라야에는 거대한 설인 예티yeti가 있지 않은가? 캐나다 로키산
맥에서, 거인이나 냈을 법한 거대한 발자국을 내 눈으로 똑똑
히 본 적도 있고 말이다.

내 눈앞에는 카부터가 서 있었다. 다른 키 작은 카부터들처
럼, 얼굴에는 하얀 턱수염과 콧수염이 자라 있었고, 빨간색 뾰
족모자를 쓰고 있었다. 엉덩이까지 내려오는 파란색 윗도리를
입고, 카키색 바지에 넓은 가죽 벨트를 착용한 채, 큰 등산화를
신은 모습이었다. 누가 봐도 시베리아 야생에서 살아가기 적합
한 옷차림이었다.

카부터의 눈길이 나를 향했다. 무슨 생각을 하고 있는 걸까?
카부터가 "안녕하십니까?"라고 말해, 나도 "안녕하십니까?"라
고 대답했다. 사실, 카부터가 맞든 아니든 살아 있는 존재를 만
났다는 사실만으로도 무척 기뻤다. 길을 잃은 데다, 점점 외로

워지기 시작했다. 게다가, 발자국을 갓 남기고 간 곰이 아니라, 카부터를 만나 천만다행이라는 생각도 들었다.

잠시 말이 없던 카부터가 어쩌면 당연한 질문을 던졌다.

"이 숲에서 뭘 하고 있습니까? 어쩌다 여기까지?"

"자연을 느끼고 싶어 왔습니다. 자연에서 시간을 보내면 언제나 생각이 맑아지고, 인생에서 중요한 것이 무엇인지 더 잘 이해할 수 있었거든요. 저는 야생을 탐험하는 것이 생각의 깊이를 더하는 데 도움이 된다고 믿는 사람입니다. 이번에는 저 자신을 들여다보기 좋은 장소로 시베리아를 선택했습니다."

카부터는 내 대답이 끝나도록 묵묵히 듣고만 있었다. 그 뒤로도 대꾸가 없어 내가 다시 말문을 열었다.

"물론, 저는 독서를 하거나 세미나에 참석하고 학자들과 교류하며 지식을 쌓아 왔습니다. 하지만 어쩐지 부족하게 느껴지더군요. 그래서 여전히 답을 찾고 있습니다."

카부터는 아무 말이 없었지만, 어쩌면 이 만남을 통해 나에 대한 더 깊은 통찰을 얻게 될지 모른다는 기대감이 들었다. 그를 만난 건 운이 좋았기 때문이지 않았을까. 카부터는 지혜가 깊은 현자로 알려져 있다. 어쩌면 내가 가야 할 길에 그가 등불을 밝혀줄지도 모른다. 나에게 어떤 중요한 깨달음을 줄 수도 있다.

그래서 나는 계속 말을 이어갔다.

"저를 도와주실 수 있을까요? 이곳에서 잃어버린 길을 찾아 나가는 것뿐만 아니라, 제 마음속에서 길을 찾는 것도요. 제가 가진 숱한 질문들에 대한 답을 찾을 수 있게 도와주실 수 있을지 궁금합니다. 혼란스럽기만 한 지금의 제 인생에서 가장 중요한 게 무엇인지 그 답을 찾게 도와주실 수 있을까요?"

카부터는 여전히 아무 말도 하지 않았다. 어떤 답이라도 끌어내기 위해 그에게 다른 질문을 던졌다.

"왜 이 숲에 계십니까?"

그의 대답은 간단명료했다.

"내가 사는 곳이 여기니까요. 이곳이 내 집이지요."

길을 잃은 터라 카부터에게 좀 현실적인 질문을 던져 보기로 했다.

"지금 여기가 어딘가요? 제가 있는 위치를 정확히 알고 싶습니다. 대략은 알지만 맞는지는 모르겠습니다. 아, 오해는 마십시오. 진짜 길을 잃은 건 아닙니다. 설령 그렇다 해도, 제가 길을 잘 찾습니다. 이 몸 하나는 간수할 수 있다는 말씀입니다."

이게 웬 궤변인가? 내가 시베리아로 온 이유는 나 자신을 찾고 인생에서 중요한 것이 무엇인지를 깨닫기 위해서가 아니었던가? 더군다나, 물리적으로 길을 잃는 것과 심리적으로 길을 잃는 것은 매우 다른 문제였다. 나는 카부터에 대해 알고 있던 모든 내용을 떠올렸고, 이곳이 어디든 여기서 빠져나가는 길을 찾게 도와달라고 진지하게 부탁하기로 결심했다. 그래서 다시 한번 정중히 물었다.

"저를 도와주실 수 있습니까?"

2.
마음을 여는 법

　카부터는 나를 바라보며 그저 미소로 답하더니 동굴로 들어
갔다. 인사를 나누는 동안에는 있는지도 몰랐던 동굴이었다.
곧 카부터가 병 하나와 컵 두 개를 들고 돌아왔다. 나를 무시한
다는 의미가 아닐 테니, 좋은 신호로 받아들였다. 게다가 마실
것을 가지고 나와주어 좋았다. 오래 걷다 보니 마침 목이 무척
말랐고, 가지고 다니던 물병도 비운 지 한참 되었기 때문이다.
내가 분명 다소 지쳐 보였을 것이다.

　카부터는 동굴 앞 그루터기에 느긋하게 자리를 잡고 앉은
다음 작은 탁자에 컵을 올려 놓더니, 손짓으로 나를 불렀다. 그
러고는 내 앞에 놓은 컵에 허브차로 보이는 음료를 따르기 시

작했다. 그런데 컵이 넘치는데도 아랑곳하지 않고 계속 차를 따랐다. 뭔가 이상하다는 생각이 들었다.

"그만 따르십시오! 뭐 하시는 겁니까? 컵이 가득 찼습니다!"

그래도 카부터는 멈추지 않았다. 이유가 뭘까? 뭘 하려는 걸까? 그제야 카부터가 내게 어떤 메시지를 전달하고 싶어한다는 생각이 들었다. 설마 내 마음이 이미 무언가로 가득 차 있다고 말하고 싶은 걸까?

내 생각을 읽은 듯, 카부터가 말문을 열었다.

"저는 이야기꾼입니다. 제 이야기를 듣고자 하는 사람에게 통찰을 주는 것을 즐기지요. 제 조언을 구한다고 하지 않았습니까? 제가 선생에게 해줄 말이 있다고 생각하십니까? 그럼, 선생의 컵이 이미 가득 차 있지는 않은지 먼저 묻고 싶군요. 길을 잃었다고는 하지만, 말투를 보면 전혀 그렇게 보이지 않습니다. 마치 이 컵처럼, 선생도 자기 생각으로 가득 차 있는 것만 같은데요? 이해하셨습니까? 컵을 비우지 않으면, 저는 선생에게 아무런 도움이 될 수 없습니다. 다시 말해, 배우려면 자신이 이해하지 못하는 많은 것들이 있다는 사실을 먼저 인정하고, 정말로 배우겠다는 준비가 되어 있어야 한다는 의미입니다. 무언가를 놓치고 있는 상태라는 것을 진정으로 받아들이는 것이 먼저여야 합니다. 이미 자신이 모든 것을 알고 있다고 믿는 이상, 어떤 것도 배우기 어렵다는 말이지요. 선입견과 편견은 진정으로 중요한 것을 알아차리지 못하게 막습니다. 또한, 진실과 거짓도 구별하기 어렵게 하지요. 간단히 말해, 입을 열기 전에 마음을 여는 법을 먼저 배워야 합니다. 새로운 것을 배우려면 앞서 배운 것을 잊어야 하지요. 새로운 가능성을 향해 마음을 열면, 그제야 보이는 새로운 것들에 아마 깜짝 놀라게 될 겁니다.”

말을 마친 카부터는 자리에서 일어나 다시 동굴 쪽으로 향했다. 나는 그를 뒤쫓았다. 혼란스러웠지만, 그의 말이 마음에 와닿았다. 배울 게 많을 것 같다는 생각도 들었다. 어쩌면 지혜의 원천이 되어줄지도 모른다. 카부터를 만난 것은 분명 행운이었다. 지혜로운 사람과의 1분 대화가 수년간의 독서보다 더 큰 영감을 준다라는 옛말도 있지 않은가?

카부터에게 마음을 다해 물었다.

“현명하신 당신이 알고 있는 것들을 배우고 싶습니다. 당신의 지혜를 구합니다. 제 스승이 되어주시겠습니까?”

자리에 앉아 있던 카부터는 아무런 대답도 하지 않았다. 그래서 약간 주눅이 든 채로 덧붙여 물었다.

"어려울까요? 제가 당신의 지혜를 얻는 데 얼마나 걸릴까요?"

카부터는 짧게 대답했다.

"오래 걸릴 겁니다."

"하지만 제게는 시간이 많이 없습니다. 이곳에 영원토록 있을 수는 없으니까요. 가능한 빨리 당신의 지혜를 배우고 싶습니다. 열심히 하겠습니다. 공부에 많은 시간을 들일 준비가 되어 있습니다. 얼마나 걸리겠습니까?"

카부터는 잠시 생각하더니 미소를 지으며 말했다.

"그렇다면 훨씬 더 오래 걸릴 겁니다."

놀란 표정을 짓자 그가 덧붙였다.

"너무 열심히 하려고 하면 오히려 방해가 될 때가 많습니다. 지나치게 서두르면 불안하고 혼란스러워지지요. 그런 태도는 마음을 열어줄 수 없기 때문입니다. 오히려 깊은 이해를 가로막을 뿐이지요. 자연스럽게 자라나야 하는 생각이 있고, 또 시간을 들여야 떠오르는 생각도 있습니다. 지혜를 얻으려는 사람이 시간을 재촉한다면 진정한 배움에 이를 수 없지요. 매번 작은 발걸음을 내디뎌야 진정한 배움에 이를 수 있습니다."

내가 원하던 답이 아니었다. 카부터가 다른 대답을 해주길 바랐지만, 결국 그의 말이 옳다는 생각이 들었다. 카부터에게 배워야겠다는 열망이 더 강하게 일었다. 하지만 시간이 문제였다. 얼마나 걸릴지 여전히 궁금했다.

"시간은 유한하고, 저는 죽음에 이미 가까워질 대로 가까워져 있을지 모릅니다. 제 나이를 생각할 때, 남은 시간을 생각하지 않을 수 없다는 말씀이지요. 시간은 매우 중요합니다. 시간에 대해 말할 때, 우리가 사용하는 언어만 봐도 알 수 있지 않습니까? 우리는 시간을 죽이고, 시간을 아끼고, 시간을 빼앗고, 시간을 도둑맞거나 버리고, 시간이 충분하다라고 말합니다. 하지만 시간은 누구도 기다려주지 않습니다. 우리가 시간을 죽인다고 생각할지 모르지만, 사실은 시간이 우리를 죽이고 있지요! 잃어버린 시간은 보상받을 수 없습니다. 시간을 어떻게 보내느냐가 우리를 정의합니다. 많은 사람에게 시간은 가장 소중한 자원입니다. 시간을 어떻게 사용하지를 보면 사람들에게 정말 중요한 것이 무엇인지 알 수 있을 정도입니다."

카부터의 표정을 보니 내 답을 마음에 들어한다는 확신이 들었다. 그래서 원래 가지고 있던 다른 질문을 해보기로 했다. 나는 늙어가고 있었다. 죽음을 향해 서서히 다가가고 있는 것이다.

"지혜로운 당신은 죽음 뒤에 어떤 일이 일어난다고 생각하십니까?"

"내가 그걸 어찌 알겠습니까?"

"많은 것을 알고 있지 않으십니까?"

"몇 가지야 안다 해도, 저는 아직 이 세상에 있으니 죽음에 대해 알 도리가 없지 않겠습니까? 물론, 모르는 게 있다면 언제나 배움의 길을 택해 왔지만, 지혜로운 자들은 자신이 알지 못하는 것을 누가 물어오면 '모른다'라고 말하는 것을 두려워하지 않습니다. 진정한 앎이란, 우리가 모른다는 사실을 자각하는 데서 비롯되니까요. 모르는 게 있으면 편견과 두려움으로부터 자유로워질 수 있습니다. 새로운 것을 배우고 마침내 알게 되었다고 확신할지라도, 알고 있다고 믿었던 것은 흔들리게 마련이고, 그럼 다시금 자신이 얼마나 무지한지 깨닫게 됩니다. 그 과정은 반복됩니다. 결코 모든 것을 아는 상태에 이를 수 없습니다. 무지는 인간의 조건과도 같으니까요. 아무리 많이 안다고 해도, 만나는 모든 사람에게서 배울 것은 언제나 더 있습니다. 그러니 상대의 지식을 항상 존중해야 하지요. 죽음 뒤에 무슨 일이 일어날 것 같냐는 질문으로 돌아가 보자면, 그러니까 사후 세계에서 무슨 일이 일어나는지 알고 싶다면, 아마도 무덤에 누워 있는 자에게 물어보는 게 가장 좋을 겁니다. 그 사람이라면 답을 알고 있을지도 모르겠군요."

카부터의 말을 어떻게 받아들여야 할지 갈피를 잡을 수 없었다. 나를 놀리는 걸까? 삶의 본질은 모르는 것에 있다는 말에는 일리가 있었다. 하지만 내가 시베리아 야생을 헤매고 있는 데다, 무지한 상태에 머물러 있다는 사실은 결코 마음에 들지 않았다. 무지가 나를 불행하게 했을까? 모르는 상태에서 벗어날 수 있을까? 아니면 모르는 것에 더 익숙해질 수 있을까? 어쩌면 무지했기 때문에, 알았다면 절대 하지 않았을 일을 하게 되었는지도 모른다. 무지가 되레 동기를 부여한 셈이다. 하지만 더 깊이 생각해 보니, 인생은 사실 내가 무지함을 받아들여 그것에 편안함을 느끼는 것이라는 생각이 들었다. 그래야만 진정한 배움이 따라올 테니까. 내 안에 아직 검증되지 않은 지식이 많이 있을 거라는 막연한 느낌은 들었다. 하지만 그런 지식이 내 의식 속에 실제로 존재하는지를 인식하기는 어려웠다.

3.
불완전한 논리적 사고

이런 생각에 잠겨 있을 때, 카부터가 자리에서 일어나 다시 동굴로 향했다. 하지만 그가 동굴로 사라지기 전, 나는 다시 그의 관심을 끌어보려 했다.

"제 첫인상이 별로라고 여길만한 언행이 있었다면 사과 드립니다. 저는 배움을 진심으로 즐기는 사람입니다. 야 생에서 길을 잃고 돌아다니다 보니 심란해져서 평소의 저와 다른 모습을 보인 것 같습니다. 제 생각을 제대로 표 현하지 못했다고 할까요?"

카부터의 답이 돌아왔다.

"선생이 말한 야생이 무엇을 의미하든, 여기서 벗어나고 싶어 한다는 건 잘 알겠습니다. 하지만 이런 야생에 잠시 머무는 것도 도움이 될 겁니다. 이미 익숙한 공간을 떠나오지 않으셨습니까? 비록 낯선 장소가 어색하고 불편할 수는 있겠지만, 그 덕분에 더 배우려는 마음가짐을 갖게 될 수도 있지요.

그러니 선생이 여기 머무는 동안 제가 겨루기 파트너가 되어 드리겠습니다. 저야 혼자 있는 것을 즐깁니다만, 가끔은 말동무가 있어도 좋습니다. 혼자 지내는 데는 한계가 있게 마련이니까요. 그동안 대화를 나누며 새롭게 얻은 깨달음도 많습니다. 대화야말로 제가 배움을 이어온 방식이지요. 선생이 원한다면, 저와 잠시 머물러도 좋습니다."

나는 카부터의 제안을 기꺼이 받아들이겠다고 말했다. 동굴 생활은 내게 새로운 경험이 될 것이다. 일반인이 쉽게 상상하지 못할 장소에서 지내본 적은 있었다. 텐트나 중앙아시아의 유목민들이 사는 유르트, 심지어 아무 장비 없이 야외에서 잠을 잔 적도 있으니 말이다. 그러나 동굴은 처음이었다.

카부터가 나를 보며 말했다.

"하나 묻겠습니다. 그동안 숲을 걸으면서, 한 손이 내는 소리를 들어본 적이 있습니까?"

당황스러운 질문이었다. 두 손이 내는 소리는 알겠다. 적어도 박수 소리일 테니 말이다. 하지만 한 손이 내는 소리라니? 카부터가 무슨 말을 하려는 걸까? 이상한 질문에 혼란스러워졌다. 아까 차를 따를 때처럼 카부터는 분명 또 다른 교훈을 주려는 것 같았다. 어떤 메시지일까? 카부터는 나를 미궁에 빠뜨릴 방법을 알고 있었다. 내가 답할 수 없는 질문을 던져 골탕이라도 먹이려는 걸까? 질문한 이유는 그렇다치고, 도대체 답이 뭘까?

동굴 앞 너른 평지를 이리저리 서성거리며 한동안 답을 고민했다. 마침, 새들이 지저귀는 소리가 나자 아이디어가 떠올랐다. 나는 카부터에게 다가가며 입술을 한 손으로 살짝 당겨 휘파람 소리를 냈다. 새소리를 흉내낸 것이다.

"아니, 그 소리가 아닙니다. 완전히 잘못 짚었어요. 그건 새들의 노랫소리지 한 손이 내는 소리가 아닙니다. 질문을 전혀 이해하지 못하셨군요."

무슨 말이지? 한 손이 내는 소리가 대체 뭐란 말인가? 그러다 동굴 근처 작은 시냇가에서 물방울이 똑똑 떨어지는 소리가 들려왔다. 나는 시냇가로 다가가 손을 물에 담갔다가 뺀 뒤, 손에 묻은 물방울을 다시 시냇물 위로 떨어뜨렸다.

"아니, 그 소리도 아닙니다. 그건 그냥 물방울이 떨어지는 소리 아닙니까? 답을 다시 찾아 보십시오."

낙담한 채로 동굴 앞 그루터기에 앉아 다시 답을 고민하기 시작했다. 일단, 들리는 모든 소리에 귀를 기울여 봤다. 내 숨소리까지도 말이다. 그러다 바람이 휭 불어오는 소리를 듣고, 또 다른 답을 신나게 외쳐보았지만, 이번에도 카부터가 원하던 답은 아니었다.

멀리서 까마귀 울음소리가 들려왔다. 까마귀가 나는 모습을 보고 손가락으로 까마귀를 가리켜도 봤다. 귀뚜라미 소리도, 손가락 튕기는 소리도, 한 손으로 무릎을 탁 치는 소리도 모두 답이 아니었다. 카부터는 아무 반응도 보이지 않았다.

그래도 포기하지 않았다. 소리가 나는 곳을 끊임없이 손가락으로 가리켰다. 그렇게 점점 더 몰입하자, 결국 아무 소리도 들리지 않았다. 마침내 소리가 없는 상태에 도달한 느낌이었다. 사실 한 손으로는 손뼉을 칠 수 없다. 그러니까, 한 손으로는 소리를 낼 수 없다는 뜻이다. 그렇다면, 한 손이 내는 소리란 고요를 말하는 걸까? 이게 답일까?

카부터가 내게 선문답의 화두를 던졌다는 생각이 들었다. 불교에서 화두는 수행하는 사람의 마음속에 '큰 의심'을 불러일으키기 위해 사용하는 이야기나 대화, 질문, 또는 명제를 일컫는다. 화두에 대한 답은 논리를 초월해야 얻을 수 있다. 카부터가 선문답을 하려 했다는 생각이 들었다. 내가 한 손이 내는 소리란 '없음'을 받아들일 수 있다면, 더 이상의 이성적 해석은 필요하지 않았다.

카부터가 이런 수수께끼 같은 질문을 던진 이유는, 그 질문 자체가 애초에 의미가 없음을 내가 받아들이길 바랐기 때문이었을 것이다. 카부터는 내가 논리적으로 따지기를 좋아하고 쉽게 수긍하지 않는 성향임을 눈치챘을 수도 있다. 모든 것을 논리적으로 설명하려는 내가, 과연 어떤 것에 아무 의미가 없음을 순순히 받아들일 수 있을까? 카부터가 나를 혼란스럽게 해보려는 의도로 비합리적인 질문을 던졌다는 사실을 용인할 수 있을까? 생각해 보면, 우리에게는 나지 않는 소리를 들을 신체적 능력이 없다. 카부터는 선문답을 통해 인간의 한계를 받아들이라고 말하려 했을지도 모른다. 지나치게 이성적인 내 성향을 자각하고, 과도하게 생각하는 습관을 내려놓으라는 뜻은 아니었을까?

어쩌면 한 손으로 내는 소리에 대한 이 질문은 논리적 사고를 선형적으로 펼쳐내는 것과 언어가 가진 한계를 보여주려는 것이었을지도 모른다. '의미'가 '무의미'해질 수 있다는 것을 말이다. 어쩌면 카부터의 방식대로, 내가 미지의 것을 받아들일 의지가 있는지 시험해 본 것일 수도 있다. 질문의 무의미함을 받아들이고 이치를 분석하려는 집착에서 벗어나는 첫 걸음을 내딛게 하려는 의도는 아니었을까? 질문의 무의미함을 받아들여만, 이성적 사고의 한계를 초월할 수 있을 것이다. 또한 내 사고 과정의 한계를 인정해야만 주변 세계와 더 조화를 이루며 살아갈 수 있을 것이다. 카부터가 나에게 이성적이고 논증적인 사고의 한계를 지적하며, 내 사고방식을 더 큰 패러다임으로 전환하려고 했다는 생각이 들었다. 카부터가 던진 질문의 무의미함, 즉, 많은 답이 가능하지만, 정답은 존재하지 않을 수 있다는 사실을 받아들여야 했다.

이러한 생각들이 머릿속을 스치는 사이, 내가 얼마나 자주 나만의 개념, 추론, 언어, 논리의 포로가 되어 살아왔을지 문득 궁금해졌다. 나는 얼마나 자주 평가나 판단에 치중했던가? 어떤 가능성을 한정 짓는 것은 나 자신이 아니라, 오히려 내가 나를 어떻게 생각하느냐에 달려 있다. 한 손이 내는 소리에 관한 질문을 받은 나처럼, 문제를 논리적으로 분석하려는 순간, 사고는 제한된다. 결국 스스로를 틀에 가둬 버리는 셈이다. 그렇게 되면 나는 교훈을 얻을 기회를 놓치고 만다. 어쩌면 진정한 깨달음에 이르기 위해서는, 흔히 이성적이라고 묘사되는 것에 대한 절대적인 의존을 내려놓아야 할지도 모른다. 이성에 지나치게 의존하다 보면 오히려 비이성적으로 될 수 있다. 반면 비

이성적으로 보이는 것 안에도 이성이 존재할 수 있다.

한편으로는 지나치게 이성적으로 사고하다 보면 삶을 온전히 즐기지 못하게 될 수 있다는 생각도 들었다. 알베르트 아인슈타인Albert Einstein은 '셀 수 있는 많은 것들이 실제로 중요한 것은 아니다. 셀 수 없는 많은 것들이 더 중요한 가치를 갖는다.'라고 말했다. 우리는 이성과 논리는 지나치게 강조하면서도, 직관과 본능에서 비롯된 지혜의 탁월한 가치는 종종 간과하거나 무시한다. 고정된 생각, 틀에 박힌 절차, 확립된 개념을 고수하기보다는 아이디어와 절차, 개념을 유연하게 바꿀 때 비로소 더 실용적인 합리성을 갖을 수 있다. 카부터가 알려주려 했던 차 한 잔의 교훈처럼, 나는 좀 더 유연한 시각으로 사고할 필요가 있었다.

이런 생각들에 빠져 있다가, 문득 내가 실제로는 아무런 행동을 하지 않으면서도 머릿속으로는 많은 행동을 하고 있다는 생각이 들었다. 수많은 생각, 감각, 감정, 기억들이 떠올랐고, 답을 찾는 과정에서 조용한 소음이 만들어졌다. 어쩌면 내가 찾고 있던 '소리'는 한 손이 내는 소리가 아니라, 내 마음속을 떠도는 모든 생각들이 만들어 내는 소리, 즉 내면의 소리였는지도 모른다.

카부터가 던진 선문답이 내게 큰 깨달음을 주었다는 생각이

들었다. 그 질문을 통해 나는 논리적 사고가 지닌 불완전성을
깨달을 수 있었다.

4.
듣는 것과 말할 차례를
기다리는 것

카부터는 또한 나에게 깊이 듣는 행위의 중요성도 일깨워 주려 했을 것이다. 그의 질문이 워낙 기이했기에, 나는 평소처럼 귀로만 듣지 않고 온몸의 감각과 마음을 총동원할 수 있었다. 감각과 직관을 사용해 문제에 접근하라는 메시지를 그만의 방식으로 전달한 것일까? 한편, 경솔한 말이 문제를 일으킬 수 있다는 점도 나에게 짚어 주려 했다는 생각이 들었다. 한 손이 내는 소리에 대한 수수께끼를 푸는 과정에서 나는 쓸데없이 너무 많은 말을 쏟아냈다.

마치 내 생각을 읽기라도 한 듯, 카부터가 말했다.

"입을 다물면 문제가 줄어드나, 눈을 감으면 문제가 늘어납니다.”

카부터가 나에게 또 다른 수수께끼를 던졌다. 나를 다시 미궁 속으로 몰아넣는 말이었다. 카부터의 질문 방식이 조금 아쉬웠다. 질문이 덜 난해하면 좋겠다는 바람이 있었다. 선문답 같은 수수께끼도 이제 그만하면 좋겠다고도 생각했다. 하지만 동시에, 시간이 지나도 관계가 견고하게 유지되려면, 서로가 충분히 이해받고 있다는 느낌이 드는 확실한 소통 방식이 필요하다는 생각이 들었다. 이를 위해서는 양쪽 모두가 자신의 감정을 진솔하게 표현할 수 있는 안전지대가 마련되어야 했다.

카부터가 말하지 않아서 내가 놓치는 것들이 있을 수 있겠다는 생각도 스쳤다. 말하지 않아도 많은 것이 전달될 수 있기 때문이다. 그렇다면, 나를 혼란에 빠뜨리는 카부터의 선문답식 질문 자체가 단서일 수 있다. 비록 내가 카부터가 능숙하게 던지는 선문답식 질문의 의미를 제대로 파악하고 있지는 못하는 사정이지만 말이다. 하지만 나는 침묵이 말하는 것보다 더 많은 것을 전달할 때가 있음을 잘 알고 있다. 행간 읽기는 현자들의 중요한 능력 중 하나다. 그렇다고 하더라도, 모든 의사소통은 결국 말에서 비롯된다. 상대가 하는 말을 귀 기울여 듣는 행위가 그들의 내면을 이해하는 첫걸음이라는 뜻이다. 만약 상대가 자신의 생각, 감정, 경험을 말로 표현하지 않는다면, 대화는 단순한 추측 게임으로 전락하고 만다.

이러한 생각 끝에, 카부터와 나의 의사소통에 대한 고민으로 다시 돌아왔다. 플라톤Plato은 "지혜로운 사람은 할 말이 있어서 말하지만, 어리석은 사람은 말을 해야 하기에 말한다"라고 했다. 나 역시 끊임없이 말하는 것이 반드시 성공적인 의사소통을 의미하지 않는다는 것을 잘 알고 있었다. 우리는 늘 대화를 나누기 때문에 인식하지 못하지만, 사실 의사소통은 매우 복잡한 과정이다.

살면서 나는 의사소통이 안정적인 관계를 만드는 필수 조건이라는 생각을 갖게 되었다. 의사소통이 부족하면 불안, 오해, 불신, 의심이 피어난다. 의사소통 방식이 삶의 질을 결정하는 셈이다. 이는 다른 사람과의 소통뿐만 아니라 자신과의 소통에서도 마찬가지다. 자기 자신과 잘 소통할 수 있다면, 더 현명한 판단을 할 가능성이 높아진다.

물론, 박수도 찬성이나 인정의 의미로 받아들여진다는 점에서 의사소통의 한 형태라고 할 수 있다. 박수는 일종의 상호 연결을 만들어 낸다. 하지만 한 손이라면 어떨까? 마치 한 손으로는 손뼉을 칠 수 없듯이, 사람은 홀로 살 수 없다. 우리는 관계를 형성함으로써 존재한다. 어떤 형태로든 연결되지 않으면, 홀로 남을 뿐이다. 그리고 내 경험에 따르면, 고독은 마치 죽음

과도 같다. 이런 의미에서, 한 손이 내는 소리는 곧 고독일 수 있다. 내 우주 외에 다른 세계는 없다는 뜻이다.

나는 이 생각들을 카부터에게 잘 전달하려고 했고, 내 설명을 들은 카부터는 꽤 만족스러운 표정을 지었다. 카부터가 나와의 교류를 좀 더 긍정적으로 받아들이는 듯했다. 카부터가 나에게 시베리아 야생으로 온 이유를 더 자세히 이야기해 달라고 했을 때, 더욱 용기를 내어 대답할 수 있었다.

"말씀드린 것처럼, 제가 이곳을 탐험하는 이유는 저 자신을 더 잘 이해하고 싶어서입니다. 저는 늘 야생에서 영감을 받습니다. 야생은 저에게 아름다움을 경험하게 하는 장소이지요. 자연 속에서 아름다움을 느끼며 시간을 보내다 보면, 앞으로 어떻게 살아가야 할지 새로운 통찰을 얻을 수 있다고 생각합니다."

그런데 카부터는 뜻밖의 반응을 보였다.

"제가 낸 수수께끼를 풀어내는 모습을 보니, 선생은 이미 자신만의 보물 창고를 갖고 있는 사람 같습니다. 그런데 왜 굳이 바깥세상을 탐험해야 하는 겁니까? 왜 꼭 선생이 사는 곳을 벗어나야만 할까요? 왜 꼭 야생이어야만 하는 겁니까? 이미 내적 자산을 충분히 갖고 있다고 생각하지는 않으십니까?"

보물 창고라고? 다시 혼란스러워진 나머지 무심결에 질문이
튀어나왔다.

"보물 창고라니, 그게 무슨 말입니까? 제 보물 창고가 어
디에 있다는 거죠?"

바로 카부터의 대답이 돌아왔다.

"이미 갖고 있는 보물 창고를 찾아 헤매는 것 같아 하는
말입니다."

그러고는 덧붙였다.

"누군가 선생에게 말을 한다면, 주의 깊게 들어야 합니
다. 잊지 마십시오. 귀는 둘이고 입은 하나라는 것을요.
자기 자신의 말을 들을 때도 마찬가지입니다. 자신에게
말을 하고 있다면, 그 말을 주의 깊게 들으십시오. 내면이
들려주는 이야기에 귀를 기울여야 한다는 뜻입니다.

현명한 사람들은 자기가 가진 의견의 절반만 들려줍니다.
단어도 아주 절제해서 쓰지요. 이 말의 의미를 잘 이해할
수 있게, 이야기를 하나 들려드리겠습니다.

야생 거위 두 마리와 함께 작은 연못에 살던 거북이가 있
었습니다. 거위들은 명랑하고 수다스러운 거북이를 좋아
했지요. 그렇게 잘 지내다가 맞이한 여름은 유난히 가물
었습니다. 비가 오지 않는 가운데 물이 빠르게 증발하면

서 연못은 점점 작아졌어요. 결국, 거위들은 살기 더 좋은 곳을 찾아 떠나기로 하고, 거북이를 찾아가 '저 멀리, 물이 훨씬 더 많은 연못이 있어. 우리랑 같이 갈래?'라고 물었습니다.

그러자 거북이는 '내가 거길 어떻게 가? 너희는 날 수 있지만, 난 날개가 없는 걸.'이라고 대답했지요.

거북이의 대답에 거위들은, '아! 우리가 데려갈 수 있어. 그런데 우리 방법이 통하려면, 네가 입을 꼭 다물고 있어야 해. 우리가 하늘을 나는 내내 넌 한마디도 할 수 없어.'라고 말했습니다.

거북이는 입을 다물고 있는 게 크게 어렵지 않을 거라고 생각했지요.

다음 날, 거위들은 나뭇가지 하나를 부리로 마주 물고 돌아왔습니다. 그러고는 거북이에게 나뭇가지의 가운데를 입으로 물라고 했지요. 거북이가 나뭇가지를 꼭 물자, 거위들은 하늘로 날아 올랐습니다.

얼마 뒤, 거위들이 어느 마을 위를 날고 있을 때였습니다. 밖에서 뛰어놀던 아이들이 큰 소리로, '우와, 저기 거북이 좀 봐! 정말 이상해! 거위들이 거북이를 데리고 가잖아! 정말 웃겨!'라고 말했습니다. 그러자 화가 난 거북이는

'웃긴 건 너희야!'라고 쏘아붙였지요. 아뿔싸! 그 말을 하려고 입을 벌리면서 나뭇가지를 놓친 거북이는 결국 아이들의 발치에 떨어져 죽고 말았습니다.

거위들은 날아가며 '입을 다물고 있었어야 했는데. 한마디 말 때문에 결국 목숨을 잃었네.'라고 말했습니다."

불운한 거북이 이야기는 말을 아껴야 할 때를 알려주는 좋은 예였다. 필요 이상으로 내뱉는 말은 효과적인 의사소통을 가로막고, 경청도 방해한다. '입을 다물고 있으면 파리가 들어가지 못한다.'라는 스페인 속담이 떠올랐다. 불필요한 말을 하지 않으면 문제를 피할 수 있다는 뜻이다. 입을 여는 것보다 마음을 여는 것이 언제나 더 나은 선택이다.

내 경험상, 듣는 것과 말할 차례를 기다리는 것 사이에는 큰 차이가 있다. 말하고 싶은 욕구가 너무 강하면 온전히 듣기가 어렵고, 온전히 듣지 않으면 상대에게 공감하지 못한다. 내가 인생을 살며 힘겹게 깨달은 것은, 말을 하면서 동시에 상대의 이야기를 경청하기란 쉽지 않다는 뜻이다. 사실 입을 다물수록 더 많은 것을 들을 수 있다. 집중해서 듣는 것과 들리는 소리를 듣는 것은 매우 다르다. 상대의 말을 진정으로 듣지 않으면 그 사람의 말을 이해할 수 없다. 그리고 거북이의 이야기가 강조하듯, 경청이야말로 지혜의 초석이다.

'바람이 이야기하니, 바람의 소리를 들어라. 침묵이 이야기하니, 침묵의 소리를 들어라. 마음은 알고 있으니, 마음의 소리를 들어라.'라는 속담이 떠올랐다. 카부터가 나에게 더 적게 말하고, 더 많이 들으라는 가르침을 전하려 했다는 생각이 들었다.

5.
떨어지는 것과 뛰어내리는 것 중
하나를 선택해야 할 때

카부터는 자신이 매일 긴 산책을 나간다며 나에게 동행할 뜻이 있는지 물었다. 마음에 드는 제안이었다. 함께 걷는 동안 그를 좀 더 잘 알 수 있을 것 같았다. 차를 마시고 나니 기분도 한결 좋아지고 활력도 돌아와 나는 고개를 끄덕였다.

처음에는 둘 다 말없이 걷기만 했다. 숲에는 가문비나무, 소나무, 전나무, 삼나무 같은 각종 낙엽수가 빼곡하게 들어서 있었다. 날다람쥐를 실물로 처음 보고 깜짝 놀라기도 했다. 장난스럽게 움직이는 날다람쥐를 가리키며 카부터에게 말을 걸어보기도 했지만, 그는 깊이 생각에 잠긴 듯 아무런 반응도 보이지 않았다. 나도 잠시 말을 멈추기로 했다. 이미 꽤 많은 말을 했고, 카부터가 해준 말들을 되새겨 볼 시간이 필요했기 때문이다. 우리는 그렇게 걷고 또 걸었다. 저 멀리서 딱따구리가 나무를 쪼는 소리만이 고요를 채웠다.

카부터가 갑자기 내게 한 소녀와 북에 대한 이야기를 들어본 적이 있는지 물었다. 아마도 딱따구리 소리를 듣고 연상된 이야기 같았다. 나는 그런 이야기는 들어본 적이 없다고 대답했다. 카부터가 또다시 수수께끼 같은 질문으로 나를 혼란에 빠뜨릴까 봐 걱정됐지만, 동시에 어떤 이야기가 펼쳐질지 무척 궁금했다.

잠시 뒤, 카부터가 이야기를 시작했다.

"밤낮없이 매일 북을 치는 소녀가 있었습니다. 아무리 말려도 소용없었지요. 북소리가 계속되자 마을 사람들의 인내심도 바닥나기 시작했습니다.

결국 마을 사람들 모두가 참을 수 없는 지경에 이르고야 말았습니다. 마을 사람들은 차례로 소녀를 찾아가 북소리 때문에 귀가 먹을 지경이라며 주의를 주었습니다. 또한 북은 신성한 의식을 치를 때만 사용해야 한다고 일러주었지요. 어떤 사람들은 책이나 놀거리를 건네며 소녀의 관심을 돌려보려고도 했습니다. 하지만 그 어떤 방법도 통하지 않았고 소녀는 계속해서 둥둥 북을 울렸습니다.

마을 사람들이 자포자기하며 지내던 어느 날이었습니다. 떠돌이 현자가 마을을 찾아왔습니다. 마을 사람들의 하소연을 들은 현자는 소녀를 향해 '북 안에 무엇이 들었니?'라고 물었습니다."

카부터가 나에게로 질문을 돌렸다.

"이 이야기가 무엇을 말하려는 것 같습니까?"

나는 잠시 생각한 뒤, 이렇게 대답했다.

"표면 아래를 들여다보면, 늘상 당연하게 여겼던 것들에 대해 다시 생각하게 될 수 있습니다. 우리의 행동이나 습관 대부분은 의식 너머에서 이루어지니까요. 그러니 내면에서 일어나는 일에 주의를 기울이면, 실제로 무슨 일이 벌어지고 있는지를 새로운 관점에서 바라볼 수 있게 되지 않을까요?"

내 대답에 크게 만족한 듯 카부터가 말을 이어갔다.

"그렇습니다. 항상 표면 아래를 들여다봐야 하지요. 진실을 찾으려면 겉모습 너머를 봐야 합니다. 눈앞에 보이는 것들 이면에 숨은 진짜 문제에 주목해야 한다는 뜻입니다. 무엇을 할지 결정하기 전에, 항상 모든 각도에서 문제를 살펴봐야 합니다. 겉치레에 불과한 화려한 겉모습에 현혹되지 말아야 하지요. 사실 사람들의 행동을 이해하려면, 눈에 보이지 않는 것들을 들여다볼 수 있어야 합니다. 표면 아래에서 일어나고 있는 것을 이해해야 한다는 의미입니다. 지금은 내 말이 혼란스러울지도 모르겠습니다. 소녀의 이야기가 아직 끝나지 않았거든요.

현자가 건넨 망치로 마을 대표가 북을 내려치자, 찢어진 북에서 독사 한 마리가 튀어 나왔습니다. 그동안 소녀가 보내는 경고를 마을 사람들이 눈치채지 못했던 것입니다. 이 일로 마을 사람들은 누구라도 겉모습에 현혹될 수 있다고 깨닫게 되었습니다. 표면 아래에 뱀이 숨어 있을 수 있다는 점을 항상 염두에 두어야 한다는 교훈을 얻게 된 것이지요."

카부터의 이야기를 들으며, 내가 무의식이 보내는 메시지들을 얼마나 자주 무시하며 살아왔는지 돌아보게 되었다. 그저 내버려두는 것이 가장 쉽다는 이유로, 실제로 무슨 일이 벌어지고 있는지에는 신경을 꺼버렸던 기억들이 떠올랐다. 더구나 이런 무관심 때문에 오히려 곤경에 빠진 적이 더 많았다. 많은 행동들을 '무심결에' 했고, 그 행동들이 어디에서 비롯되었는지는 깊이 생각하지 않았던 것이다. 이는 결코 바람직한 방식이 아니었다. 앞으로는 어둠 속에서도 전방을 볼 수 있는 '야간 시력'을 키워, 더 명확히 바라보고, 내가 무엇을 하고 있는지 더 의식적으로 인식하고 행동해야겠다는 생각이 들었다.

정신분석학자 칼 융Carl Jung은 '무의식을 의식화하지 않으면, 무의식이 삶을 좌지우지하게 된다. 그리고 당신은 그것을 운명이라 부를 것이다.'라고 말했다. 살다 보면, 때로 '떨어지는 것'과 '뛰어내리는 것' 중 하나를 선택해야 할 때가 있다. 뛰어내릴 때는 어느 정도의 통제권이 나에게 있지만, 떨어질 때는 아무런 선택도 할 수 없다. 즉, 의식이 무의식의 힘에 압도될 수 있다는 말이다. 애써 무시하거나 숨기려는 주제들은 결국 고개를 든다. 무시하거나 숨긴다는 것은 잠시 쉬운 길을 찾아 회피한 것일 뿐, 결국에는 제 모습을 드러내기 마련이다. 좋든 싫든, 억눌러 두었던 주제들은 뜻밖의 순간에 다시 나타난다. 표면 아래에서 일어나고 있는 것을 이해하는 데는 많은 노력이 필요하지만, 그럼에도 노력한다면, 결국 자신의 삶을 더 잘 통제할 수 있지 않은가.

정신은 빙산과도 같다. 표면 아래 숨겨진 무의식이 표면 위로 드러난 의식보다 훨씬 더 큰 비중을 차지한다는 의미다. 우리는 자신을 잘 알고 있다고 생각하지만, 이는 자기기만에 불과할 뿐이다. 자신을 진정으로 이해하기 위해 알아야 할 많은 부분은 사실 무의식 속에 머물고 있다. 무의식은 기억, 감정, 생각, 그리고 우리가 인식하지 못하거나 명확히 설명할 수 없는 여러 과정이 뒤섞인 복잡한 영역이다. 무의식은 우리가 누구인지, 어떻게 생각하고 행동하며 반응하는지, 그리고 무엇을 믿는지와 관련된 모든 것을 통제한다.

신경과학자들은 절차적 무의식procedural unconscious과 선언적 무의식declarative unconscious을 구분한다. 절차적 무의식은 장기 기억의 한 유형으로, 운동 능력과 같이 어떻게 행동해야 하는지를 아는 것과 주로 관련이 있다. 반면에 선언적 무의식은 사실과 사건들로 구성되며, 기억에 저장된 정보를 의식적으로 회상하거나 말로 '표현'하는 것과 관련이 있다. 심장 박동이나 운전을 하는 행위는 절차적 무의식에 속한다. 마지막으로 집으로 운전해 갔던 때를 떠올려보라. 집에 도착할 때까지 어떻게 핸들을 조작하고 브레이크를 밟았는지 기억할 수 있는가? 자신이 모든 것을 통제하고 있다고 생각했을지 모르지만, 사실 뇌는 자율 주행 상태에 있던 것이나 마찬가지다. 이때 우리를 출발지에서 도착지로 데려간 것이 바로 절차적 무의식이다.

무의식은 뇌 활동의 약 95%를 차지한다. 먹고, 숨 쉬고, 소화하는 일부터 기억 형성에 이르기까지, 신체가 적절하게 기능하기 위해 필요한 활동은 모두 무의식이 처리한다. 무의식은 우리의 '내면 극장internal theatre'에서 사용되는 모든 '대본scripts'에도 영향을 미치는데, 이때 대본은 우리의 사고 방식, 신념,

감정, 행동, 반응을 통제한다. 즉, 우리 자신이 누구인지를 결정하는 거의 모든 요소를 무의식이 통제하고 있는 셈이다. 대부분의 결정, 행동, 감정, 품행 역시 무의식에 달려 있다. 그렇다고 이성의 역할이 미비하다는 뜻은 아니다. 그러나 의사 결정 과정에서조차 감정적인 요소가 더 많은 영향을 미친다.

그렇다면 어떻게 무의식적으로 일어나는 과정에 접근할 수 있을까? 무의식적인 정보는 그 특성상 의식적인 사고에 직접 개입하지는 않지만, 신체적 반응을 통해 자신의 존재를 드러낸다. 따라서 신체적 감각에 더 집중할수록, 무의식의 어두운 구석에 숨겨져 있는 방대한 정보의 보고에 더 쉽게 다가갈 수 있다. 꿈 또한 무의식의 심연을 들여다볼 수 있는 중요한 단서다. 지그문트 프로이트Sigmund Freud는 꿈을 '무의식으로 가는 왕도'라고 불렀다.

무의식은 행동으로 표출되기도 한다. '행동화acting out'는 억압되거나 숨겨져 있던 감정이 부정적인 방식으로 드러나는 방어기제로, 주로 분노 발작, 중독, 혹은 관심을 끌려는 행동으로 나타난다. 예를 들어, 성적 학대를 당한 사람이 자해 행동을 보이는 것은, 그 문제를 해결하거나 표현하기 어려운 상황에서 이를 타개하려는 무의식적인 욕구가 행동으로 드러난 것으로 해석할 수 있다. 자해로 인한 고통은, 그 순간만큼은 자신을 괴롭히던 생각에서 벗어나는 일시적인 해방감을 준다. 행동화는 개인의 내면 극장에서 사용되고 있는 대본에 대한 중요한 통찰을 제공할 수 있다. 무의식적인 감정(이 경우에는 고통)을 표현하는 동시에 그 감정으로부터 자신을 보호하기 위해 보이는 행동이라는 측면에서 행동화는 역설적이다. 행동화는 억압된 감정으로 겪게 되는 불편함을 줄여주지만, 실제적인 변화나 문제 해결로 이어지지 못한다는 특징을 가지고 있다.

무의식에는 온갖 부정적인 감정과 신념이 들어 있다. 이런 감정과 신념은 우리의 머릿속을 어지럽히고, 자존감을 떨어뜨리며, 타인과 맺는 관계나 중요한 상황에 대처하는 방식에도 영향을 미친다. 좋든 싫든, 무의식에는 우리 자신의 가능성을 제한하는 믿음이 모여 있으며, 이 믿음은 우리가 어떻게 삶을 살아가는지에 지대한 영향을 미친다.

성장과 발달의 관점에서 보면, 부정적인 감정과 신념은 아주 어린 시절에 형성되어 무의식 속에 하나의 대본으로 자리 잡는다. 이 대본은 우리가 문제 상황에 적절히 대처할 수 없을 만큼 어렸을 때, 주양육자와의 상호작용을 통해 '각인된imprinted' 것이다. 어린 시절 우리는 눈앞에 닥친 문제들에 나름 최선을 다해 대처했을 것이다. 그러나 그 시절의 대처방식이 성인이 되어서도 적절하다고 할 수는 없다.

높은 수준의 자기 인식과 자기 이해에 도달하려면, 자신의 내면 극장에 쓰이는 대본에 '나는 부족해', '나는 똑똑하지 않아', '나는 못해', '나는 늘 일을 망쳐', '내게 이건 과분해'와 같은 부정적인 감정을 일으키는 대사가 담겨 있지는 않은지 살펴볼 필요가 있다. 이러한 감정들을 회피하는 것은 결코 해결책이 될 수 없다. 물론 과거의 경험과 기억이 너무 강렬하거나 위험해서 무의식적으로 감정을 억압해 왔을 가능성도 있다. 하지만 무의식 깊숙이 숨겨둔 이런 감정은 신체적으로나 정신적으로 해로운 영향을 미칠 수 있다. 자기파괴적인 '행동화'처럼 말이다. 우리는 오직 자기 인식과 자기 이해를 통해서만, 무의식에 의해 좌지우지되는 뇌의 습관적인 경로에서 벗어날 수 있다.

이렇게 되려면, 뇌 영역 중 뇌섬엽insular cortex, 전방대상회 anterior cingulate cortex, 내측전전두엽medial prefrontal cortex이 중요한 역할을 한다. 첫 번째 영역은 감각적 경험을 처리하고, 두 번째 영역은 공감, 충동 조절, 감정, 의사결정 등 복잡한 인지 기능에 관여하며, 세 번째 영역은 집중, 억제적 통제, 습관 형성, 작업 기억, 공간 기억, 장기 기억 등의 인지 기능에 중요한 역할을 한다. 이 세 영역에는 어린 시절에 깃든 기억과 생각 그리고 감정이 새겨져 있으며, 이는 다시 각자의 무의식이나 내면 극장으로 흡수된다. 우리는 이렇게 '프로그래밍'되어 있다. 하지만 어린 시절에 형성된 부정적인 생각들을 계속 붙들고 있으면, 무의식도 그 생각들을 계속해서 활성화시킨다. 그렇기 때문에, 무의식 속에서 자신을 한정 짓는 대본을 고쳐 쓰고, 그 아래에 숨겨진 것을 드러내어, 삶에서 겪는 어려움들을 더 잘 다룰 수 있는 방법을 찾는 것이 중요하다. 만약 의식과 무의식이 조화를 이루지 못하면 엄청난 에너지를 낭비하게 될 것이다. 결국 표면 아래에 무언가를 숨기는 데 더 많은 에너지가 필요하기 때문이다.

삶을 잘 살아가려면 의식과 무의식이 어떻게 상호작용하는지를 알아야 한다. 일단 '스스로를 깨우기' 위해 노력한다면 즉, 자신이 하는 모든 행동을 더 의식적으로 알아차리려고 노력한다면, 삶은 훨씬 더 충만해질 수 있다. 의식과 무의식을 함께 살펴보는 것은 성공적이고, 조화롭고, 균형잡힌 삶을 사는 데 매우 중요하다. 그러나 무의식이라는 그림자를 통합하지 않으면 우리는 그 그림자가 이끄는 데로 끌려다니고 만다. 자신의 그림자 측면을 다루기를 꺼린다면, 이는 자기 이해로 가는 여정을 가로막는 장애물이 되어 결국 자기 성장을 방해하게 될 것이다.

6.
나쁜 일들은
일어나게 마련이다

카부터와 나는 구불구불 이어지는 완만한 경사로를 따라 계속 걸었다. 숨이 차오르기 시작했지만, 카부터는 전혀 지친 기색 없이 한결같은 속도로 발걸음을 옮겼다. 꽤 가파른 오르막을 지나 정상 가까이 다다르자, 아래로 펼쳐진 계곡과 숲이 빚어내는 풍경은 그야말로 장관이었다. 다양한 나무들 사이로 몽골참나무, 보리수, 단풍나무가 눈에 들어왔고, 한쪽에는 무성하게 자란 블루베리 덤불도 보였다. 저 멀리, 갈색 어미 곰이 새끼 곰 세 마리와 함께 열매를 따먹는 모습에 절로 미소가 지어졌다. 게다가 낮게 드리운 구름은 동화 같은 분위기를 한층 더하고 있었다. 아직 정상에 도착하지는 않았다. 조금 위쪽을 보니 자그마한 밭이 딸린 소박한 집 한 채가 보였다. 이런 곳에 집이 있다는 사실에 놀라움을 감출 수 없었다.

그런 나를 보며 카부터가 말했다.

"저기 정상에 있는 작은 집에 현자 한 분이 살고 계십니다. 만나보고 싶지 않으신가요? 배움의 기회가 될 수 있을 겁니다."

꽤 피곤했지만, 나는 기꺼이 현자를 만나겠다고 하고 이렇게 덧붙였다.

"지금 바로 가실까요? 저는 정상까지 오를 준비가 되었습니다."

그러자 카부터가 대답했다.

"먼저 가시지요. 저는 여기서 잠시 쉬고 있겠습니다."

결국 나는 남은 길을 혼자 올라 정상에 도착했다. 집 앞 마당으로 들어서자 나이 든 집사가 현관에 나와 인사를 건넸고, 나는 내가 이곳에 온 이유를 밝혔다.

"현자를 만나 뵈러 왔습니다."

그러자 집사는 미소 띤 얼굴로 나를 집 안으로 안내했다.

현자를 만날 생각에 들떠 집사를 따라 걸으며 집 안을 유심히 둘러보았다. 하지만 어느새 뒷문에 도착했고, 집사는 나를 밖으로 데리고 나가려고 했다. 그래서 잠시 발걸음을 멈추고 집사에게 물었다.

"그런데 현자는 어디에 계십니까? 그분을 만나러 왔는데요!"

그러자 집사가 대답했다.

"이미 만나셨습니다."

곧 내 실수를 알아차렸다. 집사가 바로 현자였던 것이다!

현자가 덧붙였다.

"인생에서 만나는 모든 사람이 현자일 수 있다는 것을 기억하십시오. 비록 겉모습이 특별할 것 없어 보일지라도 말이지요. 겉모습 너머를 볼 수 있어야 합니다. 인생에서 정말 중요한 것들을 알아볼 수 있어야 하지요. 사람의 겉모습에만 해당되는 얘기가 아닙니다. 정말 많은 사람들이 사랑, 행복, 그리고 삶의 의미를 찾으려 합니다. 하지만 정작 찾던 게 눈앞에 나타나도 알아보지 못하는 경우가 많지요. 사람을 만날 때도 마찬가지입니다. 첫인상만으로 모든 것을 판단해서는 안 됩니다. 물론 첫인상도 그 나름의 의미가 있지만, 정확하지는 않다는 점을 늘 기억하세요. 아직은 자신이 첫인상만으로 모든 정보를 읽어낼 만큼 예리하지 않다는 것도요.

어쩌면 첫인상만으로 사람을 무시하는 경우도 있을 겁니

다. 별 볼 일 없는 사람이라고 판단해 버릴 수도 있지요. 하지만 우리가 만나는 모든 사람이 우리가 미처 깨닫지 못한 것을 이미 알고 있을 수도 있습니다. 그러니 어떤 사람을 조금 더 알기 전까지는 섣불리 판단하지 마십시오. 겉모습만으로 사람을 판단해서는 안 됩니다. 누구든지 나에게 깨달음을 줄 수 있다는 태도를 가진 사람은 훨씬 더 풍요로운 삶을 살 수 있지요."

나는 현자의 조언에 감사를 표하고 카부터와 헤어졌던 곳으로 돌아갔다. 내가 저지른 실수 때문에, 부끄러운 기분이 여전히 남아 있었다. 카부터는 내가 무슨 일을 겪었는지 짐작한 듯했지만, 아무것도 묻지 않았다.

자리에 앉아 다시 한번 경치를 감상하려는 찰나, 현자가 과수원을 향해 가는 모습이 보였다. 다시 현자에게 말을 건다면, 그의 삶과 철학에 대해 더 알아볼 수 있을지도 모른다는 생각이 들었다. 특히 그가 이 높은 산에 살기로 한 이유가 궁금했다. 어떻게 이곳에 오게 된 걸까? 나는 자리에서 일어나 현자를 멈춰 세웠다.

"당신은 어디에서 오셨습니까?"

생각을 채 다듬지 못하고 엉겁결에 던진 질문이었다.

"모릅니다."

현자가 미소를 지으며 답했다.

"그럼 어디로 가고 계신가요?"

내가 다시 묻자 현자는 다시금 미소를 지으며 답했다.

"모릅니다."

현자의 대답이 조금 짜증스럽게도 느껴졌기에, 나는 아주 다른 질문을 해보기로 했다. 이번에는 철학적인 질문을 던져봐야겠다는 생각이 들었다.

"선善이란 무엇입니까?"

"모릅니다."

"악惡이란 무엇입니까?"

"글쎄요. 직접 본다면 알게 되겠지요."

"옳다는 것은 무엇입니까?"

"기분이 좋은 것이지요."

"그럼 그른 것은 무엇입니까?"

"기분이 나쁜 것입니다."

아무런 진전도 기대할 수 없는 대화라는 생각이 들어, 그가 가던 길을 가도록 내버려 두기로 했다. 특별히 가려는 곳이 있어 보이지는 않았지만 말이다.

나는 다시 카부터와 있던 자리로 돌아갔다. 카부터가 무슨 일이 있었냐고 물었고, 나는 자초지종을 설명했다. 현자를 쫓아가 나눈 대화가 아무 쓸모가 없었다고도 덧붙였다.

그러자 카부터가 껄껄 웃고는 대답했다.

"당신의 행동이 좀 어리석었다고 생각하지 않습니까? 현자는 당신에게 인간이라면 마땅히 겪게 되는 어려움에 대해 설명하려고 한 것 같습니다. 인간은 자신이 어디로 가고 있는지, 무엇이 옳고 그른지, 무엇이 선하고 악한지 알지 못한 채 살아가니까요."

현자가 말하려던 교훈이 인간 존재의 불완전성을 더 깊이 자각해야 한다는 것이었음을 깨닫는 순간이었다. 인간이 가진 취약성을 인정해야 했다. 많은 사람이 길을 잃고, 자신이 어디로 가고 있는지 알지 못한 채 방황한다. 더구나 세상은 흑백으로 나눌 수 없으며, 흑과 백 사이에는 수많은 회색이 있다. 인간으로서 우리는 모두 양면성을 갖는다. 그렇기에 우리는 자신의 모순과 함께 살아가는 법을 배우고, 세상이 완벽하지 않음을 받아들여야 한다. 나쁜 일들은 일어나게 마련이다. 고통은 살아가는 과정의 일부이며, 그 고통을 피할 수 있는 사람은 없다.

우리에게 주어진 과제는 인생에서 맞닥뜨리는 어려움과 불가피하게 겪게 되는 좌절에 어떻게 반응할 것인가이다. 우리가 인생을 어떻게 바라보든, 결국, 인간은 죽음을 맞는다. 죽음은 우리 모두 위에 드리운 구름과 같다. 하지만 삶이 유한하다는 사실을 받아들이면, 역설적이게도 무언가 이루려는 의지가 생기고 활력이 솟는다. 이것이 바로 인간이라는 존재가 신비로운 이유다. 물론 우리는 사는 동안, 인간의 불완전함이 점차 개선될 것이라 믿고 싶어한다. 결국 희망이야말로 인간의 불완전함을 견디게 하는 힘이기 때문이다.

7.
친절에는 감사로,
불만에는 품위로

카부터와 산을 내려오는 오는 길에 나는 다소 의기소침해 있었다. 현자와 나눈 이야기들이 계속 머릿속을 맴돌았기 때문이다. 카부터가 낸 시험 문제를 제대로 풀어내지 못했다는 생각도 들었다. 그가 내내 말이 없는 이유가 혹시 나에게 실망했기 때문은 아닌지 신경이 쓰였다. 하지만 다행히도 얼마 지나지 않아 카부터가 말문을 열었다.

"또 다른 이야기를 해도 되겠습니까?"

카부터가 먼저 말을 걸어주니 안심이 되었다. 나는 흔쾌히 좋다고 대답하고, 그의 이야기를 듣는 것이 즐겁다고도 덧붙였다.

카부터가 이야기를 시작했다.

"이 이야기를 들으면 아까 현자와 만났던 일이 다시 떠오를지도 모르겠습니다. 시작해 보지요. 어느 날, 가난한 남자가 남루한 차림으로 대궐 같은 집에서 열리는 잔치에 찾아왔습니다. 손님이니 예의상 집 안으로 들이기는 했지만, 초라한 행색 때문에 연회석 맨 끝에나 앉을 수 있었지요. 각종 산해진미가 차려져 있었지만 맨 끝자리에는 먹을 만한 것이 거의 남아있지 않았습니다.

그래서 가난한 남자는 음식을 거의 입에 대보지도 못한 채 잔치를 떠났습니다. 하지만 곧 다시 돌아오지요. 이번에는 부자 친구에게 멋진 옷을 빌려 입고, 보석까지 두른 모습이었습니다. 남자는 바로 연회석 맨 앞자리로 안내되었고, 보기 좋게 준비된 음식을 가장 먼저 맛볼 수 있었습니다.

남자는 '와, 음식이 정말 맛있군.'이라며 감탄한 뒤, 자신이 한 입 먹을 때마다 숟가락으로 같은 양을 떠서 자신의 옷에 문질렀습니다.

옆자리에 앉은 귀족이 가난한 남자의 기이한 행동을 지켜보다가, 옷이 엉망이 되는 모습을 보고 불쾌해하며 물었습니다. '이보시오. 아니 왜 그 귀한 옷을 더럽히는 겁

니까?'

가난한 남자가 웃으며 답했습니다. '아, 제 옷이 지금은 좀 낡아 보이겠군요. 양해해 주십시오. 하지만 이 옷 덕분에 이런 귀한 음식을 얻었으니, 옷도 자기 몫을 얻어가는 게 공평하지 않겠습니까?'"

나는 카부터가 겉모습에 대해 또 다른 교훈을 주려 한다는 것을 눈치챘다. 상대를 대할 때, 자신이 대접받고 싶은 대로 대해야 한다는 상호성의 원리를 알려주려는 것 같았다.

카부터는 메시지를 분명하게 전하려는 듯 이렇게 덧붙였다.

"항상 다른 사람에게 대접받고 싶은 대로 다른 사람을 대해야 합니다. 다른 사람에게 기대하는 만큼 자신에게도 똑같은 기준을 적용하십시오. 자신을 용서하는 만큼 다른 사람도 너그럽게 용서할 수 있어야 합니다. 다른 사람이 나에게 잘못을 저지르는 것이, 내가 다른 사람에게 잘못을 저지르는 것보다 더 낫다고 생각할 수 있어야 합니다. 삶에서 누구를 만나든 항상 예의를 갖추고 친절하게 행동하십시오. 가능하다면 언제 어디서나 친절의 씨앗을 뿌려야 합니다. 그 씨앗이 아름다운 꽃으로 자라날 수도 있으니까요. 친절은 또 다른 친절을 낳습니다. 친절에는 감사로 보답하고 불만에는 품위 있게 대처해야 합니다."

나는 카부터의 의도를 이해하고 고개를 끄덕였다. 카부터의 설명은 계속되었다.

"다른 사람을 윤리적으로 대하라는 이 간단한 개념은 시대를 초월해 사람들의 마음에 울림을 주었습니다. 최소한 유교 사상이 형성되던 시기부터 존재했던 개념이지요. 그 뒤로도 여러 종교 리더가 지속적으로 이 개념을 설파했고, 지금은 힌두교, 불교, 유대교, 기독교, 이슬람교 등 거의 모든 주요 종교에서 소개되고 있습니다.

이 개념은 항상 다른 사람의 존엄성을 존중해야 한다는 의미를 갖습니다. 다른 사람들로부터 존중 받기를 원한다면, 나도 다른 사람을 존중해야 합니다. 만약 이 황금률을 실천하고자 한다면, 그러니까 내가 대접받고 싶은 대로 다른 사람을 대하는 것을 목표로 삼고 실천하려 한다면, 이 원칙을 모든 행동의 기본 지침으로 삼으십시오. 황금률은 복잡하지 않습니다. 황금률은 오히려 모든 것을 간단하게 만들어 주는 원칙입니다. 그럼에도 황금률은 모든 도덕의 근본이자 지침이 됩니다. 그래서 상호성의 윤리라고도 부르지요.

황금률을 실천하려면 어느 정도의 자기 성찰이 필요합니다. 다른 사람들과의 관계에서 내가 어떻게 반응하는지 곰곰이 생각해 보십시오. 때로는 다른 사람들을 무례하게 대할 수도 있지요. 어떻게 대해야 할지 몰라서가 아니라, 상대를 개별적인 존재로 진심을 다해 존중하지 않았기 때문인지도 모릅니다. 심지어 상대를 하찮은 존재로 여겼을 수도 있지요. 하지만 자신의 행동을 더 깊이 들여다보면, 사실은 타인을 무례하게 대하는 이유가 자기 자신을 별로 좋아하지 않기 때문일 수도 있습니다. 자기 연민이 부족해서 생기는 현상이지요.

이런 현상은 공감의 문제로 이어집니다. 황금률을 실천하고자 한다면, 다른 사람의 입장이 되어 생각할 수 있어야 합니다. 그러면 사물을 다르게 볼 수 있게 되지요. 역지사지로 생각할 수 있다면, 부정적인 감정을 초월해 용서하는 법을 배우게 됩니다. 다시 말해, 황금률을 실천하는 것이 삶을 더 긍정적인 태도로 살아가는 데 도움이 된다는 뜻입니다. 희생과는 다릅니다. 오히려 미래에 대한 투자라고 할 수 있지요."

이 말을 마친 후, 카부터가 덧붙였다.

"오늘은 이만하면 충분할 겁니다. 식사를 하고 쉬는 걸로 하지요."

잠시 뒤에 나는 카부터가 안내하는 대로 동굴 안으로 들어

섰다. 동굴이 꽤 넓고 쾌적해 적잖이 놀랐다. 작은 방이 여럿 있었는데, 카부터는 그중 하나를 내어주었다. 침대에 눕자 여러 가지 생각이 떠올랐다. 정말 흥미로운 하루였다. 길을 잃었고, 카부터를 만났으며, 현자와도 대화를 나누었다. 그리고 지금은 내 마음을 뒤흔드는 기이하고 작은 존재의 손님이 되어 있다. 쉽게 잠들 수 없을 것 같았지만, 금세 깊은 잠으로 빠져들었다.

둘째 날

8.
약속이 가진 영향력

아침 일찍 눈을 떴다. 이 비유가 어떨지 모르지만, 나는 원래 올빼미라기보다 종달새에 가깝다. 이른 아침부터 활발하게 활동하는 종달새처럼 나도 아침을 일찍 시작한다는 뜻이다. 그런데 동굴 밖으로 나가보니, 먼저 일어난 카부터가 차를 즐기고 있었다. 그는 내게 지난밤 잠자리가 편했는지 물었다. 그러고는 차를 따라주며, 이 지역에서만 자라는 귀한 야생 인삼을 우렸으니 마시면 기운이 날 거라고 했다.

새들이 지저귀는 소리가 가득한 가운데, 카부터는 마치 어제부터 대화가 끊긴 적이 없다는 듯 이야기를 이어갔다.

"황금률에서 또 중요하게 여겨야 할 부분은 바로 약속은 약속이라는 사실입니다. 약속을 지키는 행위는 모든 인간 관계에서 중요합니다. 생각난 김에 동물들이 말을 할 수 있었던 먼 옛날 이야기를 들려드리겠습니다. 사냥감을 찾아 돌아다니던 어느 호랑이의 이야기입니다. 이 호랑이는 오랫동안 굶주려 배가 매우 고픈 상태였습니다. 먹잇감을 찾아보려 갖은 애를 썼지만 모두 낭패로 돌아갔지요. 계속 허탕을 치자 호랑이는 점점 지쳐갔습니다.

호랑이는 정글에서 몸을 낮추고 천천히 움직여 사슴이나 원숭이를 덮치려 했습니다. 그러나 너무 지쳐 있던 나머지, 갑작스럽게 땅이 꺼져 추락하면서도 영문을 알지 못했습니다. 호랑이가 떨어진 곳은 사냥꾼들이 파 놓은 깊은 구덩이였습니다. 구덩이가 워낙 깊어, 기운이 좀 남아 있었다 해도 혼자서는 도저히 빠져나올 수 없는 상황이었지요. 호랑이는 사냥꾼들이 돌아오면 자신은 죽은 목숨이나 다름없다고 생각했습니다.

시간이 갈수록 자신의 운명을 비관하고 있던 호랑이에게 갑자기 어떤 소리가 들렸습니다. 고개를 들어보니, 구덩이 위로 보이는 나뭇가지에 원숭이 한 마리가 매달려 있었습니다.

호랑이는 곧 '정글의 벗, 원숭이야! 나를 이 구덩이에서 꺼내줄래?'라고 말하며 도움을 요청했습니다.

그러자 원숭이가 하하 웃더니 '싫은데! 너희는 늘 우리를 잡아 먹잖아. 그럴 때마다 우리 기분이 어땠는지 너도 한 번 겪어 봐!'라고 답을 했지요.

잠시 생각하던 호랑이가 말했습니다. '지금 나를 구해주면 우리는 친구가 되는 거야. 생각해 봐. 내가 너의 친구라고 하면 누구도 너를 해치지 못할 걸?'

원숭이는 호랑이 말에 일리가 있다고 생각했습니다. 호랑이 말대로 하면 맹수들의 위협에 가슴 졸일 일이 줄어들 것 같았지요. 결국 원숭이는 나뭇가지를 내려주었고 호랑이는 그 나뭇가지를 타고 구덩이를 빠져 나왔습니다.

호랑이와 원숭이는 구덩이 가장자리에 나란히 앉았습니다. 원숭이는 이렇게 강하고 힘센 친구가 생겨 얼마나 기쁜지 모르겠다고 했지요. 바로 그때, 호랑이 배에서 꼬르륵 소리가 났습니다. 그제야 호랑이는 자기가 얼마나 배가 고팠는지가 생각났습니다. 호랑이는 곧장 살이 오른 원숭이를 제압하고, '이제 네 놈을 잡아먹어야겠다.'라며 으르렁거렸지요.

그러자 원숭이는 '아까 나를 지켜주겠다고 약속했잖아!'라고 소리쳤습니다.

호랑이는 '강자가 살아 남고 약자는 도태되는 게 정글의 법칙이야. 나는 강자고 너는 약자지.'라고 되받아치고는 원숭이를 더욱 힘껏 그러잡았습니다.

호랑이가 원숭이를 죽이려던 그때, 곰 한 마리가 지나가다 멈춰 서서, 왜들 소란을 피우고 있는지 물었습니다. 원숭이는 아까 있었던 일을 곰에게 설명하고는 호랑이가 약속을 어기고 자기를 잡아먹으려 한다고 호소했지요.

원숭이의 하소연을 들은 곰이 말했습니다. '그게 뭐 새삼스러워? 오히려 내가 이해할 수 없는 건 이 작은 원숭이가 어떻게 너와 함께 큰 호랑이를 그 깊은 구덩이에서 꺼낼 수 있었느냐는 거야. 믿기가 어렵잖아.'

원숭이와 호랑이 모두 원숭이가 한 말이 사실이라고 하자, 곰은 '좋아, 그럼 아까 상황을 나한테 다시 보여줘.'라고 제안했습니다.

호랑이가 원숭이를 놓아주자, 원숭이는 재빨리 나무 위로 올라갔고, 호랑이는 구덩이 속으로 뛰어들었습니다.

그러자 곰이 원숭이에게 말했습니다. '호랑이는 원래 있어야 할 곳에 남겨두고 가자. 결국, 약속은 약속이니까.'"

이야기를 마치고 카부터가 설명을 덧붙였다.

"물론, 이 이야기는 약속을 지키고 진실하게 행동하는 것의 중요성을 강조합니다. 내가 약속을 하면, 사람들은 그 약속이 지켜지기를 기대하지요. 약속이란 내가 한 말을 실천하는 것입니다. 사람들은 내가 내뱉은 말뿐만 아니라 행동을 통해 나를 판단합니다. 결국, 나의 가치는 내가 보여주는 행동에 의해 결정되는 셈이지요.

말에는 엄청난 힘이 있다는 것을 절대 잊어서는 안 됩니다. 말은 사람들의 감정을 좌지우지할 수 있고, 때로는 끔찍한 결과를 초래할 수도 있습니다. 약속이 가진 영향력은 상당합니다. 내가 약속을 어떻게 다루느냐에 따라 사람들의 마음을 얻어 대의를 이룰 수도 있지만, 반대로 깊은 절망에 빠뜨릴 수도 있습니다. 말을 어떻게 하느냐에 따라 전쟁이 시작되기도 하고 끝나기도 하니까요.

언행은 인격을 드러냅니다. 만약 무언가를 하겠다고 해놓고 그 약속을 지키지 않는 일이 반복된다면, 나의 말은 점차 의미를 잃게 됩니다. 이게 다가 아닙니다. 누군와의 약속을 지키지 않는다는 것은 그 사람을 존중하지 않는다고 말하는 것과 마찬가지입니다. 게다가 약속을 지키지 않는다는 것은 자신을 존중하지 않는다는 의미로도 해석될 수 있습니다. 자신의 가치를 스스로 어떻게 여기는지 말해 준다고 볼 수 있지요. 따라서 매번 약속을 지키지 못

할 때마다, 다른 사람뿐만 아니라 자기 자신에게도 영향
을 주고 있다는 사실을 알아야 합니다. 약속을 어긴다는
것은 스스로에게 자신의 말이 중요하지 않다는 메시지를
전달하는 것과 다를 바 없다는 의미입니다."

카부터가 전달하려는 메시지를 대체로 잘 이해했다. 하지만
카부터의 이야기는 그제서야 본격적으로 시작되는 느낌이었
다. 마치 약속을 지키는 게 그의 마음속에 깊이 새겨진 신념인
것처럼 말이다.

"약속이라는 맥락에서 신뢰는 중요한 요소입니다. 신뢰
는 약속을 지킬 수 있는 진실성, 일관성, 능력, 또는 의지
에 대한 믿음으로 강하게 뒷받침됩니다. 선생도 자신이
다른 사람들을 신뢰하는 만큼, 다른 사람들도 선생을 신
뢰해 주기를 바랄 겁니다. 사실 약속을 지킴으로써 신뢰
라는 자산에 일종의 투자를 하고 있는 셈이지요. 신뢰를
쌓는 과정이라고 할까요? 어떤 사람이 과거에 약속을 지
켰다는 것을 알면, 사람들은 그 사람을 신뢰하고 앞으로
도 믿을 수 있는 사람으로 받아들입니다.

이렇게 행동할수록 자신을 더 가치 있는 사람으로 존중
하게 되며, 자신에게 실망하지 않게 됩니다. 약속을 지키
는 것은 스스로에 대한 기대를 저버리지 않는 행동이기

도 합니다. 더 나아가 자기효능감을 높여 주기도 하지요. 사람들은 약속을 지키는 사람을 단지 좋은 의도를 가진 사람이 아니라, 일을 기어이 해내고 마는 사람으로 인식하게 됩니다. 이는 사람들이 가치 있게 여기는 행동입니다. 다른 사람들이 자신을 가치 있는 사람으로 여긴다는 사실을 알게 되면 자존감이 크게 높아집니다. 그러니 자신에 대한 이미지를 개선하고 싶다면, 약속을 반드시 지키십시오.

반대로 약속을 지키지 않으면 평판이 나빠지고 신뢰를 잃습니다. 사람들의 신뢰를 더 이상 받을 수 없지요. 신뢰가 깨지면 관계도 무의미해집니다. 신뢰할 수 없는 사람과 함께 있을 때는 불편함이 느껴지기 마련이지요. 아시다시피 한번 잃은 신뢰는 되찾기가 매우 어렵습니다.

물론 한두 번이야 아무 일 없이 지나갈 수 있습니다. 그러나 반복되면, 자신의 의도와는 별개로, 약속을 어긴 여파는 깊이 남아 오래 지속되지요. 자기 자신에 대한 신뢰마저 잃게 될 수도 있습니다. 자신이 약속을 지키지 않았다는 사실에 (의식적으로든 무의식적으로든) 괴로울 겁니다. 속임수를 써서 약속을 어긴 상황을 잘 모면했다면, 일시적으로는 다행이라는 생각이 들겠지만 어쩐지 찜찜한 느낌을 지울 수 없을 겁니다. 자신이 다른 사람을 실망시켰다는 사실을 마음 깊은 곳에서는 알고 있기 때문입니다. 이러한 감정들은 무의식 속에서 당신을 갉아먹고, 결국 에너지를 고갈시킵니다.

사실상, 깨진 약속은 놀이공원에서 몸의 비율을 왜곡해 보여주는 거울과 비교할 수 있습니다. 그러므로 다른 사람과의 약속만 생각할 것이 아니라, 자기 자신과의 약속이 더 중요하다는 것을 기억해야 합니다.

약속을 지키기가 절대 쉽지 않다는 것을 깨달아야 합니다. 하기는 쉽지만 지키기는 어려운 게 약속입니다. 그러니 약속을 하기 전에 그 약속이 가진 의미를 신중하게 생각해 보십시오. 지킬 수 있는 약속만 해야 합니다.

약속을 잘 지키고 싶다면, 내가 가진 시간적 여유와 능력의 한계를 고려해야 합니다. 책임감도 필요하지요. 지킬 수 있을지 확신할 수 없다면 약속을 하지 마십시오. 지킬 수 없는 약속은 애초에 거절하는 편이 낫습니다. 우아하게 거절하는 것이 이행할 수 없다는 사실을 알면서도 하는 약속보다 훨씬 더 나은 선택입니다. 즉, 약속을 이행하는 것이 약속을 하는 것만큼이나 중요하다는 의미입니다.”

9.
충분히 괜찮은
상태란 무엇일까

카부터의 이야기는 아직 끝나지 않았다. 머릿속에 떠오른 여러 주제 속으로 깊이 파고들기로 작정한 것 같았다. 그의 완고한 태도에 점점 익숙해지기 시작했다. 카부터가 다시 말문을 열었다.

"약속에 관해 이야기가 나온 김에 다른 이야기를 하나 더 들려드리지요.

한 남자가 어느 도시에 방문했다가 건물이 지어지고 있는 모습을 보았습니다. 건물 바로 앞에는 분주한 손놀림으로 조각상을 만들고 있는 조각가가 있었지요. 남자는 근처에 놓여 있는 조각상과 조각가가 만들고 있는 조각상이 똑같은 것을 보고 의아해, '이 건물에 똑같은 조각상이 두 개나 필요한가요?'라고 물었습니다.

그러자 조각가는 '아니요. 하나면 됩니다. 그런데 첫 번째 조각상이 거의 완성되어 갈 때쯤, 그만 파손이 되고 말았어요.'라고 답했습니다.

남자는 땅에 놓여 있는 조각상을 세심히 살펴보았습니다. 하지만, 파손된 곳은 보이지 않았지요.

남자가 '아무 문제도 없어 보이는데요. 어디가 파손되었다는 말씀이죠?'라고 묻자, 조각가는 계속 일을 하며 '아무 문제가 없다니요? 머리 뒷부분에 작은 흠집이 났는 걸요.'라고 답했습니다.

'이 조각상을 어디에 세울 건가요?'라고 남자가 묻자, 조각가는 약 7미터 높이의 기둥을 가리켰습니다.

남자가 '저리 높이 있다면 작은 흠집 정도는 아무도 보지 못할 텐데요!'라고 말하자, 조각가는 '하지만 저는 알지요. 진정성과 자존심 문제입니다'라고 짧게 대답했습니다."

카부터가 질문을 던졌다.

"자, 여기서 진정성이란 주제로 넘어가게 되는군요. 선생에게 진정성이란 어떤 의미입니까?"

"진정성이란 내가 올바르다고 생각하는 행동에 걸맞게 행동하는 것이라고 생각합니다. 약속을 지키는 것과도 밀접한 관계가 있겠군요."

"아주 좋습니다. 약속을 지키는 것처럼 진정성은 나의 행동, 가치관, 실행 방법, 그리고 원칙 사이의 일관성을 의미합니다. 진정성이 있다는 것은 단순히 정직하거나 신뢰할 수 있다는 것 이상의 의미입니다. 어떤 상황에서도 일관성을 유지하고 강한 도덕적, 윤리적 원칙을 타협없이 준수한다는 뜻이지요. 아인슈타인도 말했습니다. '작은 일에서 진실을 소홀히 여기는 사람은 중요한 일에서도 신뢰할 수 없다'라고요."

카부터는 '진정성'이라는 뜻의 영어 integrity가 '전체, 완전'을 의미하는 라틴어 integer에서 유래했다고 설명했다.

"진정성이 있는 사람은 정직합니다. 확고한 도덕적 원칙을 갖고 있고, 올바르지요. 언제나 높은 윤리적 기준을 지키려고 노력하며, 옳은 일을 하려고 합니다. 옳고 그름에 따라 행동하지요.

진정성은 신뢰할 수 있는 사람이 되기 위해 노력하는 것을 의미합니다. 속임수 없이 사실만을 전달하고, 이중적이거나 위선적으로 살지 않으려고 노력하는 것이라고 할 수 있지요. 진정성은 자기 자신과의 약속을 지키는 것을 의미합니다. 행동이 말과 일치하고, 약속을 반드시 지킨 다는 것을 보여주지요. 행동에는 인격이 드러납니다. 진 정성이 있는 사람들은 단순히 자신이 내뱉은 말을 실천 하는 것에 그치지 않고, 말과 행동이 일치하는 삶을 삽니 다. 이는 곧 스스로에게 진실을 말하는 것과 같지요. 진정 성 있는 삶을 살면 수치심이나 비난을 느끼지 않게 됩니 다. 자존감을 높이는 투자인 셈이지요. 진정성 있는 삶을 살아감으로써, 다른 사람들에게 모범이 될 수 있습니다. 본보기 역할을 하게 되는 것이지요.

물론 진정성 있는 사람이 된다는 게 완벽한 사람이어야 한다는 의미는 아닙니다. 완벽해지려고 하지 마십시오. 완벽을 추구하다 보면 오히려 재앙이 따라옵니다. 자신이 충분히 괜찮은 상태, 그러니까 아직 미완성인 상태에 있 다는 사실을 받아들여야 합니다. 변화하고 성장하는 과정 에 있다고 봐야 하지요. 진정성이 있는 사람은 '내가 틀렸 어', '잘 모르겠어'라고 말할 준비가 되어 있습니다. 자신 의 부족함을 인정하는 모습이 곧 개선의 첫걸음이 될 수 있습니다. 이는 다음에 더 잘하기 위해 노력할 의지가 있 다는 것을 의미하며, 이 또한 진정성의 한 예입니다. 다른 사람인 척 가장하지 말아야 합니다. 그러나, 무엇을 하든, 동기는 옳은 일을 하는 데 있어야 합니다. 비록 그것이 불편하다 할지라도요.

진정성을 삶의 방식으로 삼고 약속을 지키며 자신에게 진실할 때, 비로소 당신의 감정, 생각, 말, 그리고 행동이 같아집니다. 진정성이란 아무도 보지 않을 때도 옳은 일을 하는 것이라고들 하지요. 이 말이 모든 것을 잘 설명해 줍니다."

10.
덕이 있는 사람은
덕을 드러내지 않는다

카부터는 이야기에 푹 빠져 있었다. 문득, 말없이 지내는 그의 평소 모습이 궁금해질 정도였다.

"진정성의 반대는 위선입니다. 위선은 누군가가 실제로는 그렇지 않으면서 그런 척하거나, 믿지 않으면서 믿는 척하거나, 마음속으로는 형편없다고 여기면서 가치 있다고 주장하는 것을 일컫습니다. 즉, 자신이 실제로 가진 가치관과 신념에 어긋나는 언행을 하는 것이지요. 거짓된 모습을 보이는 겁니다."

카부터가 잠시 말을 멈췄다. 문득, 다른 이야기가 떠오른 것 같았다. 그의 이야기를 기꺼이 들을 준비가 되어 있었다. 점점 더 흥미로워지고 있었기 때문이다.

"옛날 어느 왕국에, 이름을 모르는 사람이 없을 정도로 유명한 도둑이 있었습니다. 그 솜씨가 어찌나 뛰어났던지, 한 번도 잡힌 적이 없었지요. 그러나 세월은 흘러 도둑도 나이가 들었습니다. 어느 날, 늙은 도둑이 빵을 사러 가게에 들어갔습니다. 그런데 계산대 앞에 줄을 서고 나서야 돈을 가져오지 않았다는 사실을 깨달았지요. 도둑은 젊은 시절의 습관대로 빵을 커다란 외투 주머니에 슬쩍 숨겼습니다. 하지만 이번에는 운이 따르지 않았지요. 현장에 있던 경관이 그 장면을 목격했던 것입니다.

경관이 '내 당신이 누군지 알지! 그토록 소문이 자자했던 도둑이 드디어 잡혔군! 당신을 체포하겠소!'라고 말하고, 도둑을 감옥에 가뒀습니다.

감옥에 갇힌 도둑이 '나는 여기서 나가게 될거요.'라고 간수에게 호언장담하자, 간수는 비웃으며 '지금껏 이 감옥에서 나간 사람은 없소.'라고 답을 했지요. 그러자 늙은 도둑은 '지켜보시게나.'라고 응수했습니다.

다음 날, 도둑이 간수에게 말했습니다. '왕에게 전할 특별한 선물이 있소. 왕께서 아주 좋아하실 선물이오.' 처음에 간수는 이 말을 무시했습니다. 하지만 곰곰이 따져보고는 자신이 도둑의 말을 무시해서 왕이 선물을 받지 못한 것이 발각되는 날에는 괜한 문제가 생길 수 있다고 생각했지요.

그래서 다음 날, 간수는 도둑을 왕에게 데려갔습니다. 왕실에는 재상, 장군, 교황도 함께 있었지요.

왕이 '시간을 많이 내어줄 수 없으니 어서 그 놀랍다는 선물을 보이거라.'라고 명령하자 도둑은 허리를 조아리며 작고 아름다운 상자를 내밀었습니다.

상자를 열어 본 왕이 탐탁지 않은 표정으로 '이게 놀라운 선물이라고? 평범한 체리 씨인 걸?'이라고 의아해 묻자, 도둑이 답했습니다. '폐하, 이것이 폐하께는 한낱 체리 씨로 보일지는 몰라도, 결코 평범한 씨가 아닙니다. 이 씨를 땅에 심으면 하루 만에 나무가 자랍니다. 다음 날이면 나무에 체리가 한가득 열리고, 그 다음 날에는 체리가 모두 순금으로 변하지요.'

'그렇다면 왜 자네가 직접 심지 않는가?'라고 왕이 묻자, 도둑이 한숨을 쉬며 대답했습니다. '아, 그러고 싶은 마음이 굴뚝같습니다만, 저같은 놈은 자격이 안 됩니다. 제 과거를 아시잖습니까? 이 마법은 순수한 마음을 가진 사람에게만 통합니다. 한 번이라도 거짓말을 하거나, 물건을 훔치거나, 남을 속이거나 해친 적이 있으면 안 되지요. 아시다시피, 제 삶은 모범적이지 않았습니다. 그래서 제게는 마법이 통하지 않습니다. 하지만 폐하는 왕이시니, 틀림없이 마법이 통할 것입니다.'

왕은 체리 씨를 보며, 거짓말로 남을 속였던 일과 백성들에게 잘못을 저지른 순간들을 떠올렸습니다. 그래서 도둑에게 '나는 이 체리 씨를 심을 적임자가 아니네.'라고 말하고, 씨를 돌려주었습니다.

'폐하께서 그리 말씀하시니 소인이 몸 둘 바를 모르겠습니다. 그렇다면 이 왕국의 행정을 총괄하는 책임자이신 재상님은 어떠신지요? 성실하고 원칙을 지키는 분 아니십니까? 분명히 마법이 통할 것입니다.'

도둑이 씨를 재상에게 건네자, 재상 역시 그동안 받은 뇌물과 자신이 저지른 온갖 부정 행위로 피해를 본 사람들이 떠올랐습니다. 그래서 도둑에게 '나 역시 이 씨를 심기에 적합한 사람이 아닌 것 같소.'라고 말하고, 씨를 돌려주었지요.

그 씨를 받아 든 도둑은, '정말 안타깝군요. 그렇다면 저는 군의 최고사령관이신 장군님께서 이 씨를 자라게 할 수 있다고 확신합니다.'라고 말하고 씨를 장군에게 내밀었습니다.

장군은 전쟁광인 자신이 내린 결정으로 초래된 숱한 죽음과 고통이 떠올랐습니다. 결국 장군도 고개를 저으며 체리 씨를 거부했지요.

마지막으로, 도둑은 교황을 바라보며, '교황님, 저는 교황님이 이 씨를 심을 적임자라고 확신합니다. 결국 교황님이 이 왕국의 도덕적 나침반이지 않으십니까? 올바르게 사는 법을 몸소 알려주시니까요.'라고 말하고, 씨를 교황의 손에 쥐어 주었지요. 하지만 교황은 손에 든 씨를 보며, 자신이 지었던 죄와 사람들을 부당하게 대했던 순간들이 떠올랐습니다. 그는 자신이 마법을 일으킬 만한 진정성을 지닌 사람이 아니라고 생각하고, 씨를 다시 도둑에게 건넸습니다.

그러자 방 안에는 매우 불편한 침묵이 흘렀지요. 잠시 뒤에 도둑이 침묵을 깨고 말했습니다. '참 이상하지 않습니까? 이 왕국에서 가장 높으신 네 분이 이 마법을 일으킬 수 없다니요. 그런데 말입니다. 네 분은 호화롭게 사시면서, 가난한 도둑일 뿐인 소인은 고작 빵 한 덩이 훔쳤다는 이유만으로 여생을 비참하게 감옥에서 보내라 하시니, 이게 공평한 처사라 생각하십니까?"

왕은 침묵을 깨고 '자네가 맞네. 공평하지 않군. 자네가 우리에게 귀중한 교훈을 주었으니, 그 대가로 감옥에서 풀어 주지.'라고 말했고, 재상, 장군, 교황과 함께 자리를 떠났습니다. 그러자 도둑은 간수를 쳐다보며, '내가 여기서 나가게 될 거라고 말하지 않았소?'라고 말했다고 합니다."

카부터가 설명을 덧붙였다.

"지나치게 자주 자신의 덕행을 떠벌리는 사람들에게서 진정한 덕을 찾기란 쉽지 않습니다. 오히려 모범과는 거리가 먼 경우가 많지요. 겉보기에 덕이 있어 보이는 사람들이 종종 위선자로 드러나기도 합니다. 그들은 자기 행동을 합리화하는 데 아주 능숙하지요. 다른 사람들에게 덕이 있는 사람처럼 보이려고 할 뿐만 아니라, 스스로도 덕이 있다고 믿습니다. 하지만 플라톤이 말했듯이, '덕이 있는 사람은 자신에게 덕이 있는 것에 만족할 뿐, 이를 겉으로 드러내지 않는 법'입니다."

카부터는 다시 한번 나에게 깊이 생각할 거리를 던져 주었다.

11.
스트레스, 피로, 불안,
우울증의 원인

카부터가 미소를 지으며 말했다.

"함께 강으로 가서 점심으로 먹을 물고기를 좀 잡아 볼까
요?"

마음에 쏙 드는 제안이었다. 슬슬 배가 고파지고 있었기 때
문이다. 그간의 낚시 경험으로 볼 때, 지금이 입질이 가장 좋을
시간대였다. 물밑으로 활발하게 먹이를 찾아 헤엄치는 물고기
들이 많이 보였다. 그 덕에 우리는 금세 송어류에 속하는 후초
타이멘hucho taimen을 몇 마리 잡아다 카부터가 피운 불에 구워
먹을 수 있었다.

점심을 먹고 난 뒤, 하늘을 날아가는 오리와 거위를 바라보

며 풀밭에 누워 느긋하게 쉬고 있을 때였다. 카부터가 물었다.

"제약이 많아질수록 선한 행동이 줄어든다고 생각하십니까? 규제가 많으면 오히려 죄를 짓고 싶은 유혹을 느끼게 된다는 말이 사실일까요? 과도한 규제가 범법행위를 부추긴다고 생각하십니까?"

나는 이것들이 수사적인 질문이라 생각했고, 배부르고 나른한 나머지 굳이 대답하려 하지 않았다. 역시나, 잠시 후 카부터가 이야기를 이어갔다.

"물론, 이런 관찰을 하면서, 저는 과도함이 인간 본성의 일부라고 생각하고 있습니다. 예를 들어, 7대 죄악 중 하나인 탐욕을 생각해 보십시오."

나는 언제나 그렇듯 7대 죄악을 다 기억해 내는 데 애를 먹었다. 하나씩 읊다 보면 매번 한 가지는 빠뜨리기 일쑤였다. 교만, 탐욕, 정욕, 질투, 식탐, 분노, 음… 그리고… 나태! 점심을 먹고 나서 내가 느긋하게 시간을 보내는 모습을 보고 지적하려는 것인가 했지만, 그렇지는 않았다. 카부터가 관심을 가진 것은 탐욕이었고, 탐욕 또한 매우 의미 있는 주제였다.

카부터가 말을 이어갔다.

"여러 측면에서 볼 때, 탐욕은 필요 이상으로 더 많은 것을 원하거나, 마땅히 누릴 것보다 더 많은 것을 바라는 이기적이고 과도한 욕망을 의미합니다. 물론, 가장 기본적인 형태의 탐욕은 식욕이지만, 다른 강한 욕망들, 특히 돈에 대한 강한 욕망도 탐욕에 해당되지요."

나는 그가 무슨 말을 하려는지 알아들었다. 돈에 대한 나의 태도도 무척 모순적이었기 때문이다. 내가 제공한 노력의 대가를 요구하기가 늘 어려웠고, 탐욕스러운 사람들 때문에 항상 짜증이 났다. 그런데 그걸 카부터가 어떻게 알았을까?

카부터가 덧붙였다.

"물론, 탐욕이 항상 부정적인 것만은 아닙니다. 예를 들어 지식, 명예, 또는 칭찬에 대한 탐욕이 있을 수 있지요. 오롯이 긍정적이라고 하기는 어렵지만, 개인 차원에서 권력을 탐하게 될 수 있습니다. 그러나 일반적으로 탐욕은 누군가를 파멸이나 재앙으로 이끄는 저주로 여겨집니다. 이와 관련된 이야기를 하나 들려드리겠습니다.

멀고 먼 옛날, 생선을 먹고 싶어 안달이 난 왕이 있었습니다. 이 소식을 우연히 들은 한 어부가 물고기를 잡아 왕에게 바치기로 하지요. 어부는 아주 큰 물고기를 잡아 바구니에 넣은 다음 서둘러 왕궁으로 향했습니다. 그러나 왕궁에 도착했을 때, 경비병들이 어부를 막아섰습니다. 때마침, 성문으로 들어가던 왕의 신하가 상황을 알아차리고

어부에게 말했습니다. '당신을 들여보내 주겠소. 하지만 왕이 하사하는 보상의 절반을 나에게 주시오.'

어부는 신하의 말에 동의했고, 둘은 함께 왕궁으로 들어갔습니다. 진상품을 받은 왕은 매우 기뻐하며 '원하는 것은 무엇이든 말하라. 무엇이든 들어주겠다.'라고 말했습니다.

어부의 답은 남달랐습니다. 그는 '폐하, 제가 받고 싶은 것은 채찍질 열 번입니다.'라고 대답했지요.

왕은 깜짝 놀랐지만, 경비병을 불러 그를 가볍게 열 번 내리치도록 명령했습니다.

다섯 대를 맞은 어부가 경비병에게 말했습니다. '이제 멈추십시오, 나머지 다섯 대는 다른 사람이 맞을 겁니다.'

어부의 말에 어리둥절해진 왕은 다른 사람이 누구인지 물었습니다. 그러자 어부는 '바로 폐하의 신하입니다. 폐하께서 저에게 보상을 내리면, 그 보상의 절반을 달라고 요구한 사람이지요.'라고 말했습니다."

카부터가 이야기를 잠시 멈추고 나에게 물었다.

"왕이 좋아했을 거라고 생각하십니까?"

"제가 왕이었다면, 분명히 언짢았을 겁니다. 신하가 보인 탐욕에 매우 불쾌하지 않았을까요?"

내 대답에 카부터가 웃더니 이야기를 이어갔다.

"아시다시피, 탐욕은 가장 일반적으로 관찰되는 인간의 본성 중 하나입니다. 부와 권력에 대한 집착과 깊이 연결되어 있지요. 탐욕은 다수의 이익이 아니라, 개인의 이기적인 욕망을 채우기 위해 무언가를 얻으려는 집착이며, 종종 다른 사람들뿐만 아니라 사회 전체에 해를 끼치기도 합니다.

깊이 들여다보면, 탐욕은 단순히 돈하고만 관련된 문제가 아닙니다. 탐욕스러운 사람들은 분명 돈에 집착하는 경향이 있지만, 보다 정확히 말하자면, 사실 지나친 탐욕은 마음이 불안하다는 증거로 이해할 수 있습니다. 일종의 장애라고 해야 할까요? 이야기로 예를 들어보겠습니다. 한 남편이 현자를 찾아가 아내의 인색함에 대해 불평을 늘어놓았습니다. 그가 이야기를 마치자, 현자는 아내를 자신에게 데려오라고 했습니다. 불려온 아내 앞에 선 현자는 꽉 쥔 주먹을 그녀의 얼굴 앞으로 들이밀었습니다. 깜짝 놀란 아내가 '이게 무슨 뜻입니까?'라고 묻자, 현자는 '내 주먹이 항상 이 상태라면, 이 현상을 어떻게 설명하시겠습니까?'라고 되물었고, 아내는 '기형적'이라고 대답했지요. 아내는 현자의 손동작이 의미하는 바를 빠르게 알아차렸습니다. 꽉 쥔 주먹은 무언가를 움켜쥐고 있는 것을 상징했지요. 아내는 그 인색함이 자신을 기형적으로 만들었으며, 그것은 일종의 중독이 되었다는 사실을 깨달았습니다.

탐욕에 사로잡힌 사람들은 흔히 자기 가치를 금전적인 가치와 연결합니다. 이는 대개 무의식적인 차원에서 일어나지요. 이런 탐욕은 집착으로 변할 수 있습니다. 금전적 가치에 집착하게 된 사람들은 개인적인 성취와 만족에 집중하며 사회적 규범과 가치를 무시하게 됩니다. 무엇이라도 더 많이 얻는 것이 삶에서 가장 중요한 일이 되어버리는 셈이죠. 이렇게 되면 탐욕은 중독으로 변합니다. 아무리 많이 얻어도, 결코 충분하지 않은 상황이 되지요. 불안정한 자존감을 지탱하기 위해 항상 더 많은 것을 갈구하게 됩니다. 밑빠진 독에 물을 붓는 상태라고 해야 할까요? 결국, 탐욕에 중독된 사람들의 삶에는 그들이 갈망하고 탐내는 것을 가능한 더 많이 쌓으려는 욕구만 남게 됩니다. 이미 필요한 모든 것, 어쩌면 그 이상이 충족되었음에도, 끊임없이 채우는 것 말고는 욕구와 욕망을 다른 방향으로 돌릴 수 없게 되지요. 이런 의미에서라면 탐욕이 스트레스, 피로, 불안, 그리고 우울증을 동반하는 것도 이상한 일이 아닙니다.

탐욕은 사회와 경제에도 영향을 미칩니다. 탐욕은 기만, 절도, 사기, 부패와 같은 비윤리적 행동과 연관되어 있습니다. 탐욕은 경제 분야를 굴러가게 하는 동력이 되기도 합니다. 하지만 최근에 우리 사회에서 일어난 일들이 보여주듯, 탐욕은 재앙을 초래하기도 하지요. 통제되지 않은 탐욕은 깊은 장기 경제 불황을 촉발할 수도 있습니다."

세상과 동떨어진 삶을 산다고 생각했던 카부터가 최근에 벌어진 일들에 대해 언급하는 것을 듣고 적잖이 놀랐다. 이어 말하는 내용을 보아도 그는 분명 최근의 역사를 잘 알고 있었다.

"2009년의 세계 금융 위기를 기억하십니까? 탐욕이 경제에 미치는 영향을 보여주는 한 사례이지요. 그 사건이 준 교훈에도 불구하고 기업들은 여전히 비용을 낮추고 생산성을 높여 이윤을 늘리려고 합니다. 게다가 지금의 소비 문화는 환경을 지속적으로 파괴하고 있지요. 산림 벌채, 사막화, 해양 산성화, 종의 멸종, 더 빈번하고 극단적인 기상 현상이 그 증거입니다."

카부터의 말은 나에게 깊은 인상을 남겼다. 내가 깊이 우려하고 있는 문제들을 건드리고 있었기 때문이다. 그의 이야기가 계속됐다.

"막대한 부를 가지면 모든 문제가 해결될 것이라는 환상을 가진 사람들이 얼마나 많은지 생각해 보십시오. 참 아이러니하지 않습니까? 사람들은 이런 환상이 실현되리라는 희망을 갖고 쉽게 자신을 속입니다. 이것이 바로 많은 사람들이 돈으로 행복을 살 수 있다고 믿는 이유입니다. 물론 돈이 충분하다면 더 편안한 삶을 살 수 있다는 사실을 부인하기는 어렵습니다. 하지만 무한한 부를 가진다고 해서 얻는 것은 없습니다. 그럼에도 불구하고 더 부자가 되려는 희망이 강력한 동기 부여가 되는 실정이지요."

생각할 거리가 점점 쌓여갔지만, 카부터는 여기서 멈추지 않았다.

"인간은 다른 동물보다 훨씬 탐욕스럽습니다. 그 이유 중 하나는 인간이 미래를 내다보고, 자신의 죽음, 나아가 그 이후까지도 상상할 수 있는 능력을 갖고 있기 때문입니다. 그러나 우리가 모두 죽는다는 사실은 삶의 목적, 가치, 의미, 그리고 우리가 남길 유산과 같은 것들에 대한 불안을 불러일으킵니다. 이러한 실존적 차원의 불안이 의식 위로 떠오를 때마다 사람들은 위안과 안정을 찾기 위해 물질에 의존하게 되지요. 그리고 그 불안은 늘 존재하고 또한 완전히 해소되지 않기 때문에 인간은 또다시 다른 소유물을 찾아 눈길을 돌립니다.

사람들은 물질적 소유물에 집착합니다. 소유물이 자신의 명성이나 평판을 높여 줄 것이라고 믿기 때문이며, 물질적인 것들이 안정적이고 영구적이라고 생각하기 때문입니다. 하지만 물질적인 것은 영원하지 않습니다. 그 결과, 더 많은 것을 얻으려는 욕망이 피어나고 결국 고통으로 이어지고 말지요. 하지만 그런 고통을 겪을 때, 더 많은 것을 소유하려는 욕망이 반사적으로 고개를 듭니다. 그러면 사람들은 더 이기적으로 변모해 결국 다른 사람들에게까지 해를 끼치게 되지요. 이것이 부가 축적될수록 치러야 할 대가가 커지는 이유입니다. 여기서 대가란 다른 사람들과 자신에게 안겨주는 고통을 의미합니다. 그리고 안타깝게도 결국 붙잡으려 했던 것은 항상 잃게 되지요.

탐욕을 극복하고자 한다면, 그 근본 원인부터 파악하는 게 좋습니다. 그러나 탐욕스러운 사람들이 이러한 내면의 여정에 우선순위를 둘 리 없지요. 자신이 탐욕스럽다고 생각하지 않기 때문에, 내적 평화의 가치와 영혼의 부유함이 주는 이점을 설명해 준다한들 한 귀로 흘려버리고 말 가능성이 높습니다. 탐욕의 위험성에 대한 이야기를 들어도 자신에게 해당하는 이야기라고 생각하지 않는 겁니다.

탐욕을 다루기는 매우 어렵습니다. 사회적 관점에서 야망과 성공이 매력적으로 여겨지기 때문이지요. 이처럼 만연해 있는 물질주의적 태도 때문에 탐욕스러운 사람들은 자신의 행동이 자신뿐 아니라 다른 사람들에게도 잠재적으로 해가 될 수 있다는 사실을 인정하지 못합니다."

카부터가 이야기를 마친 듯 보였고, 나는 그가 던진 수많은 생각할 거리에 압도되었다. 내가 이런 상황이라는 걸 눈치챘는지, 카부터는 탐욕이 어떻게 사람의 인격을 타락시키고 파괴하는지를 보여주는 이야기를 들려주겠다고 말했다.

"레프 톨스토이Leo Tolstoy가 쓴 「사람에게는 얼마만큼의 땅이 필요한가?」를 아십니까?"

나는 톨스토이의 작품을 좋아하지만, 이 이야기는 잘 모른다고 답했다.

"더 많은 땅을 갖게 되면 자신의 삶이 완벽해질 것이라는 생각에 사로잡혔던 농부에 대한 이야기입니다. 결국에는 집착이 그를 집어삼켜 중요한 모든 것을 잃게 되지요. 그의 목숨까지도요.

어느 날, 농부는 단돈 천 루블만 내면 걸어 다니며 삽으로 표시한 만큼의 땅을 모두 소유할 수 있다는 소식을 듣습니다. 동이 틀 때 출발해 해질녘까지 출발 지점으로 돌아오면 참가자가 표시한 만큼의 땅을 지주가 양도한다는 규칙이었습니다. 단, 제때 돌아오지 못하면 땅을 얻지 못하는 것은 물론 참가비마저 잃게 된다는 조건이 있었죠.

농부는 들뜬 마음을 감출 수 없었습니다. 아주 넓은 땅을 갖게 될 것이라고 확신했지요. 다음 날, 그는 새벽에 출발해 해가 지기 직전까지 땅에 표시를 남겼습니다. 그런데 해가 저물 무렵이 되어서야 자신이 출발점에서 너무 멀리 떨어져 있다는 것을 깨달았지요. 당황한 그는 전속력으로 달리기 시작했고, 해가 지기 직전 가까스로 출발점에 도착합니다. 하지만 급작스러운 달리기 때문에 심장에 무리가 왔고, 결국 그는 지주들 앞에서 쓰러져 죽고 말았습니다. 그에게 필요한 땅의 크기는 결국 자기가 묻힐 만큼일 뿐이었던 것이지요.

탐욕은 결코 충족되지 않는 욕구를 끝없이 만족시키려는 고된 노력입니다. 페르시아 시인 루미Rūmī는 탐욕을 일컬어 '사람을 눈멀고 어리석게 만들어, 죽음의 쉬운 먹잇감이 되게 한다.'라고 말한 바 있습니다."

12.
내 이기심에 대하여

나는 카부터가 말한 탐욕에 대해 다시 생각해 보려 했다. 그동안 만났던 이기적인 사람들 중에서, 특히 탐욕스러웠던 사람들이 떠올랐다. 그래서 카부터에게 물었다.

"이기심을 어떻게 정의하십니까? 탐욕과 어떤 관련이 있을까요?"

그런데 느닷없이 카부터가 화난 목소리로 쏘아붙이는 바람에 깜짝 놀랐다.

"그게 무슨 바보 같은 질문입니까!"

당황스러웠다. 카부터가 왜 그러는 걸까? 그의 반응이 과한 것 같았고, 나 역시 화가 났다. 내 표정을 읽은 걸까? 카부터가 다시 미소를 짓더니 이렇게 말했다.

"선생 표정을 좀 보십시오! 선생도 이기적이지 않습니까? 자기중심적이지 않았나요? 내 화가 선생을 향한 것이라고 단정짓지 않았습니까? 하지만 세상은 선생 위주로 돌아가지 않습니다!"

나는 그가 무엇을 말하려 했는지 깨닫고 웃었고, 카부터가 말을 이어갔다.

"누군가 선생에게 선물을 주러 왔는데, 선생이 그 선물을 거절한다면 그 선물은 누구의 것일까요? 모욕은 독과 같습니다. 모욕은 자기중심적으로 받아들일 때만 당신에게 영향을 미칩니다. 모욕을 자존심에 상처를 입힌 행위로 받아들이지 않을 수 있어야 합니다. 물론, 자기애가 강한 사람들에게는 어려운 일일 수 있습니다. 이기심과 자기중심적인 행동은 같은 씨앗에서 나온 열매니까요."

카부터가 다시 나를 바라보다 잠시 침묵하더니 말을 이어갔다.

"하지만 내가 든 예가 딱 들어맞지 않을 수도 있습니다. 때로는 다른 사람들의 과민반응을 기꺼이 반겨야 할 때도 있습니다. 거기에서 깨달음을 얻을 수도 있기 때문이지요. 지금부터 들려드릴 이야기를 통해 내 메시지를 더 잘 이해할 수 있을 겁니다."

그리고 그는 다음 이야기를 들려주기 시작했다.

"아주 먼 옛날, 무척 이기적이고 탐욕스러운 여자가 살았습니다. 모든 것을 독점하려는 성향이 강했지요. 나눔이나 관대함과는 거리가 멀어 가난한 사람들을 좀처럼 돕지 않았습니다. 오로지 자기 생각뿐이었지요.

어느 날, 여자는 일을 보러 다른 마을에 갔다가 금화 서른 개가 든 지갑을 잃어버렸습니다. 온 마을을 뒤져도 찾을 수 없었지요. 그래서 결국 집으로 돌아가는 길에 마주치는 사람들에게 지갑을 잃어버렸다고 알렸습니다. 한편, 집으로 돌아가던 한 소녀가 들판을 가로지르다 그 여자의 지갑을 발견합니다. 마을에 도착한 소녀는 지갑을 잃어버린 사람이 있다는 소식을 듣고, 자신이 그 지갑을 갖고 있다고 알렸지요. 여자는 곧장 소녀를 찾아갔습니다. 지갑 안에 있던 금화 서른 개를 세어본 여자는 원래 마흔 개였던 금화가 서른 개가 되었다며 사라진 금화를 내놓으라고 소녀를 다그쳤습니다. 그러나 소녀는 이를 들어주지 않았지요.

여자는 금화가 든 지갑을 들고 판사를 찾아 이 사실을 알렸습니다. 여자의 이야기를 들은 판사는 소녀를 법정으로 불렀지요. 판사가 소녀에게 지갑에 금화가 몇 개 있었는지 묻자, 소녀는 '서른 개였어요.'라고 답했습니다. 판사가 여자에게 같은 질문을 하자, 여자는 '마흔 개였다니까요!'라고 단호하게 대답했지요.

판사가 여자에게 말했습니다. '그렇다면 소녀가 찾은 지갑은 당신 것이 아니라는 게 분명해지는군요. 그 지갑에는 금화가 서른 개밖에 없었으니까요.' 그리고 소녀에게는 '지갑과 금화를 모두 갖고 있거라. 지갑 주인이 나타나면 그때 다시 부를 테니.'라고 말한 뒤, 여자에게는 '금화 마흔 개가 든 지갑을 찾은 사람이 나타나면 그때 다시 부르겠습니다.'라고 덧붙였습니다.

판사의 말에 크게 당황한 여자는, 자신이 거짓말을 했으며 그 지갑이 자기 것이라고 자백했습니다. 하지만 판사는 그 여자의 말을 더는 듣지 않았지요."

이 이야기의 교훈은 이해하기 어렵지 않았다. 카부터의 이야기가 계속됐다.

"방금 들려드린 이야기는 이기심과 탐욕이라는 주제와 밀접하게 관련되어 있습니다. 이기심과 탐욕은 바람직한 성품이 아니지요. 내가 선생에게 이기적이라고 말한다면, 아마 기분이 좋지 않을 겁니다. 선생이 오직 자신의 이익만을 생각하고 다른 사람들의 필요나 감정, 안녕에는 전혀 관심이 없다는 말이니까요.

누구도 자신이 이기적이라는 사실을 쉽게 받아들일 수는 없습니다. 미국의 사회 개혁가 헨리 워드 비처Henry Ward Beecher는 '이기심이란, 남에게서 보일 때는 용서하지 못하지만, 자기 자신은 결코 벗어날 수 없는 혐오스러운 악덕이다.'라고 말했습니다. 이기적인 사람 대부분은 자신이 다른 사람들에게 관대하다고 착각합니다. 자신이 한 이기적인 행동 때문에 불쾌해지지 않도록 기억을 조작해 정당화하는 데 능숙하지요. 다시 말해서 자신의 행동이 기준에 미치지 못할 때, 실수를 왜곡하는 방법으로 자기 이미지를 유지한다고도 볼 수 있습니다.

이기심은 자신의 평판을 해치고, 다른 사람들과의 관계에 영향을 미칩니다. 이는 자신을 서서히, 그러나 확실히 사람들과 멀어지게 만들지요. 그러다 보면 결국 사회적으로 고립되어 외톨이가 될 수밖에 없습니다.

모순적이지 않습니까? 이기적인 사람들은 더 많은 것을 얻고 이를 지키려고 하지만 결국 사람을 잃고 맙니다. 이기심의 대가로 외로움을 얻게 되는 셈이지요. 그러니 이기심이 정신 건강에 부정적인 영향을 미치는 것도 전혀 놀랍지 않습니다. 많은 경우, 이기심은 불안과 우울로 이어지니까요.

서로를 지지하는 관계 속에 있어야 정신적으로나 신체적으로 건강해질 수 있습니다. 누군가와 친밀한 관계를 맺고 있는가는 좋은 삶을 결정하는 중요한 변수입니다. 심지어 수명을 연장시킬 수도 있습니다. 반면에 이기적인 사람들은 다른 사람을 행복하게 해주려고 노력하는 사람들보다 행복하지 못할 가능성이 높습니다. 이기적인 행동 때문에 다른 사람들과 좋은 관계를 맺지 못하면, 전체적인 삶의 행복도가 떨어지고 맙니다. 자신의 욕망을 이기적으로 무분별하게 추구해 봐야 문제만 더 생길 뿐입니다. 이기적인 사람들 대부분은 관계를 '제로섬 게임'이라고 착각하며 삽니다. 더 많이 줄수록 더 많이 얻는다는 사실을 깨닫지 못하기 때문입니다.

문제는 단기적으로 보면 이기심이 이익을 가져다준다는 데 있습니다. 자신의 이익을 우선시하는 사람들이, (적어도 일시적으로는) 다른 사람들의 희생을 대가로 이득을 얻는 경우가 많이 있지요. 그러나 장기적으로 보면 그 보상은 빠르게 줄어듭니다. 인생은 얼마나 많이 소유하느냐가 아니라, 얼마나 많이 나누느냐에 관한 것입니다. 이기심의 결과로 인한 고통을 느끼지 않을 수 있는 사람은 다른 사람들의 안녕이나 사회적 관계에 무관심한 사람들뿐입니다. 대개 사이코패스나 자기애성 인격장애를 가진 사람들에 해당됩니다.

물론, 때로는 자신을 먼저 생각하고 옳은 결정을 내려야 할 때가 있습니다. 때로는 이타적으로 행동하기 위해 이기적일 필요가 있다는 말이지요. 자신에 대해 긍정적으로 느낄수록, 다른 사람에게 베푸는 게 더 쉬워집니다. 하지만 다른 사람을 위해 자기를 돌보는 것과 다른 사람의 희생을 대가로 자기를 보호하는 것은 완전히 다른 개념입니다.

자기중심성은 호모 사피엔스의 본성 중 하나라고 볼 수 있습니다. 다만 인간이 어느 정도 자아도취 성향을 갖게끔 '프로그래밍'되어 있다는 것은 아쉽습니다. 인류의 역사를 돌아보면, 고통은 대부분 이기심에서 비롯되었습니다. 이와 관련해, 미국의 해리 트루먼Harry Truman 대통령은 '개인적 차원이든 국가적 차원이든, 대부분의 문제를 초래하는 원인은 이기심과 탐욕이다.'라고 말한 바 있습니다. 만약 이기심이 없어진다면, 세상은 훨씬 살기 좋은 곳이 될 수 있을 겁니다. 모범적인 리더십은 자신에게 필요

한 것보다 다른 사람에게 필요한 것을 우선시하는 의지
에서 비롯되지요.

이 세상에는 더 많은 이타심이 필요합니다. 우리 모두를
구원하기 위해 기꺼이 개인적인 이익을 내려놓을 수 있
어야 하지요. 이타적인 행동을 실천함으로써, 우리는 모
두 작은 영웅이 될 수 있습니다. 세상에서 얻는 것보다 세
상에 더 많이 기여하는 삶을 살아가십시오."

13.
정신건강을 위해
지금 해야 할 일

이쯤에서 내가 점점 쉬는 시간을 갖고 싶어 하는 마음이 완전히 이기적인 행동이 아니라는 사실에 마음이 놓였다. 몇 시간 동안 강도 높은 대화를 나누다 보니, 카부터도 나만큼이나 동굴로 돌아가 낮잠을 자고 싶은 것처럼 보였기 때문이다. 그런데 함께 다시 걷기 시작한 지 얼마 되지 않아 무언가 움직이는 것이 눈에 띄었다. 날다람쥐 한 마리가 바닥에 떨어진 나뭇가지에 눌려 몸부림치고 있었던 것이다. 카부터는 주저 없이 나뭇가지 아래로 손을 뻗어 다람쥐를 구해주려 했다. 하지만 놀란 다람쥐가 그의 손을 물고 말았다. 그럼에도 카부터가 다시 손을 뻗자, 다람쥐가 한 번 더 그의 손을 물었다. 카부터의 일그러진 표정을 보니, 물린 곳이 꽤 아픈 것 같았다. 그럼에도 불구하고, 카부터는 다시 한번 나뭇가지를 들어 올려 틈을 만들어 주었고, 다람쥐는 결국 자유의 몸이 되어 달아났다.

"물렸는데도 구해주려고 하신 이유가 무엇입니까?"

"위협을 느끼면 무는 것이 날다람쥐의 본성이지요. 하지만 날다람쥐에게 물렸다고 내 본성이 바뀌지는 않습니다. 내 본성은 남을 돕는 것이지요."

대답에 울림이 있었다. 대화를 할수록 카부터가 가진 지혜에 감탄하지 않을 수 없었다. 때때로 대답하기 어려운 질문도 있었지만, 그의 통찰에는 깊이가 묻어났다. 그가 베푼 호의에 어떻게 고마움을 전해야 할까? 동굴에서 머물게 해준 호의에 보답할 방법이 없을까? 그는 나에게 매우 친절했다.

카부터의 소박한 살림을 생각하며, 돈을 약간 주기로 마음먹었다. 내가 준 돈으로 필요한 물건을 사면, 동굴에서 좀 더 편리하게 지낼 수 있겠다는 생각이 들었기 때문이다.

지갑을 열어 카부터에게 돈을 건넸다.

"알겠습니다."

카부터는 짧게 답하고 돈을 받아 들더니 아무 일이 없었던 것처럼 계속 걸었다.

불쾌한 기분이 들었다. 내가 준 돈을 마치 당연하게 받아들이는 태도가 마음에 들지 않았다. 꽤 많은 금액이었는데, 적어도 고맙다는 인사나 약간의 감사 표시는 해야 하지 않을까? 그 돈이면 꽤 많은 것을 장만할 수 있을 테니 말이다.

카부터가 내 표정을 살피더니 미소 띤 얼굴로 물었다.

"뭐 잘못된 게 있습니까?"

내 생각을 솔직하게 말하기로 했다.

"돈이 없어 하는 말이 아닙니다. 그래도 꽤 많이 드렸는데, 고맙다는 말씀이 없으셔서요."

"감사 인사를 원하십니까?"

"그게 맞지 않겠습니까?"

"내가 왜 고마워해야 하지요? 주는 사람이 오히려 고마워해야 하는 것 아닙니까? 나에게 돈을 준 것이 기쁘지 않으신가요?"

분명, 카부터는 내게 생각할 거리를 던져주고 있었다. 물질의 무상함에 대한 것일까? 아니면 내가 이 세상에서 진정으로 가치 있는 것이 무엇인지 더 깊이 고민해야 한다는 점을 지적하려는 걸까? 그러다 문득 카부터에게 돈을 준 것이 잘못이었다는 생각이 들었다. 카부터에게는 사실 돈이 필요 없었다. 물질적인 것은 그에게 거의 의미가 없었기 때문이다. 그는 이미 만족하며 살고 있기에 진정으로 부유했다. 그리고 카부터의 관심은 부가 아니라 지혜에 있었다. 아마도 자연의 아름다움이나 미소에서 전해지는 기쁨, 누군가를 사랑하는 마음처럼, 값으로 환산할 수 없는 소중한 가치를 사람들이 곁에 두고도 모르고 살아가는 것을 안타까워하며 지냈을 것이다.

아니면 나에게 또 다른 인생 교훈을 주려고 한 것일지도 모른다. 받는 것보다 주는 것이 더 기쁜 일이라는 교훈 말이다. 아마도 진정으로 행복을 느끼는 사람은, 더 많이 받는 사람이 아니라 더 많이 주는 사람일 것이다. 내가 더 일찍 깨달았어야 했다. 내 행동에 대해 카부터가 왜 그렇게 냉담한 반응을 보였는지 비로소 이해가 갔다.

이런 생각들이 머릿속을 스쳐 가는 동안, 카부터가 물었다.

"주고받는 것에 관한 이야기를 들어보시겠습니까?"

나는 좋다고 말했다.

"먼 옛날, 한 소년과 소녀가 살았습니다. 소년은 구슬이 담긴 주머니를, 소녀는 사탕이 담긴 주머니를 갖고 있었지요. 서로의 주머니를 확인하고 나서, 소년은 소녀에게 서로 가진 것을 맞바꾸자고 제안했습니다. 소녀는 그 제안을 받아들였고, 둘은 주머니를 주고받았지요. 하지만, 욕심이 많았던 소년은 가장 크고 아름다운 구슬을 몰래 하나 챙겨두고 아무 말도 하지 않았습니다.

그날 밤에 소녀는 아무 일 없이 잠든 반면, 소년은 혹시 소녀도 자신처럼 사탕을 숨기지 않았을까 의심하며 뒤척였습니다. 결국 뜬눈으로 밤을 지새웠지요.

어느 쪽에게 더 좋은 거래였는지는 따로 설명할 필요 없겠지요?"

좀 더 걸어가다가, 카부터가 다시 말문을 열었다.

"이타심, 즉 자기희생적이고 자발적인 나눔은 중요합니다. 다른 사람에게 친절을 베풀면 스트레스가 줄어들기 때문입니다. 감정적으로도 안정이 되지요."

잘 이해가 되지 않아 솔직하게 말하자 카부터가 설명을 덧붙였다.

"베풂에는 여러 가지 이점이 있습니다. 다른 사람을 돕는 것은 그들의 처지를 개선할 뿐만 아니라, 주는 사람의 자존감을 높이고 심리적인 안정감을 줍니다. 이타적으로 행동하면 엔도르핀이 분비되어 기분이 좋아지고, 심지어 면역 체계에도 긍정적인 영향을 미치지요. 봉사활동이 일종의 스트레스 해소제가 되는 셈입니다. 다른 사람을 돕다 보면 자신이 가치 있는 존재라는 느낌을 받게 되고, 내가 하는 활동에 동참하려는 사람들도 늘어나지요. 그 결과, 사회적 유대감을 경험하게 됩니다. 이는 정신 건강에 매우 이롭습니다.

봉사활동은 다른 사람을 돕는다는 점에서도 이롭지만, 자신의 외로움을 해소하고 개인적, 사회적 차원에서 삶의 질을 높이는 데도 긍정적인 영향을 미칩니다. 건강에 이로울 뿐만 아니라, 수명이 늘어나고 더 큰 행복감을 느끼게 되지요.

게다가 선행을 하면, 또 다른 선행이 계속 이어지는 연쇄 반응이 일어납니다. 친절은 멀리 퍼져나갈 수 있습니다. 이타적인 행동을 목격한 사람들은 자신도 같은 행동을 하려고 합니다. 이렇게 되면 공동체 전체에 파급 효과가 나타나 더 많은 사람이 변화에 동참할 수 있게 됩니다.

만약 일상에서 더 큰 의미를 찾고 싶다면, 봉사활동을 통해 자신의 소명과 정체성을 확립해 보십시오. 특히 자녀 양육이 끝났거나, 직장에서 경력을 유지하거나 관리해야 하는 시기가 지났다면 더욱 그렇습니다.

베푸는 태도는 관계에도 큰 도움이 됩니다. 배우자, 친척, 친구, 이웃을 돕는 것은 도와주는 사람의 사망 위험을 줄이는 데도 효과가 있습니다. 더 많이 베풀수록 기분이 좋아지고, 더 오래 살게 된다는 말이지요! 이보다 더 좋은 상생의 방법이 어디 있겠습니까?

물론, 베풂도 지나치면 문제가 될 수도 있습니다. 도움을 주거나 받을 때 분명한 경계가 필요하다는 뜻입니다. 이 타심이 자신의 건강이나 행복까지 모두 내어주는 식으로 과해지지 않도록 주의해야 합니다. 한편으로 받는 행위가 나쁘다고 생각하는 것도 큰 실수이지요. 도움을 요청하고 받는 과정에서, 다른 사람이 나를 소중히 여기고 돌본다는 것을 깨닫게 될 수 있습니다. 이런 경험은 심리적으로 긍정적인 변화를 일으켜 나를 더 건강하고 행복하게 만들며, 인간관계를 더욱 돈독하게 합니다. 그러나 도움을 받는 과정에서 열등감과 의존성 같은 부정적인 감정이 되살아날 수도 있습니다. 자신이 다른 사람들에게 짐이 된다고 느끼면, 심리적 안정, 신체적 건강, 그리고 인간관계에도 부정적인 영향을 미치게 되지요. 일방적인 관계는 진정한 관계가 아니라는 점을 명심하십시오."

14.
오만한 사람들을
구분할 방법

동굴로 돌아가는 길이 생각보다 멀어 카부터와 잠시 쉬어가
기로 했다. 호수로 흘러 들어가는 작은 강가 옆에 놓인 그루터
기에 자리를 잡으니, 강물 위로 뛰어오르는 연어들이 보였다.
산란철이었다. 멀리 호숫가에는 산란을 마친 연어의 사체를 먹
잇감으로 노리는 곰들이 보였다. 곰들은 머리를 높이 쳐들고,
마치 전속력으로 내달리는 말처럼, 넓고 단단한 가슴을 위풍
당당하게 내밀고 걸어 다녔다. 몸을 일으켜 세운 곰들이 네 발
로 힘차게 뛰어올라 기력이 다한 연어를 낚아채는 모습도 볼
수 있었다. 번쩍이는 발톱이 드러난 육중한 발이 강물을 세차
게 내리치면, 윤기 나는 털 아래로 탄탄한 근육이 물결치듯 움

직였다. 사냥에 성공한 곰들은 펄떡이는 연어를 입에 물고 떠났고, 그 뒤를 따라간 새들은 남겨진 연어를 쪼아 먹기도 했다. 멀리서 늑대들이 울부짖는 소리가 들려왔다. 우리가 얼마나 외딴곳에 있는지 상기시키는 야생의 소리였다. 늑대들도 연어 만찬에 합류하지 않을까 궁금했지만, 모습을 드러내지는 않았다.

이런 멋진 광경을 흥미롭게 지켜보다 보니 굳이 대화를 나누지 않아도 좋았다. 하지만 카부터는 한번 시작한 이야기를 멈추기 어려웠던 것 같다.

"아까 우리가 이야기했던 주제와 관련해서 아주 다른 이야기를 하나 들려드리겠습니다. 지나치게 돕는 것이 얼마나 끔찍한 결말을 초래할 수 있는지를 보여주는 이야기입니다.

어느 날, 저는 동굴 밖에 앉아 있었습니다. 그때 매 한 마리가 나그네쥐를 물고 날아가다 그만 놓쳐 버렸고, 그 쥐는 제 앞에 떨어졌습니다. 쥐가 많이 다친 상태였기 때문에 제가 잠시 돌봐주었고, 상처는 점차 아물어 갔습니다. 그런데 며칠 뒤에 보니, 그 쥐가 살쾡이에게 쫓기고 있는 게 아닙니까? 곧 잡아먹힐 것만 같았지요. 제가 구해준 쥐가 굶주린 살쾡이의 먹잇감이 되는 걸 그냥 두고볼 수는 없었습니다. 카부터 대부분이 그렇듯, 저도 마법을 부립니다. 그래서 얼른 그 나그네쥐를 살쾡이로 변신시켰지요. 문제는 그렇게 해결된 것 같았습니다. 하지만 곧 늑대가 나타나 살쾡이가 된 나그네쥐를 위협했고, 저는 다시 그를 늑대로 변신시켰습니다. 그런데 곧 흰입술곰이 나타나, 이번에는 늑대가 된 나그네쥐를 곰으로 변신시켰습니다. 그만하면 문제가 완전히 해결되었다고 생각했지요. 하지만 곰이 된 나그네쥐는 행복하지 않았습니다. 숲속의 모든 동물이 그가 가짜라는 걸 알고 여전히 나그네쥐로 대했기 때문이었지요. 나그네쥐는 곰으로 사는 것이 좋았고 곰으로 인정받고 싶었습니다. 그래서 자신을 존중하지 않는 동물들을 죽이기 시작했습니다. 나그네쥐의 다음 목표는 바로 저였습니다. 제가 살아있는 한, 자신의 과거를 완전히 지울 수 없다는 것을 깨달았던 것이지요. 그래서 저는 그를 다시 나그네쥐로 돌려놓으며 '덩치가 크든 작든 모든 존재는 자신이 가진 것에 감사하고 겸손해야 한단다.'라고 말해주었습니다. 겸손해야 합니다. 겸손하지 않으면 오만해지고, 오만은 결국 자기 파멸로 이어진다는 것을 기억하십시오."

카부터가 내게 물었다.

"오만의 의미를 아십니까?"

"네, 자만이나 과도한 자부심이라고 할 수 있지요."

"맞습니다. 혹시 나르시스Narcissus에 대해 들어본 적 있으십니까?"

나는 아름다운 소년이 자신의 모습에 반해 버린 유명한 신화를 기억한다고 답했다.

"맞습니다. 제가 도운 나그네쥐처럼, 나르시스도 오만에 빠졌고 끝내 파멸로 치달았지요.

나르시스는 많은 사람들의 마음에 상처를 주었고, 그를 사랑하는 이들을 차갑게 외면했습니다. 이런 나르시스의 행동을 괘씸하게 여긴 여신 네메시스Nemesis는 그를 벌하기 위해 연못으로 데리고 갔습니다. 하지만 나르시스는 맑은 연못에 비친 자기 모습에 반해버렸고, 급기야 그 모습을 계속 바라보다가 쇠약해져 죽고 맙니다. 자기애가 나르시스를 죽음으로 내몰았던 것이지요. 그래서 자신을 과대평가하고 칭찬을 갈망하며, 스스로에게 지나치게 심취해 현실 감각을 잃어버린 사람들을 '나르시시스트'라고 부르게 되었습니다.

권력과 성공에 도취 되어 생기는 과도한 자신감, 지나친 야망, 오만, 그리고 자부심은 나르시시스트들의 자기애적 행동과 관련된 특성들입니다. 나르시시스트들은 자신의 특별함을 유지하는 데 도움이 된다면, 도덕적이거나 윤리적인 경계도 쉽게 침범해 버리지요. 특히, 나르시시스트들은 누구나 준수하는 보편적인 규칙이 자신에게는 해당하지 않는다고 믿습니다. 감정을 깊이 느끼지 못하기 때문에, 다른 사람에게 공감하거나 연민을 느끼는 경우도 무척 드물지요. 반면, '나는 특별하다'라는 믿음 하나로 자신의 행동을 쉽게 합리화시킵니다. 나르시시스트들은 자신이 특별하지 않다는 사실이 발각되는 것을 가장 두려워합니다. 그래서 자존감을 지키기 위해 끊임없이 애를 쓰지요. 끝내는 아무리 칭찬을 많이 받아도 여전히 부족함을 느끼고, 더 많은 찬사를 갈구하게 됩니다.

안타깝게도 많은 나르시시스트들이 리더의 위치에 오릅니다. 권력을 잡으면 누구라도 이전과 달라질 수 있지만, 나르시시스트들에게 권력이 미치는 영향은 특히 파괴적입니다. 나르시시스트들은 성공에 쉽게 도취합니다. 언론의 찬사 속에 시야가 좁아지고, 다른 사람의 말에 귀를 닫아 버리고 말지요. 그들은 자신이 듣고 싶어 하는 말만 골라 해주는 아첨꾼들로 주변을 채웁니다. 자신의 생각과 일치하는 사람들만 모인 안전지대를 선호하지요. 그리고 나르시시스트들은 정상적인 규칙이 자신에게는 적용

되지 않는다고 믿기 때문에, 결정도 무모하게 내려버립니다. 이로 인해 종종 자기 자신뿐만 아니라 자신이 속한 조직과 사회에까지 해를 끼치고 말지요. 오늘날에도 세계 곳곳에서 나르시시스트형 리더들 때문에 수많은 사람이 엄청난 고통과 불행을 겪고 있는 모습을 쉽게 볼 수 있습니다.

오만은 리더라면 피해 가기 어려운 위험 요소입니다. 오만이 리더를 에워싼 고립을 양분 삼아 자라나기 때문입니다. 리더가 누리는 권력과 특권, 그리고 특혜는 주변 사람들에게 위압감을 주게 마련입니다. 그러므로, 본래의 성향에 직책이 가진 영향력이 더해지면, 오만해지는 것은 사실상 피할 수 없는 일이라고 해도 과언이 아닙니다.

물론, 나르시시즘이 무조건 나쁘다라는 말이 아닙니다. 좋은 리더가 되려면 어느 정도의 나르시시즘이 필요하지요. 긍정적인 자기 이미지, 적절한 야망, 진정한 자부심을 갖는 것은 바람직합니다. 적정한 선에서 유지되는 자기 확신은 미덕이라고 할 수 있지요. 하지만, 자기 확신이 과도해지면, 잘못된 결정을 내려 사람들과 조직을 위험에 빠뜨릴 수도 있습니다. 대부분의 경우, 이미 사태가 벌어지고 난 뒤에야 적절한 자부심과 과도한 자부심의 차이가 분명해진다는 사실이 안타까울 뿐이지요."

오만한 사람들을 구분할 방법이 있는지 묻자, 카부터가 미소를 짓더니 이렇게 답했다.

"아, 아주 간단한 방법이 있습니다. 누군가가 점점 오만해지고 있는 것 같다면, 그 사람이 속한 분야에서 자신보다 더 똑똑하고 능력이 있다고 생각하는 세 명의 이름을 대보라고 하면 됩니다. 나르시시스트들은 이 질문에 금방 답을 내놓지 못한답니다."

카부터의 말에 웃음이 났다. 그러다 과도한 나르시즘을 어떻게 다뤄야 하는지에 대해 더 알고 싶다고 하자 카부터가 답했다.

"만약 자신이 가진 잠재적인 나르시시즘을 어떻게 다뤄야 하는지를 묻는 거라면, 자아 성찰, 자기 인식, 자기 이해 능력을 키우는 것이 가장 중요하다고 답하겠습니다. 스스로를 거리를 두고 관찰하면서 자신의 행동이 다른 사람에게 어떤 영향을 미치고 있는지 알아볼 수 있어야 합니다. 성급하게 반응하기보다는, 시간을 들여 신중하게 결정을 내릴 수 있어야 하지요.

그리고 나를 현실에 뿌리내리게 해줄 수 있는 사람들을 가까이 두는 것이 좋습니다. 설령 그들이 알려주는 진실이 나를 아프게 할지라도, 진실을 말해줄 사람들을 곁에 두는 것은 중요합니다. 마지막으로, 나를 안전지대에서 벗어나게 해줄 사람들이 필요합니다. 내가 잘못을 저질렀을 때, 그에 대한 책임을 묻고 바로잡아 줄 사람들을 곁에 두십시오. 사람들이 이견을 제시해도 되는 분위기를 만드는 것은 전적으로 나의 책임입니다. 누구라도 자유롭게 자신의 생각을 표현할 수 있는 분위기를 마련해주어야 합니다.

자기애가 지나쳐 인격장애로까지 여겨질 정도가 되면 그 원인을 파악하기가 대단히 어려워집니다. 이는 외부 세계에 대한 반응이 한 사람의 내면에서 형성된 특정한 심리적 역학을 따라 나타나기 때문입니다.

간단히 말해서 나르시시스트들은 깊은 내면에서 자신이 사랑받지 못하고 있다고 느낍니다. 오히려 자신을 상처받은 존재로 인식하고, 다른 사람들이 이를 알아차리거나 자신이 가짜라는 사실을 눈치챌까 두려워하지요. 그래서 사람들을 매료시켜 존경과 찬사를 받고, 그들이 자신을 지지하게 함으로써 흔들리는 자존감을 지키려 합니다. 이 방법이 먹힐 때는 문제가 되지 않습니다. 하지만 그렇지 않을 때, 그러니까 다른 사람들이 나르시시스트가 만든 게임에 동참하지 않으면, 그들은 격렬한 분노에 휩싸여 매우 위협적인 존재로 변할 수 있습니다.

나르시시스트들이 칭찬이나 인정을 받으려는 욕구를 내려놓지 못하면, 그들은 어떤 반대를 무릅쓰고라도 자신이 특별하게 느껴지는 새로운 현실을 강박적으로 만들어 냅니다."

이 이야기는 나를 불편하게 만들었다. 내게 인격장애가 있다고 생각하지는 않았지만, 카부터가 설명한 나르시시즘은 누구든 쉽게 빠질 수 있는 덫처럼 보였다. 그래서 그에게 물었다.

"겸손에 대해 가르침을 주실 수 있을까요?"

"참 이상한 질문이네요! 농담입니까? 정말 겸손을 가르칠 수 있다고 생각하세요? 겸손은 스스로 배워 익힐 수 있습니다. 실전에서 배워야 합니다. 특히 권력과 권위를 갖게 되었다면, 매일 더 연습해야 합니다. 만약 진전이 없다고 느껴진다면, 과연 자신에게 진심으로 겸손해지려는 마음이 있는지 스스로에게 먼저 물어볼 수 있어야 하고요. 겸손은 본질적으로 배우는 과정에서 자연스럽게 형성되는 덕목입니다.

자기애적 행동을 일종의 주의 결핍 장애로 생각하면 좀 더 이해하기 쉽습니다. 나르시시스트들은 다른 사람들의 관심에 중독되어 감정적으로 어려움을 겪는 사람들입니다. 그래서, 함께 지내기가 매우 어렵지요. 비유적으로 말하자면, 그들은 가루를 치는 체와 같아 아무리 많은 애정을 쏟아부어도 더 많은 관심을 갈망합니다. 한 가지 말할 수 있는 것은, 나르시시스트들이 개인이나 조직 차원에서 좌절과 실패를 경험할 때, 자신의 행동을 돌이켜볼 기회를 얻을 수 있다는 점입니다. 그리고 나이가 들어 신체 능력이 떨어지는 것도 깨달음의 계기가 될 수 있지요. 자신의 중요성이 점차 줄어들고 있다는 것을 깨닫기 시작할 때, 비로소 자신을 바꾸려는 노력이 시작될 수 있습니다."

15.
거짓말을
알아차릴 수 있는 방법

마침내 카부터와 나는 동굴로 돌아왔다. 잠시 낮잠으로 휴식을 취한 뒤, 차를 나누며 일몰을 바라보았다.

"제가 오늘 이야기를 참 많이 했습니다. 그래도 마지막으로 이야기를 하나 더 들려주고 싶은데, 어떨지 모르겠군요. 오만의 위험성에 대한 이야기입니다."

오늘 여러 이야기를 듣기는 했다. 그래도 하나쯤은 더 듣고 싶어 카부터에게 이야기를 청했다.

"옛날에 한 왕이 신하들과 함께 정원을 거닐고 있었습니다. 그러다 그만 덤불 옆에서 자고 있던 맹인에게 발이 걸려 넘어지고 말았지요. 잠에서 깬 맹인이 몸을 일으키더

니 화를 내며 소리쳤습니다. '이보시오! 당신은 두 눈이 멀쩡하지 않소? 그런데도 앞을 볼 줄 모르오?'

그러자 신하 중 한 명이 맹인을 나무라며 '이 자가 눈만 먼 게 아니라 어리석기까지 하군! 앞이 안 보이면, 목소리를 높일 때 더 신중해야하지 않겠는가!'라고 말했습니다.

이 말을 들은 맹인은, '내가 왕을 비판해서는 안 된다고 말하는 것이라면, 정말 어리석은 자는 내가 아니라 당신이오.'라고 되받아쳤습니다.

왕은 맹인이 자기가 왕 앞에 있으며, 자기 발에 걸려 넘어진 사람이 바로 왕이라는 것을 알아챘다는 것에 놀랐습니다. 왕이 온화한 목소리로 '어째서 왕이 자네의 비판을 들어야 한다고 생각하나?'라고 묻자, 맹인은 '아무리 큰 권력을 가졌다 해도, 마땅히 받아야 할 비판을 듣지 않으면 결국 몰락할 수 있기 때문이지요. 더구나 왕은 늘 자신이 듣고 싶은 말만 해주는 아첨꾼들에 둘러싸여 있으니까요.'라고 대답했습니다."

카부터가 설명을 덧붙였다.

"누구나 때로 거짓말을 합니다. 거짓말의 종류도 참으로 다양하지요. 이를테면 누군가 정말 힘든 하루를 보냈음에도 잘 지낸다고 말하는 무해한 거짓말부터, 사랑하는 사람이나 추종자들이 하는 거짓말처럼 삶을 크게 뒤흔들 정도로 심각한 거짓말도 있습니다.

물론 선한 의도로 거짓말을 하는 경우도 있습니다. 누군가의 감정을 상하게 하지 않으려는 선의의 거짓말이 좋은 예입니다. 누군가가 상처 받을 게 뻔하다면, 굳이 잔인할 정도로 솔직해질 필요가 있을까요? 그러나 그런 거짓말은 문제를 일시적으로 해결할 뿐, 영구적인 해결책이 될 수는 없습니다. 거짓말은 진실이 드러나는 것을 잠시 미룰 뿐, 결코 진실을 지우지 못합니다. 진실을 알게 되었을 때 받는 상처는 잠시일 수 있지만, 거짓말이 드러 났을 때 받는 상처는 훨씬 오래갑니다. 또한, 진실을 마주하는 고통은 거짓말이 밝혀졌을 때 겪는 고통만큼 크지 않지요. 거짓말은 상대의 지성을 얕잡아 보는 행동이기도 합니다. 결국, 진실은 반드시 드러나기 마련이니까요."

하루치 이야기 분량이 끝났기를 바라는 마음도 있었지만, 카부터의 설명은 계속 됐다.

"물론, 사람들은 다른 사람의 감정을 보호하려고 거짓말을 하기도 하지만, 자기 자신을 보호하기 위해서도 거짓말을 합니다. 진실을 말했을 때 직면할 상황이 두렵기 때문이지요. 사람들 대부분은 이러한 두려움 때문에 거짓말을 합니다. 이는 위험을 피하려는 원시적인 반응에서 기인했다고 볼 수 있습니다. 진화적인 관점에서 보면, 호모 사피엔스가 오늘날까지 생존할 수 있었던 이유는 인류의 조상이 위협을 예측하고 반응하는 데 탁월했기 때문입니다. 두려움은 위험한 상황을 경고하는 중요한 신호 역할을 해왔습니다. 수천 년 동안 이러한 위협 감지 능력은 자연에서 인간이 생존하는 데 큰 도움이 되었지요. 동굴곰이나 검치호랑이, 적대적인 부족들이 촉발하는 위험도 이 능력 덕분에 피할 수 있었습니다. 시대는 많이 변했지만 세상에는 여전히 다른 형태의 위협들이 존재합니다. 여전히 두려워할 것들이 많지요. 그러나 실제로는 위협이 없는데도 위협이 있다고 착각하기도 쉽습니다. 그 결과 아무런 징후가 없어도, 위험을 감지해서 싸우거나 도망치기로 결단하는 원시 반응이 과도하게 활성화될 때가 있습니다. 이를테면 누군가를 화나게 할 만한 일을 했다고 할 때, 그들이 보복을 할 것 같은 두려움에 자신을 보호하려고 거짓말을 하게 될 수도 있지요.

거짓말은 아주 어렸을 때부터 시작됩니다. 어린 시절을 떠올려 보십시오. 쿠키를 몰래 꺼내 먹었거나 소중한 꽃

병을 깨뜨렸다고 칩시다. 그럴 때, 들킬까 봐, 혼날까 봐 두려워서 거짓말을 하게 되지요. 쿠키가 담겼던 그릇이나 꽃병을 깬 것처럼 작은 일을 감추려 했던 거짓말은 더 큰 일을 감추는 거짓말로 이어집니다. 다른 사람인 척 하기 위해, 또는 거짓말로 무언가를 얻기 위해, 혹은 자신이 충분하지 않다고 여겨질까 두렵다는 이유로 거짓말을 하게 되지요.

이런 거짓말은 어느 집단의 일원이 되고 싶다는 사회적 욕구와 관련이 있습니다. 그 집단 안에 속하고 싶다는 욕구 때문에 거짓말을 하게 되는 것이지요. 그러다 보면 진심으로 동의하지 않으면서도 동의한다고 말하게 되고, 진정으로 좋아하지 않으면서도 좋아하는 것처럼 행동하게 됩니다. 다시 말해서 자기 자신을 거짓말로 속이기 시작하는 겁니다.

결론적으로 내가 권위 있는 자리에 오르거나, 다른 사람들에게 어떤 식으로든 영향력을 행사할 수 있는 위치에 있다면, 주기적으로 거짓말을 듣게 될 것이라는 사실을 알고 있어야 합니다. 사람들이 아부하며 비위를 맞추려고 할 것이기 때문입니다. 내가 듣고 싶어 할 말을 골라가며, 칭찬을 아끼지 않을 테지요. 만약 내가 나쁜 소식을 듣고 싫어하지 않는다고 생각하면, 그 소식을 감추기도 할 겁니다.

한편, 강박적으로 거짓말을 하는 사람들도 있습니다. 일상적으로 거짓말을 일삼는 정신병적 성향을 가진 이들에게 거짓말은 일종의 생존 방식이지요. 이런 사람들을 상대하기는 무척 어렵습니다. 이들과 대화를 나누다 보면 무엇이 진실이고 거짓인지 혼란스러워질 수 있기 때문입니다. 어쩌면 그들 스스로도 더 이상 진실과 거짓을 구별하지 못하고 있을 수도 있습니다."

나는 거짓말을 알아차릴 수 있는 방법이 있는지 궁금해졌다.

"누군가가 거짓말을 하고 있다는 것을 알아차릴 수 있는 징후가 있습니까? 사실을 일일이 확인하지 않고도 빠르게 눈치채는 방법이라고 해야 할까요?"

"있지요. 하지만 너무 미묘한 나머지 구분이 어려운 경우가 많습니다. 때로는 몸짓 언어가 거짓말의 단서가 될 수 있지요. 하지만 문화적 요인에 따라 해석이 달라지기 때문에 절대적인 방법이라고 하기는 어렵습니다. 그래도 무의식적으로 나타나는 징후가 있기는 합니다. 예를 들어 눈썹 움직임, 표정, 호흡 속도, 맥박, 혈압, 땀, 초조해 보이거나 떠는 모습, 얼굴을 지나치게 자주 만지는 행동, 시선 회피 그리고 말이 많아지는 것 같은 것들이지요."

"거짓말하는 사람이 신체적으로나 심리적으로 부정적인 경험을 하게 된다는 말로 이해가 됩니다."

"맞습니다. 일반적으로 거짓말은 정신 건강에 좋지 않습니다. 허언증 환자가 아닌 이상 계속해서 거짓말을 떠안고 다니는 행동은 엄청난 스트레스를 유발하지요. 거짓으로 꾸며낸 말을 모두 기억해야 하는데, 그렇게 많은 거짓말을 기억할 만큼 뛰어난 기억력을 가진 사람은 많지 않습니다. 거짓말을 기억해야 하는 부담감은 거짓말을 한 사람이 이미 느끼고 있는 불안감을 증폭시킵니다. 거짓말은 결국 들키기 마련이고, 거짓말을 한 사람은 신뢰를 잃습니다. 거짓말을 한 사람의 정신 건강에 결코 도움이 될 게 없지요. 게다가 거짓말을 한 사람은 다른 사람들도 자신에게 거짓말을 하고 있을지 모른다는 피해망상에 빠지게 됩니다.

거짓말은 매우 파괴적일 수 있습니다. 결국에 사람들이 다른 사람을 볼 때 가장 중요하게 여기는 것은 얼마나 신뢰할 수 있는가입니다. 특히 리더 자리에 있는 사람들에게는 정직이 최선이라 할 수 있지요. 상호신뢰하는 관계는 안전한 느낌을 줍니다. 불안도가 낮아지면 앙갚음에 대한 두려움 없이 어떤 정보라도 공유할 수 있게 되지요. 안타깝게도 거짓말이 가진 부정적인 영향은 정치 분야에서 더욱 증폭됩니다. 특히 대중의 인기에 영합해 권력을 유지하려는 정치 리더들은 지지자들이 듣고 싶어하는 말이라면, 거짓임을 알면서도 기꺼이 내뱉습니다. 그중에서도 위험한 정치인은 자신이 한 거짓말을 스스로 믿기 시작하는 사람들이라고 할 수 있지요."

긴 침묵이 이어지자, 나는 카부터가 더는 말을 하지 않을 거라는 생각이 들었다. 혹시 그에게도 휴식이 필요한 걸까? 카부터의 이야기를 듣는 것이 즐거웠지만, 이틀 동안 듣기만 하는데도 꽤 힘이 들었었다. 계속 혼자 이야기를 이끌었던 카부터는 얼마나 더 지쳤을까? 그래서 내가 이렇게 말했다.

"이제 제가 이야기를 하나 해볼면 어떨까 합니다. 정직에 관한 이야기인데, 꽤 오래된 이야기지만 여전히 가치가 있습니다. 어쩌면 이미 알고 계실지도 모르겠어요. 일단 시작해 보겠습니다.

먼 옛날, 강력한 황제가 제국을 다스리던 시절에 허영심이 많고 자만에 빠진 황제가 있었습니다. 이 황제는 몸집이 크고 뚱뚱했으며, 거울 앞에서 자신의 외모를 감상하고 가꾸는 데 많은 시간을 쏟았습니다. 그는 아름다운 옷을 무척이나 좋아해 하루에도 여러 번 옷을 갈아입었습니다. 이 소문은 널리 퍼져 모르는 사람이 없을 정도였지요. 신하들은 황제가 옷차림에 대한 칭찬을 들으면 마치 덩치 큰 고양이처럼 기분이 좋아져 자신들의 제안을 모조리 수락한다는 사실을 알고 있었습니다. 그러던 어느 날, 두 남자가 궁궐에 나타났습니다. 그들은 자신들이 특별한 옷감을 만드는 뛰어난 직조공이라고 소개했습니다. 자신들이 만든 옷감은 아주 아름다울 뿐 아니라 마법 같은 성질을 지녀, 어리석고 무지한 사람들에게는 보이지 않는다고 주장했지요. 옷감은 터무니없이 비쌌지만, 황제에게는 아무런 문제가 되지 않았습니다. 결국, 황제는 두 남자에게 금화 한 자루를 건네주며 궁궐 안에서 옷을 만들게 했지요.

며칠 동안, 직조공들은 베틀에 앉아 열심히 옷을 만드는 시늉을 했습니다. 가끔씩 그들의 작업을 살피러 온 신하들은 아무것도 보이지 않아 당황하면서도, 자신들이 어리석고 무지한 사람으로 여겨질까 두려워 아무 말도 하지 않았지요.

직조공들이 황제에게 새 옷을 입히기로 한 날이 되었습니다. 황제는 너무 들뜬 나머지, 새 옷을 입고 궁궐 밖으로 나갈 테니 성대한 행차를 준비하라고 명령합니다. 그러나 거울을 바라본 순간, 경악을 금치 못했습니다. 자신이 벌거벗은 채 서 있었기 때문이지요. 그렇다고 자신이 무지하거나 어리석다는 사실을 인정할 수는 없었습니다. 그래서 직조공들에게 멋진 옷을 지어줘서 고맙다고 말한 뒤, 아무렇지 않은 듯 행차에 나섰지요.

황제가 거리로 나서자, 사방에서 수군거리는 소리가 들렸습니다. 그러나 새 옷이 어리석고 무지한 사람들에게는 보이지 않는 옷이라는 말을 떠올리며, 모두 옷이 보이는 척했지요. 그러던 중, 갑자기 깔깔거리는 웃음소리가 터져 나왔고, 한 소년이 펄쩍펄쩍 뛰며, '저기 좀 봐요! 황제가 아무것도 안 입고 있어요! 벌거벗은 몸이라고요!'라고 외쳐댔습니다. 당연히 소년의 말이 맞았습니다. 백성들은 그제야 모두 웃음을 터뜨리며 소년의 말을 따라 외치기 시작했습니다. 백성들 앞에 벌거벗은 채 서 있던 황제는 값진 교훈을 얻었고, 직조공들에게도 다른 교훈을 알려주기 위해 궁전으로 돌아갔습니다. 그러나 그들은 이미 베틀과 금화가 담긴 자루를 챙겨 사라진 뒤였지요."

카부터가 가볍게 미소를 지으며 말했다.

"좋은 이야기군요"

그러고는 낚싯대를 집어 들었다.

"저녁으로 생선을 또 먹어 볼까요?"

16.
뒷말에 대한 모든 것

동굴로 돌아와 생선 요리를 준비하다가, 꽤 오랫동안 나를 괴롭혀 온 문제에 대해 카부터에게 조언을 구했다. 내 친구의 행동에서 비롯된 문제였다. 나는 카부터에게 상황을 자세히 설명한 다음, 그 행동 때문에 얼마나 짜증이 났었는지를 털어놓았다.

카부터는 내가 투덜대는 것을 잠자코 듣고 있다가 이렇게 말했다.

"뒷말과 거짓말은 서로 연결되어 있다는 말을 들어본 적 있으신가요?"

처음 듣는 말이었다.

"내가 이 말을 꺼낸 이유를 설명해 드리지요. 혹시 병이 들어 동굴에서 누워 지내야만 했던 사자 이야기를 아십니까?"

그 이야기도 들어본 적이 없었다.

"그렇다면 시작해 보겠습니다. 숲속 동굴에 늙어 병든 사자가 살고 있었습니다. 어느 날, 숲속 동물들이 이 사자의 동굴 앞에 모두 모였습니다. 하지만 여우만은 모습을 드러내지 않았지요. 늑대는 이때다 싶어 여우를 비난했습니다. 숲의 왕인 사자를 마땅히 존경해야 함에도 불구하고 여우에게는 그런 마음이 없다고 목소리를 높였지요. 늑대는 사자의 총애를 얻고 싶어, 병든 왕을 살펴보지 않는 여우의 행동을 맹비난했습니다.

그런데 늑대의 말이 끝날 무렵 여우가 나타났습니다. 사자는 여우를 보고 포효했고, 온 힘을 끌어 모아 여우를 해치려 했지요. 그러자 여우는 자신이 늦은 이유를 설명할 기회를 달라고 요청한 다음, '여기 있는 다른 동물들과 달리 저는 우리의 왕이신 당신을 낫게 할 방법을 찾아 먼 길을 다녀오는 길이랍니다. 게다가 여러 의사를 만난 끝에 치료법까지 알아 왔어요!'라고 말했습니다.

여우의 말에 놀란 사자가 '지금 내 몸 상태가 좋지 않으

니, 어서 그 치료법을 고하라.'라고 재촉하자, 여우는 '의
사들이 말하길, 고열이 나면 늑대의 가죽을 벗겨 몸을 따
뜻하게 해야 한대요. 그래야만 나을 수 있다고 했어요.'라
고 답했습니다."

카부터가 덧붙였다.

"이 이야기의 교훈을 더 설명할 필요는 없겠지요? 뒷말
은 심각한 부작용을 초래합니다. 남을 뒤에서 헐뜯는 대
신 솔직하게 대화만 나누어도 아마 이 세상 많은 문제가
해결될 겁니다. 다른 사람을 헐뜯어서는 안 됩니다. 특히
당사자가 자리에 없을 때, 그 사람을 평가하지 않도록 주
의하십시오. 한 번 내뱉은 말을 되돌릴 수는 없지 않습니
까? 그러니 뒷말을 삼가도록 노력해야 합니다. 뒷말은 오
물을 빠르게 퍼 나르는 것과 같다는 옛말이 있습니다. 뒷
말의 진짜 문제는, 거짓이나 반쪽짜리 진실을 전달해서가
아니라, 그것이 마치 절대적인 진실인 것처럼 포장된다는
데 있습니다. 다른 사람에 대한 험담을 늘어놓기 전에, 자
신의 결점을 먼저 돌아볼 수 있어야 합니다.

이야기를 하나 더 해 드리지요. 이번에는 뒷말의 위험성
을 알리는 이야기입니다. 한 여자가 이웃을 비방했고, 그
소문은 금세 온 마을에 퍼졌습니다. 그런데 얼마 지나지

않아 자신이 한 말이 사실과 다르다는 것을 알게 되었지요. 여자는 자신이 저지른 일을 깊이 후회했고, 저를 찾아와 이 실수를 바로잡을 방법이 있는지 물었습니다.

저는 여자에게 시장에서 닭을 사서 죽이라고 했습니다. 그런 다음, '집으로 돌아가는 길에 닭의 깃털을 하나씩 뽑아 떨어뜨리십시오.'라고 했지요.

다소 놀라는 것 같았지만, 그 여자는 제 말을 따랐습니다. 다음 날, 다시 찾아온 여자에게 '이제 어제 걸었던 길로 돌아가서 떨어뜨린 깃털을 모두 모아 가져오십시오.'라고 말했습니다.

여자는 제가 시키는 대로 해 보려고 했습니다. 하지만 깃털이 바람에 사방으로 흩어져 대부분 찾을 수 없었지요. 몇 시간을 헤맨 끝에 여자가 가져온 깃털은 고작 몇 개뿐이었습니다.

그래서 제가 말해 주었습니다. '아시겠지요. 뒷말은 이 닭의 깃털과 같습니다. 떨구기는 쉽지만, 다시 주워 담기는 매우 어렵지요. 소문을 퍼뜨리기는 쉽지만, 한 번 소문이 퍼지고 나면 그 피해를 되돌리기는 어렵습니다. 아주 불가능할 수도 있지요.'라고요.”

카부터가 내게 질문을 던졌다.

"선생이라면 뒷말을 어떻게 설명하겠습니까?"

내가 뒷말이란 당사자가 없는 데서 그 사람에 대해 이야기하는 것이라고 설명하고, 보통은 부정적인 경우가 많다고 덧붙이자 카부터가 고개를 끄덕였다.

"뒷말은 보통 악의적인 데다 사실이 아닌 경우도 많습니다. 그래서 대개 참견하기 좋아하는 속 좁은 사람들이나 저지르는 부적절한 행동으로 여겨집니다. 하지만 실제로는 누구나 어느 정도 뒷말을 하지요. 한편 뒷말은 긍정적인 것과 부정적인 것으로 나눌 수 있습니다. 일반적으로 뒷말은 남을 도우려는 의도에서 비롯되는 경우가 많습니다. 특히나 나쁜 소문을 퍼뜨리는 데 목적이 있기보다 정보를 얻으려는 의도로 뒷말을 하는 경우가 그렇습니다. 심지어 뒷말이 인간 사회를 굴러가게 하는 요소라고 주장할 수도 있지요. 뒷말은 오랫동안 인간의 의사소통 방식으로 자리매김해 왔고, 집단 내에서 중요한 기능을 하기 때문입니다.

진화적인 관점에서 볼 때, 선사 시대의 인류는 정보 공유 덕분에 생존할 수 있었습니다. 소규모 집단에서 생활하던 당시에는 한 집단의 구성원을 개별적으로 파악해 누가 신뢰할 만한지를 구분해 내는 것이 무척 중요했습니다.

장기적이고 지속적인 협력이 필수였기 때문입니다. 초기에는 모두 가까이 살았기에 이러한 정보 파악이 어렵지 않았습니다. 그러나 집단의 규모가 점점 더 커지면서, 한 집단의 구성원들이 하는 일을 일일이 파악하기는 어려워졌습니다. 그럼에도 불구하고 살아남기 위해서는 자신의 삶에 영향을 미칠 수 있는 사람들에 대해 아는 것이 중요했지요. 결과적으로, 주변 사람들에 대한 세부 정보를 갖고 있는 사람들이 살아남아 번영할 수 있었습니다. 하지만 이러한 정보를 얻기 위해서는 대화하고, 듣고, 관찰하는 능력이 필요했지요.

그러니 뒷말이 인간에게 매우 자연스러운 행동이라는 것은 그리 놀랄 일이 아닙니다. 뒷말은 대화, 정보 공유 그리고 공동체 형성에 있어 중요한 역할을 해왔습니다. 그러므로 뒷말을 좀 더 세밀한 시각으로 바라볼 필요가 있습니다. 뒷말을 그저 시간이나 낭비하는 부정적인 습관으로 치부해서는 안 된다는 뜻입니다. 사실은 뒷말은 주변 사람들에 대한 이해를 바탕으로 그들과 더 잘 지낼 수 있는 효과적인 의사소통 방법입니다. 뒷말, 그러니까 대화하고, 듣고, 비밀과 사연을 공유하는 것 역시 유대감을 형성하는 하나의 방법이라는 말이지요.

뒷말은 일종의 이야기입니다. 그리고 인간은 단순한 데이터보다 이야기를 더 잘 이해합니다. 지난 이틀 동안 제가 한 이야기들을 통해 느끼지 않으셨습니까? 다른 사람들에 관한 이야기들을 듣고 나누며, 우리는 사회적 규범과 관습을 배웁니다. 어떻게 행동하고, 또 어떻게 행동하면 안 되는지를 알게 되지요. 그리고 다른 사람들이 겪은 불운한 경험을 전해 듣는 것만으로도 같은 실수를 피할 수 있습니다. 그런 점에서 뒷말은 한 집단의 규범과 가치를 어긴 사람들에 대한 경고나 처벌로도 이해해 볼 수 있지요. 한편으로는 규범을 어긴 사람들에 관한 이야기는 규범을 따른 사람들에 관한 이야기보다 더 교육적이라고 할 수 있습니다. 부정적인 이야기가 긍정적인 이야기보다 기억에 더 오래 남는 경향이 있기 때문이지요. 그런 의미에서 뒷말은 무엇이 사회적으로 용인되고, 또 용인되지 않는지를 알려주는 문화적 학습의 한 형태가 될 수 있습니다.

저에게 선생의 친구에 대해 그동안 마음 속에 담아 두었던 생각을 꺼내놓고 나니 기분이 좀 나아지셨는지 묻고 싶습니다. 속마음을 털어놓는 행동이 어느 정도 응어리를 풀어 주지 않던가요?

때로는 사람들은 자기 이익을 위해 뒷말을 합니다. 다른 사람의 희생을 디딤돌 삼아 자신이 앞서 나가기 위해서이기도 하고, 적이라고 생각하는 사람들에게 복수를 하기 위해서이기도 하지요. 이런 종류의 뒷말은 다른 사람을 모욕하고, 비방하며, 그들의 평판에 흠집을 내는 데 목적이 있습니다. 뒷말이 부정적인 이미지를 갖게 된 이유이기도 하지요. 만약 내가 뒷말을 즐기는 사람으로 알려지면, 사람들은 더 이상 나와 어울리려고 하지 않을 겁니다. 자기들 몰래 내가 어떤 뒷말을 하고 다닐지 걱정하며 살고 싶지는 않으니까요. 그러니 내가 뒷말을 책임감 있게 하고 있는지, 아니면 개인적인 이익을 위해 하고 있는지 항상 스스로에게 물어보기 바랍니다. 만약 자신이 뒷말로 다른 사람을 판단하거나, 깎아내리며 비난하고 있다면, 그 이유를 스스로에게 물어봐야 합니다. '내 자존감을 높이려고 이 험담을 늘어놓는 것은 아닐까? 내 위신을 높이려고 다른 사람을 깎아내리고 있는 건 아닌가? 남을 부당하게 깎아내리고 있지는 않은가? 누군가가 나를 나쁘게 말했다고 복수를 하려는 건 아닌가?' 물어야 하지요. 반면에 내가 공유하고 있는 정보가 나쁜 일이 일어나는 상황을 막을 수 있을지에 대해서도 생각해 보는 게 좋습니다. 어떤 이야기를 다른 사람에게 전하기 전에 항상, 그 이야기를 퍼뜨리는 것이 과연 타당한지를 먼저 따져보십시오. 자기 확신이 있는 사람들은 부정적인 뒷말에 휘말리지 않는다는 점을 기억하셔야 합니다. 다른 사람을 비판하는 사람들은 종종 자신의 결핍을 드러냅니다. 만약 누군가 내 앞에서 다른 사람 험담을 쏟아낸다면, 비판적 시각을 갖고 들어야 합니다. 다른 사람을 헐뜯는 입을 통제할 수는 없지만, 그 말에 신경 쓰지 않겠다는 결정은 내가 내릴 수 있으니까요. 물론, 부정적인 뒷말을 다루는 아주 간단한 방법도 있습니다. 그냥 가담하지 않는 것이지요. 만약 대화의 목적이 남을 헐뜯는 것에 지나지 않는다고 생각될 때는, 그 대화를 끝내는 습관을 들이십시오."

카부터의 말을 들으며 뒷말이라는 주제 앞에서 나도 자유로울 수 없다는 점을 반성하게 되었다. 다른 사람의 뒷말을 즐겨 하는 사람과는 거리를 두는 게 좋겠다는 생각도 들었다. 그런 사람이라면 내게만 뒷말을 하는 게 아닐 테고 내가 가진 장점에 관해서는 이야기하지 않을 가능성이 높기 때문이다. 동시에 다른 사람들이 내가 그들을 평가한다거나 뒷말하는 행동을 무시한다고 느끼지 않도록 항상 신경 써야겠다는 생각도 들었다. 내가 마치 도덕적으로 더 우월한 듯 행동하는 태도는 분명 좋은 인상을 남기지 못할 것이기 때문이다.

셋째 날

17.
문제의 진정한 해결책을
찾고자 한다면

오늘은 날씨가 좋아 어제 곰을 봤던 호수로 다시 가기로 했다. 이번에는 다른 방향에서 보니 강이 어떻게 호수로 흘러드는지 분명히 알 수 있었다. 강은 바위가 가득한 삼각주에서 여러 갈래로 퍼지듯 흘러, 작은 웅덩이와 얕은 여울, 좁은 물길로 나뉘었다가 점차 속도를 잃고 넓은 분지로 흘러 들어갔다. 분지를 만나 거친 물살이 잦아드는 지점 저편에는 완벽한 대칭을 이룬 키 큰 가문비나무들이 넓은 강을 감싸듯 둘러서 있었다. 가까운 쪽 강변은 지대가 낮았지만, 버드나무와 오리나무 군락을 지나면서 점차 높아졌고, 마침내 창끝처럼 뾰족한 가문비나무 숲을 만났다. 마치 중세 군대가 날씨와 맞서 싸우기 위해 방어 태세를 갖추고 정렬한 모습처럼 보였다. 북쪽 끝에서는 물길이 하나로 합쳐지며 다시금 빠르게 흐르기 시작했다.

아침 하늘은 흐렸다. 차가운 안개가 공기 중에 머물러 있어서인지 마치 유리 위에 입김을 분 것처럼 모든 것이 뿌옇게 보였다. 우리는 강둑에 앉아, 야생 거위 떼가 큰 소리로 울며 V자 모양으로 하늘을 나는 모습을 지켜보았다. V자 대형은 놀라웠다. 앞에 있는 새의 날갯짓이 강한 기류를 만들어 내 뒤따르는 새들의 체력 소모를 덜어준다는 사실이 기억났다. 거위 떼가 어디로 향할지 생각해 보려던 참에 카부터가 이야기를 시작했다.

"뒷말에 대해 더 생각하다 보니 떠오른 이야기가 있습니다.

어느 어두운 저녁, 한 남자가 식당에서 식사를 마치고 나오다가 길바닥에 코가 닿을 듯 기어다니며 주변을 탐색하고 있는 취객을 발견했습니다. 남자가 취객에게 '무엇을 잃어버리셨나요? 찾고 있는 게 뭡니까?'라고 묻자, 취객은 '내 안경이요.'라고 답했습니다.

그러자 남자는 무릎을 꿇고 취객과 함께 안경을 찾기 시작했지요.

얼마 뒤, 남자가 '정확히 어디에서 안경을 떨어뜨렸는지

기억하십니까?'라고 묻자, 취객은 '저기 저쪽이요.'라고
답했습니다.

남자는 어이없어하며 '저기서 잃어버렸다고요? 그런데
왜 여기서 찾고 있습니까?'라고 묻자, 취객은 '여기가 저
기보다 더 밝으니까요.'라고 대답했지요."

나는 웃음을 터뜨리면서도 카부터가 왜 이 이야기를 꺼냈는
지 궁금했다. 곧 카부터가 말을 이어갔다.

"사람들은 찾고 싶은 것에만 빛을 비추고, 무시하고 싶은
것들은 그림자 속에 묻어버립니다. 솔직해져 봅시다. 선
생은 그렇지 않다고 말할 수 있으십니까? 인정하고 싶지
는 않겠지만, 사실 선생이 생각하는 것보다 훨씬 더 자주
그런 행동을 하고 있을 겁니다. 어쩌면 진실이 있을 만한
곳보다는 더 밝은 곳에서 답을 찾고 있는지도 모르지요.
무의식적으로, 답을 엉뚱한 곳에서 찾고 있을 가능성이
크다는 뜻입니다.

인간은 편향된 시각으로 상황을 파악하려고 합니다. 해결
책을 쉽게 찾으려는 경향 때문입니다. 방금 말한 이야기
에 나온 취객처럼 어쩌면 선생도 엉뚱한 곳에서 답을 찾
고 있을지 모릅니다.

때로는 더 큰 문제를 외면하고 잡다한 문제나 손쉬운 해

결책에 집중하는 것이 속 편할 수 있습니다. 하지만 이렇게 하면 큰 그림을 놓치게 되지요. 정말로 중요한 것이 아닌, 사소한 것에 매몰될 수 있습니다.

쉬운 길을 택하고 있다면, 당신은 특정 분야에서 자신이 가진 능력이나 지식, 기술을 과대평가하고 있을 가능성이 큽니다. 가짜 답을 찾고 만족하고 있을지 모르지만, 사실은 진짜 답을 찾는 것을 회피하고 있는 상황일 수도 있지요. 그 이유는 여러 가지입니다. 예를 들어, 자만심이 실제 상황에 대한 이해를 압도해 버리는 경우가 있습니다. 자만심이 지나치면 나르시시스트적인 성향이 강해져 다른 사람의 조언이나 충고를 구하지도, 받아들이지도 않게 됩니다. 그 결과, 눈앞에 현실이 명백히 드러나 있어도 이를 외면해 버리고 말지요.

전에도 말했듯이, 자기 인식과 자기 이해가 부족하면 진정으로 무슨 일이 일어나고 있는지 파악하기 어렵습니다. 자신의 실수를 인식하지 못하고 자신의 믿음이 틀렸다는 것을 깨닫지 못하면 올바른 판단을 할 수 없지요. 나아가, 더 배우고 성장할 기회도 놓치게 됩니다. 그렇기 때문에 자만심을 억제하고 한 걸음 물러서서 상황을 있는 그대로 바라볼 수 있어야 합니다. 그래야 비로소 자신이 잘못된 방향으로 가고 있다는 사실을 깨달을 수 있게 되지요. 제가 한 이야기 속의 취객처럼, 쉬워 보이는 길에서 답을 찾으려는 실수를 하지 말라고 조언하고 싶습니다. 진정으로 답이 숨겨져 있을 만한 곳에서 답을 찾으십시오. 눈앞에 보이는 쉬운 일에 정신을 빼앗기지 말고, 어렵더라도 정말 중요한 일에 집중해야 합니다. 어떤 문제의 진정한 해결책을 찾고자 한다면, 그러니까 최선의 해결책을 찾고자 한다면, 그 답이 어디에 숨겨져 있든 그 자리에서 시작해야 합니다. 가로등 불빛 아래만 찾아다니다 보면 결국 길을 잃게 될 뿐입니다. 열린 마음으로 지식과 능력의 지평을 넓히고 싶다면, '가로등 효과streetlight effect'의 부정적인 결과를 미리 알고 피해야 합니다. 그림자 속에 숨겨진 것들을 결코 간과하지 마십시오.

물론 가로등 효과는 마주하고 싶지 않은 자신의 일부, 즉 자신의 그림자 측면과도 깊이 관련되어 있습니다. 자신이 가진 불편한 성향이나 단점을 그림자 쪽으로 옮겨두거나 절대 열어보지 않을 상자 속에 넣어두는 것은 단기적인 해결책에 불과합니다. 진정한 순례는 지금 있는 곳에 머물며 자신의 내면으로 떠나는 여행입니다. 그 과정에서 뜻밖의 보물을 발견하고 놀라게 될 수도 있지요. 내면을 이해하기 위해 내딛는 한 걸음이 바깥 세상에서 성취를 위해 내딛는 몇 걸음보다 훨씬 더 중요합니다. 외부 세계는 내면세계를 투영하고 있다는 점을 기억하십시오. 둘은 결코 뗄 수 없는 관계입니다. 자신의 이야기를 주체적으로 받아들이고 나를 이끄는 힘이 무엇인지 이해한다면, 비로소 진정한 자기 자신이 될 수 있을 것입니다. 물론, 자신의 어두운 부분을 마주하는 데는 용기가 필요합니다. 하지만 다른 선택지가 있을까요? 무의식적으로 인생을 흘려버리고 싶지 않다면요.

만약 이 여정을 떠나기가 망설여진다면, 그 이유를 스스로에게 물어봐야 합니다. 무엇 때문일까요? 정신분석학자 칼 융은 '인간의 완전함은 자신의 그림자를 받아들이는 능력에 달려 있다.'라고 말했습니다. 자신의 어두운 면을 받아들여야 비로소 온전해질 수 있다는 의미이지요. 융은 그림자 측면을 통합하기 위해 노력해야 한다고 제안합니다. 자신을 얼마나 모르는지를 깨달을 때, 비로소 자신에 대해 알아갈 기회를 얻게 됩니다. 이는 가로등이 비추지 않는 곳을 바라보는 것과도 같습니다.

자기의 진정한 적은 두려움입니다. 내면 극장에서 펼쳐질 대본을 더 깊이 이해하는 것에 대한 두려움이지요. 자기 탐구는 자신에 대한 환상을 깨뜨릴 수 있으므로 많은 두려움을 동반합니다. 하지만 자기 이해를 통해 비로소 더 큰 통제력을 얻을 수 있습니다. 아리스토텔레스가 말했듯이, '자신을 아는 것이 모든 지혜의 시작입니다.' 자신이 누구인지 모른 채, 불빛이 환히 비추는 곳에서만 자신을 보려 한다면, 어떻게 진정으로 자신의 행동을 의식할 수 있겠습니까?"

18.
긍정적인 자기 충족적 예언은
나은 성과를 만든다

나는 카부터가 '가로등 효과'에 대해 이야기하면서 마치 자유 연상을 하듯 다른 이야기들을 떠올리고 있다는 인상을 받았다. 그래서 그가 앞서, 안경을 찾는 취객의 이야기를 떠올렸던 것처럼, 잘못된 판단과 관련된 다른 이야기를 꺼냈다는 게 그리 놀랍지 않았다.

카부터가 말했다.

"이번에는 학생들을 엄하게 대한 탓에, 인기가 별로 없던 한 선생님에 대한 이야기입니다. 어느 날, 한 학생이 반 친구들에게 선생님을 상대로 장난을 쳐보자는 제안을 했습니다. '얘들아, 우리 한 명씩 돌아가면서 선생님 얼굴이

창백하다고 해보자. 어디가 편찮으시냐고, 몸이 안 좋으신 거 아니냐고 여쭤보는 거야!'

학생들은 계획대로 장난을 쳤습니다. 첫 번째 학생이 다 같이 모의한 대로 말을 하자, 선생님은 '고맙구나. 그런데 난 괜찮아'라고 말하고 별로 신경 쓰지 않았습니다. 그러나 열 명의 학생이 같은 말을 반복하자, 선생님은 점점 걱정이 되기 시작했습니다. 괜찮다고 대답하면서도 어쩌면, 학생들의 말이 맞을지도 모른다는 생각이 든 것입니다. 심지어 미열이 나고 몸 상태가 나빠지는 것처럼 느껴지자, 선생님은 결국 퇴근을 하기로 합니다. 그런데 집으로 돌아가는 길에 문득, 아침에 아내가 왜 자신의 몸상태를 알아차리지 못했는지 궁금해졌습니다. 혹시 아내가 자신이 아프기를 바랐던 것은 아닌지 의심까지 하게 되었지요.

집에 돌아온 선생님을 본 아내가 '왜 이렇게 일찍 왔어? 어디 안 좋아?'라며 놀라 묻자, 선생님은 '당신은 눈이 멀었어? 내가 몸이 안 좋다는 걸 분명히 알았을 텐데, 왜 아무 말도 안 한 거야?'라고 따지듯 되묻고는 침대에 누워버렸습니다.

다음 날, 학생들이 선생님 댁으로 병문안을 갔습니다. 선

생님은 학생들이 자신을 세심하게 챙겨준 것에 고마워했
지요. 학생들 덕분에 자신이 아프다는 것을 알게 되어 다
행이라 여겼고, 그동안 건강에 너무 소홀했었다는 것도
깨달았습니다. 그래서 학생들에게 '너희들이 아니었으면
지금쯤 나는 죽었을지도 몰라.'라고 말했다고 합니다."

카부터가 나를 보고 말했다.

"우리가 얼마나 쉽게 속는지 아시겠지요? 자기 충족적
예언에 빠지기가 이렇게 쉽습니다."

이번에도 흥미로운 이야기였지만, 카부터의 의도가 궁금했
다. 앞서 들려준 잃어버린 안경 이야기도 재미있긴 했지만 이
해하는 데 꽤 골치가 아프기도 했기 때문이다. 그래서 내가 물
었다.

"자기 충족적 예언이 뭡니까?"

"자기 충족적 예언a self-fulfilling prophecy은 특정 문제에 대한
당신의 생각이 행동에 영향을 미친다는 의미를 갖는 심
리학적 용어입니다. 방금 들려준 이야기에 나온 선생님
은 자신의 건강에 대해 부정적으로 생각하기 시작하면서
결국 스스로를 무너뜨렸습니다. 학생들의 몇 마디가 그
를 아프게 만든 셈이지요. 이는 우리가 생각한 대로 자신
을 만들어 갈 수 있다는 사실을 보여줍니다. 그 결과는 긍

정적일 수도, 부정적일 수도 있지요. 긍정적인 기대는 긍정적인 결과를, 부정적인 기대는 부정적인 결과를 만듭니다. 자기 충족적 예언에 따라 성공과 실패가 갈릴 수 있다는 의미이지요."

나는 카부터의 설명이 어쩐지 불편하게 느껴졌다. 하지만 그는 이야기를 계속 이어갔다.

"자기 충족적 예언에는 두 가지 유형이 있습니다. 첫 번째는 자신이 설정한 기대가 자신의 행동에 영향을 미치는 경우입니다. 예를 들어볼까요? 별로 관심이 없는 과목의 시험을 통과해야 하는 상황입니다. 이때, 내키지 않는 공부를 하기는 하면서도 '나 이번에 떨어질 것 같아'라고 반복해서 말한다고 칩시다. 그러다 보면 점차 그 말을 믿게 되면서, '어차피 떨어질 텐데 뭐 하러 열심히 해?'라는 식으로 생각이 왜곡되고 말지요.

그렇게 시험 당일이 되면, 불안해지기 시작합니다. 제대로 공부를 하지 않아 시험을 볼 준비가 되지 않았다는 것을 자신이 알고 있기 때문이지요. 끝내는 처음에 주문을 걸듯 예상했던 대로 시험에서 떨어지게 됩니다. 이게 바로 부정적인 사고가 만들어 낸 자기 충족적 예언의 한 예입니다.

자기 충족적 예언은 다른 사람의 영향을 받을 수도 있습니다. 계속 시험 상황으로 예를 들어보겠습니다. 이번에는 시험 준비를 어느 정도 했다고 가정해 봅시다. 그런데 시험을 보기 직전, 친구가 다가와 '이번 시험은 정말 어려울 거야.'라고 말하고, 내가 시험을 볼 때마다 얼마나 스트레스를 받는지 상기시킵니다. 그러면 그 말이 시험 시간 내내 머릿속에 남은 탓에 집중력이 흐려져 결국 시험을 망치게 되는 경우도 있습니다.

이 두 예시는 당사자나 다른 사람이 만들어 낸 미묘한 심리적 변화가 어떤 결과를 초래할 수 있는지를 보여줍니다. 예언은 내가 가진 믿음에 영향을 준 다음, 행동을 변화시키고, 결과적으로 예언이 그대로 이루어지게 합니다. 어떤 가정을 세우면, 그 가정을 확인하는 행동에 참여하고, 예상한 대로 상황이 흘러가도록 자신도 모르게 행동을 맞추게 됩니다. 즉, 자신에 대한 기대와 주변 사람들에 대한 예측이 현실에 영향을 미치게 되는 것이지요. 단지 그렇게 되기를 기대했을 뿐인데 실제로 그 일이 일어나게 되는 겁니다.

자기 충족적 예언에서 '파생된' 심리적 현상들도 있습니다. 피그말리온 효과Pygmalion Effect에 대해 들어보셨습니까? 그리스 신화에서 피그말리온Pygmalion은 자신이 만든 아름다운 조각상을 너무 사랑한 나머지, 그 조각상에 생명을 불어넣어 살아 움직이게 만든 조각가입니다. 이제, 한 교사가 뛰어난 재능을 가진 학생이 자기 반에 배정되었다는 이야기를 들었다고 상상해 보십시오. 그러면, 그 교사는 그 학생을 특별히 대할 가능성이 높아지고, 그 결과 그 학생은 다른 아이들보다 더 뛰어난 성과를 낼 확률이 높아집니다. 교사의 기대가 학생의 성과에 실제 재능이나 지능의 차이보다 더 큰 영향을 미치게 되는 것이지요. 학생이 교사의 기대를 내면화하여 자아 개념의 일부로 받아들인 결과라고도 할 수 있습니다. 피그말리온 효과는 심리학자, 교사, 판사, 기업 임원, 의료인들의 기대가 그들이 상대하는 사람들에게 어떤 영향을 미치는지를 설명해 줍니다.

자기 충족적 예언에서 '파생된' 또 다른 현상으로 플라시보 효과Placebo Effect도 있습니다. 뇌는 가짜 치료가 진짜 효과를 낸다고 받아들여, 몸을 속일 수 있습니다. 그 결과, 의학적 효능이 전혀 없는 치료를 받거나 가짜 약을 먹어도, 기대했던 대로 긍정적인 결과를 경험하게 되지요.

고정관념 또한 자기 충족적 예언에서 '파생된' 현상으로 볼 수 있습니다. 인종이나 성별에 대한 고정관념, 그리고 이와 유사한 차별적 관행 역시 자기 충족적 예언의 예시가 될 수 있습니다. 인종이나 성별과 관련해 갖고 있는 기대는 내가 해당 인종이나 성별을 가진 사람을 대하는 방식에 영향을 미칩니다. 어떤 사람이나 장소, 사물에 대해 잘못된 견해나 개념을 갖게 되면, 그것이 마치 사실인 것처럼 행동하게 되고 말지요.

물론, 이러한 자기 충족적 예언은 의도적으로 만들어지는 것이 아닙니다. 무의식적으로 일어나는 현상이지요. 자연스럽게 발생하며, 부정적인 말이나 생각을 의도적으로 지어내 만든 결과가 아닙니다."

카부터의 말이 끝났다고 생각했다. 이미 생각할 거리는 충분했다. 하지만 카부터는 아직 하고 싶은 말이 남은 듯 보였다.

"내가 지금까지 설명한 내용을 놓고 보면, 자기 충족적 예언이 하나의 인과적인 연결 고리를 형성한다는 것을 알 수 있을 겁니다. 생각이 감정에 영향을 미치면, 감정이 행동에 영향을 미치고, 행동이 다시 생각에 영향을 미치는 식으로 연결되는 것이지요. 먼저 자기 자신이나 다른 사람에 대해 어떤 믿음을 갖게 되면, 그 믿음에서 비롯된 감정적 반응은 곧 자기의 행동 방식을 결정짓습니다. 그 믿음은 의사결정, 다른 사람을 대하는 태도, 심지어 자신을 대하는 방식에도 영향을 미치지요. 자신이 한 행동은 다른 사람들이 나를 대하는 방식에도 영향을 줍니다. 이 모두가 처음에 가졌던 생각에서 비롯됩니다. 그리고 결국 사람들이 나를 대하는 방식이나 내가 만든 환경은 처음의 믿음을 더욱 강화시킵니다.

이 말이 다소 결정론적으로 들릴 수 있지만, 자신의 인식과 그로 인한 결과를 통제할 힘이 자신에게 있다는 점을 다행으로 여겨야 합니다. 자신의 생각이 주변 상황과 다른 사람에게 어떤 영향을 주는지 이해하게 된다면, 무의식적인 사고 과정이 의식적인 자각으로 전환될 수 있을 겁니다.

내가 지금까지 한 말을 이해했다면, 사고방식이 얼마나 중요한지 깨달았을 것입니다. 자신의 사고방식을 더 의식적으로 인식한다면, 이 자기 인식을 바탕으로 새로운 사고방식을 개발할 수 있습니다. 생각과 신념을 재구성하고, 자신을 긍정적인 방향으로 대하고 훈련할 수 있다는 뜻이지요.

이제 자기 충족적 예언에 대해 알게 되었으니, '가엾은 나'라는 생각의 덫에 빠지지 않도록 주의하십시오. 우리는 생각하는 것보다 더 자신의 삶을 통제할 수 있습니다. 부정적인 사고는 전염성이 매우 강합니다. 만약 '내 삶은 끔찍해'라고 생각한다면, 실제로 그 삶이 끔찍해질 가능성은 높아집니다. 반대로 긍정적인 자기 충족적 예언은 더 나은 성과를 만들어 내고 자신감을 키워줍니다. 결국, 이러한 사고 과정을 어떻게 다루느냐가 성공과 실패를 가를 수 있다는 말이지요. 어느 쪽을 택하시겠습니까? 답은 분명합니다."

나는 고개를 끄덕였고, 카부터가 말을 이어갔다.

"긍정적인 태도는 정신 건강에 유익합니다. 그러니 부디 가능한 한 자주, 자신에 대해 낙관적이고 긍정적으로 생각하십시오. 평소에 사용하는 단어를 신중하게 선택하는 데서 출발해 보는 것도 좋습니다. 이를테면 '절대,' '항상,' '나는 할 수 없다,' '나는 싫다'와 같은 확정적인 표현을 쓰지 않아야 합니다. 나를 믿어주고 응원해 주는 사람들을 가까이 하십시오. 부정적인 영향을 미치는 사람들과는 거리를 두면 좋습니다.

주변의 분위기가 긍정적이면 자존감이 높아지지만, 부정적이면 자존감과 기대치가 낮아집니다.

그러니 생각이 행동에 영향을 미친다는 사실을 늘 명심

하십시오. 긍정적인 사고는 그저 듣기 좋은 말이 아니라 실제로 현실을 바꿀 수 있는 힘을 지니고 있습니다. 자신감을 갖고 기대한다면, 무엇이든 자기 충족적 예언이 될 수 있습니다. 다만, 어떤 태도를 선택할지는 자기의 몫입니다. 이와 관련해, 마하트마 간디Mahatma Gandhi는 '긍정적으로 말하라. 말은 곧 나의 행동이 된다. 긍정적으로 행동하라. 행동은 곧 나의 습관이 된다. 긍정적인 습관을 가져라. 습관은 곧 나의 가치가 된다. 긍정적인 가치를 가져라. 가치는 곧 나의 운명이 된다.'라고 말한 바 있습니다. 마지막으로, 다소 비극적이라고 할 수 있는 이야기를 하나 더 들려드리겠습니다.

옛날에 엄격한 수도원이 있었습니다. 침묵이 의무인 곳이었지요. 그런데 이 규율에도 예외가 있었습니다. 바로 5년에 한 번씩 수도사들에게 말할 기회가 주어진다는 것이었습니다. 단, 딱 두 마디로만 가능했습니다. 어느 날, 수도원에 들어온 지 5년이 된 한 수도사가 원장에게 불려 갔습니다. 원장이 '5년이 지났습니다. 딱 두 마디로만 말할 수 있습니다. 무슨 말을 하고 싶습니까?'라고 묻자, 수도사는 '침대가… 불편합니다.'라고 말했습니다. 이에 원장은 '알겠습니다.'라고 짧게 대답했지요.

다시 5년이 지나 수도원장이 수도사를 또 불렀습니다. 원장이 '5년이 지났습니다. 이번에는 무슨 말을 하고 싶습니까?'라고 묻자, 수도사는 '음식이… 별로입니다.'라고 말했습니다. 이에 원장은 '알겠습니다.'라고 짧게 대답했지요.

또다시 5년이 지나고 수도사는 다시 원장과 만났습니다. 원장이 '5년이 지났습니다. 이번에는 무슨 말을 하고 싶습니까?'라고 묻자, 수도사는 '저… 그만두겠습니다!'라고 말했습니다. 이에 원장은 '그럴 만도 하지요. 그동안 불평만 했으니까요.'라고 대답했지요."

이야기를 마치고 카부터가 물었다.

"이 이야기에 대해 어떻게 생각합니까?"

"음, 꽤 웃깁니다. 하지만 왜 이 이야기를 비극적이라고 말씀하셨는지 알겠습니다. 결국 허비한 삶에 대한 이야기군요."

"아, 맞습니다. 하지만 사실 그보다 더 많은 교훈을 담고 있습니다. 분명 수도사는 부정적인 생각에 사로잡혀 시간을 허비하고 있었습니다. 그런데도 수도원을 떠나기까지 15년이 걸렸지요. 다른 사람이라면 훨씬 더 빨리 그만두었을 겁니다. 좀 더 깊이 들여다보면, 이 이야기는 자기희생이라는 주제를 다루고 있기도 합니다. 15년이 지나도록 이 젊은 수도사는 아무것도 배우지 못했습니다. 부정적인 태도가 자기 충족적 예언이 된 셈이지요. 15년 동안 내뱉은 말은 겨우 여섯 마디였지만, 수도사는 마음속으로 계속 불평만 쏟아냈을 겁니다. 그러니 정작 말할 기회가 왔을 때, 그보다 더 나은 말을 할 수 없었지요."

이 우울한 이야기를 듣고 난 뒤, 나는 그만 쉬고 싶어졌다. 오늘도 꽤 많은 것을 배웠다는 생각이 들었다.

넷째 날

19.
무의미한 의례에
얽매여 있지는 않은가

정말 멋진 날이었다. 구름 한 점 없이 깨끗한 하늘에 태양이 빛났고, 이른 아침 기온은 딱 기분이 좋을 만큼 따뜻했다. 우리는 동굴 밖에 마련된 탁자에서 아침을 먹었다. 갓 구운 천연발효빵에 카부터가 직접 만든 블루베리 잼을 발라 먹으니, 맛이 일품이었다. 그는 나에게 자작나무 시럽을 권하기도 했다. 여러 영양소가 많지만, 특히 비타민과 미네랄이 풍부해 몸에 좋을 거라고 했다. 평소 내가 먹던 아침과는 많이 달라 카부터에게도 그렇게 말해주었다.

식사를 마친 다음부터 카부터의 질문이 시작되었다. 카부터는 내가 규칙에 따라 생활하고 있는지 알고 싶어 했다. 매일 똑같은 순서로 일상을 보내는지, 특정한 시간에 옷을 입고 아침을 먹는지, 아니면 즉흥적으로 행동하는지에 대한 질문이었다.

그가 던지는 질문마다 할 말은 떠올랐지만, 선뜻 답을 하기가 망설여졌다. 질문의 의도를 전혀 짐작할 수 없었기 때문이다. 그래서 답을 하는 대신, 카부터가 내게 무엇을 알려주려고 하는지 추측하려고 했다.

카부터는 내 마음 속의 혼란을 눈치챈 것 같았다. 그래서 앞서 질문을 던진 이유를 내게 설명하려는 듯, 새로운 이야기를 시작했다.

"어느 숲 외곽에 사람들이 모여 살고 있었습니다. 그들은 주로 침묵 속에서 명상을 하며 지냈지요. 그런데 한 사람이 키우던 고양이가 여기저기 돌아다니며 소란을 피우자 명상을 지속하기가 어려워졌습니다. 오랜 상의 끝에 사람들은 매일 저녁 명상 시간 동안 고양이를 줄에 묶어 두기로 했습니다. 세월이 흘러 그 고양이가 죽자, 새 고양이가 그 자리를 대신했지요. 새 고양이 역시 저녁 명상 시간이면 줄에 묶어 두었습니다. 이 원칙은 그 뒤로도 오래도록 지켜졌습니다. 처음 고양이를 묶어 두기로 했던 사람들이 모두 죽고 나서도 계속되었지요. 그로부터도 오랜 세월이 흐른 뒤, 후손들은 명상 수행에서 고양이를 묶어 두는 행위의 중요성에 대한 논문까지 썼다고 합니다! 하지만 왜 고양이를 묶어둬야 하는지, 질문을 던진 사람은 단 한 명도 없었다고 하네요."

카부터의 이야기에 웃음이 터져 나왔다.

"네. 웃음이 나올 만도 합니다. 황당한 이야기이지요. 하지만 이 이야기에서 중요한 교훈을 얻을 수 있습니다. 바로, 사람들이 어떤 일을 할 때 그 이유를 깊이 생각하지 않고 그냥 하는 경우가 많다는 겁니다. 늘 그래 왔으니까, 다들 그렇게 하니까 따라 하는 것이지요. 꽤 우려스러운 행동 아닙니까? 종교의식이나 다른 의례들도 처음에는 그저 간단한 문제에 대한 현실적인 해결책으로 시작되었을 것 같지 않나요?

물론 의례는 모든 인간 사회에서 공통적으로 관찰되는 특징입니다. 정기적으로 반복되는 행위를 뜻하는 의례는 인종, 문화, 종교를 초월해 오랜 세월 동안 인류를 하나로 이어주었지요. 인류는 놀라울 만큼 다양한 의례를 갖고 있습니다. 인간 경험의 다양성이 반영된 결과라고 할 수 있지요. 이해하기 어려운 의례도 많습니다. 한 문화에서는 정상으로 보이는 의례가 다른 문화에서는 기이하게 보이기도 하지요. 하지만 지금의 우리가 낯설게 느끼는 의례도 처음에는 분명한 목적을 가지고 생겨났다는 점을 기억해야 합니다. 모든 의례 뒤에는 잊지 말아야 할 것을 상기시키는 이야기가 있으며, 깊은 의미를 담은 역사가 숨어 있게 마련이지요.

종교적인 의례에 국한해 말하는 것이 아닙니다. 의례는 일상에서도 흔하게 나타납니다. 앞서 말한 고양이 이야기가 그 좋은 예이지요. 모든 문화에는 동지나 추석처럼 한 해 일어나는 중요한 계절의 변화를 기념하는 의례가 있습니다. 출생, 성장, 성년, 결혼, 취업, 그리고 죽음과 같은 중요한 인생의 전환점을 기념하는 의례도 있지요. 이런 점에서 의례는 중요한 사회적 기능을 갖습니다. 어떤 의례는 신을 섬기거나 불운을 쫓기 위해 시행되기도 했습니다.

의례는 삶에 형식을 부여합니다. 그리고 문화적 소속감과 정체성을 강화하며, 유대감과 협동심, 연대감을 북돋지요. 의례는 조상과 후손을 연결하여 우리 이전에 살았던 사람들과 우리 이후를 살아갈 사람들을 이어주기도 합니다. 죽음이나 애도와 관련된 의례는 우리가 상실을 받아들이고, 인생에서 예상치 못하게 겪게 되는 고통을 견딜 수 있도록 도와줍니다. 무엇보다도 의례는 극도로 불확실한 세상 속에서 안정감을 주고, 예측을 가능하게 합니다. 비록 사회에서 종교가 차지하는 영향력이 약해지고는 있지만, 인생의 중요한 순간들을 기념하는 의례는 여전히 필요합니다. 많은 의례가 겉보기에는 별 의미가 없어 보이거나 전혀 이해되지 않는다고 하더라도, 결코 임의적이거나 즉흥적인 것은 없습니다. 의례는 인간의 심리뿐만 아니라 사회문화에도 영향을 미칩니다. 어떤 문화에서 시행되는 의례의 기능을 이해하지 못한다면, 그 문화를 제대로 이해했다고 하기 어렵지요. 더 나아가, 그 문화에 영향을 미치기도 어렵다고 할 수 있습니다.

진화심리학적 관점에서 의례는 재난이나 위험에 대처하려는 시도로 시작되었을 가능성이 큽니다. 비록 지금은 본래의 목적이 잊혔을지라도, 여러 문명에서 의례는 사람들이 자신을 지켜줄 것이라고 믿는 행동을 지속하는 방법이었습니다. 천둥, 번개, 홍수, 태풍, 산불, 지진 같은 재난 속에서, 사람들은 불안을 낮추고 안정을 되찾기 위해 의례를 행했습니다. 의례는 이 같은 재난을 자신들이 통제하고 있다고 느끼게 하는 상상의 틀이기도 했습니다.

현대 사회에서도 의례는 흔하지만, 자신이 의례를 따르고 있다는 사실을 인식하는 사람은 많지 않습니다. 의례가 그만큼 일상속에 스며들어 있기 때문이지요. 알게 모르게 우리의 일상은 의례로 가득 차 있습니다. 옷을 입는 방식, 식사 시간과 방법, 직장에서의 업무 처리 방식, 만남과 이별, 사랑을 표현하는 방식에도 의례가 포함되어 있지요. 운동, 기도, 명상 같은 활동이나 일상에서의 좌절을 다루는 방식에서도 의례의 요소를 찾을 수 있습니다. 한 가정 안에도 수많은 의례가 존재하지요. 예를 들어, 아이들이 목욕을 하고 책을 읽은 다음 잠자리에 드는 일련의 과정을 통해 안정감을 느끼는 것도 일종의 의례라고 할 수 있습니다. 어떤 가정에서는 차나 커피, 칵테일을 즐기는 시간이 하나의 의례처럼 자리 잡기도 하지요. 스포츠 경기나 음악 행사와 관련된 의례들도 있습니다.

누구나 매일 개인적인 차원에서 무의식적으로 의례를 따르고 있을 가능성이 큽니다. 이러한 의례를 통해 우선순위에 집중하고, 기회를 모색하며, 진행 상황을 점검할 수 있지요. 그리고 의례를 따르면서 업무를 보다 더 효율적으로 수행할 수 있게 됩니다.

하지만 억울하게 묶인 고양이 이야기에서 알 수 있듯이, 한때 중요한 의미를 지녔던 의례라고 할지라도 시간이 지남에 따라 그 의미가 퇴색되기도 합니다. 그러나 설령 그렇다고 하더라도 많은 경우 의례는 계속됩니다. 그러나 문제는 이러한 의례들이 나쁜 관습으로 변질되어 오히려 역효과를 낼 수 있다는 데 있습니다. 따라서 정기적으로 자신이 따르는 의례를 점검하고, '내가 왜 이걸 하고 있지?', '계속 이 의례를 따르는 것이 맞나?', '이제는 의미가 퇴색되지 않았나?'라는 질문을 던져야 합니다. 만약 어떤 의례가 더 이상 도움이 되지 않는다고 느껴지면, 그 의례를 자신에게 맞도록 수정해야 할 때가 된 것으로 이해하십시오. 이러한 과정은 결국 자기 인식과 자기 이해의 중요성으로 귀결됩니다. 자신이 무의미한 의례에 얽매여 있지는 않은지 자문해 보십시오. 결국, 무의미한 의례에 갇혀 있으면 행동이 제한될 수밖에 없다는 점을 명심해야 합니다."

카부터가 알려준 것은 새로운 아침 메뉴만이 아니었다. 그의 메시지를 분명히 이해한 만큼, 실천을 어떻게 할 것인지 온전히 나에게 달려 있었다.

20.
분노를 잘 관리하면
에너지를 얻는다

이른 아침, 나는 동굴 밖에 앉아 챙겨 온 소설을 읽으며 햇살 아래에서 시간을 보냈다. 먹이를 찾아 분주하게 움직이는 너구리 두 마리의 익살스러운 모습도 지켜보았다. 너구리들은 식성이 까다롭지 않은 듯, 곤충, 개구리, 도마뱀, 뱀, 쥐는 물론, 풀, 열매, 견과류까지 가리지 않고 찾아다니고 있었다. 하지만 나의 휴식은 오래가지 못했다. 곧 카부터가 다가와 새로운 이야기를 시작했기 때문이다.

"화가 많았던 한 소년에 대해 이야기해 볼까 합니다. 소년은 거의 모든 일에 화를 냈고, 좌절할수록 더 심하게 화를 냈습니다. 그러다 보니 사람들은 점점 소년과 거리를 두었고, 그를 피하려고 애를 썼습니다. 하지만 소년은 자신이 사람들에게 어떤 영향을 미치고 있는지 전혀 깨닫지 못했지요. 오직 자신의 분노에만 몰두하고 있었기 때문입니다.

소년이 유난히 심하게 화를 내던 어느 날, 어머니는 소년을 집에서 내보냈습니다. 분노에 휩싸여 이리저리 헤매던 소년은 결국 깊은 숲속에 다다르게 되었지요. 마침 그 숲에서 마법의 약에 쓸 약초를 부지런히 따고 있던 마녀는 소년이 욕설을 퍼부으며 돌을 걷어차는 모습을 보았습니다. 소년이 어찌나 씩씩거리며 돌아다녔는지, 하마터면 일하고 있던 마녀를 밟을 뻔 했습니다.

마녀가 '조심해! 이 녀석아! 눈 좀 똑바로 뜨고 다녀!'라고 고함을 치자, 소년은 '꺼져, 이 못생긴 할망구야!"라고 맞받아쳤지요. (소년은 당시에 그녀가 마녀라는 사실을 알지 못했습니다.)

마녀가 '정말 심보가 고약한 녀석이로군! 내가 한 수 가르쳐줘야 정신을 차리겠어.'라고 말했지만, 소년은 아랑곳하지 않고 '길이나 비키시지!'라고 소리를 질렀습니다. 더는 참을 수 없었던 마녀는 큰 소리로 주문을 외우기 시작했습니다. 그러고는 소년에게 '너에게 저주를 내리마!

앞으로 화를 내고 사람들을 모욕할 때마다 너는 용처럼 불을 내뿜게 될 것이다.'라고 말하고 자리를 떠났습니다.

소년은 마녀의 말을 전혀 믿지 않았습니다. 집으로 돌아온 뒤 저녁 식탁에 차려진 음식을 본 순간, 소년의 화는 또 머리끝까지 치밀어 올랐습니다. 소년이 불평을 늘어놓으려던 순간, 입에서 불길이 뿜어져 나왔고 음식은 모두 재가 되고 말았습니다. 심지어 아버지도 화상을 입을 뻔했지요.

그날 밤에도 마찬가지였습니다. 이제 그만 잠자리에 들라는 엄마의 말에 화가 난 소년이 소리를 지르자, 이번에는 이불이 모두 불타버렸습니다.

몇 주 동안, 이와 비슷한 일들이 계속되자, 소년은 자신이 화를 낼 때마다 주변 사람들이 다치거나 물건들이 파손된다는 사실을 깨닫기 시작했습니다. 한편, 사람들이 점점 더 거리를 두자, 소년은 무척 외로워졌습니다. 그래서, 서서히, 소년은 화를 참기 시작했습니다. 하루, 일주일, 심지어 한 달 동안 화를 참을 수 있게 되면서, 웃음을 되찾아 갔지요.

사람들은 소년이 변하는 모습을 보고, 차차 소년과 어울리기 시작했습니다. 끝내 소년이 화를 자제한 덕분에 마녀의 저주가 풀렸고, 소년은 더 이상 불을 내뿜지 않게 되었지요. 하지만 마을 곳곳에는 소년이 내뿜었던 불에 그을린 자국들이 그대로 남아, 자신의 분노가 얼마나 극심했는지를 소년이 기억하게 해주었다고 합니다."

카부터가 물었다.

"이 이야기는 분노가 깊은 상처를 남길 수 있으며, 그 상처를 치유하기까지 오랜 시간이 걸릴 수 있다는 점을 일깨웁니다. 어떻게 생각하십니까?"

"깨달음을 주는 이야기입니다. 하지만 분노도 적절히 표현되면 긍정적이고 유용한 감정이 될 수 있지 않나요?"

"네, 맞습니다. 분노는 누구나 겪는 보편적인 감정입니다. 인간의 조건 중 하나이지요. 누구나 인생에서 한 번쯤은 극도의 분노를 경험합니다. 분노는 자신이 겪고 있는 문제나 마음속에 품은 괴로움을 알아차리게 하는 감정입니다. 변화를 일으키도록 동기를 부여하고, 목표를 달성하며 앞으로 더 나아가게 하는 힘이 되어주기도 하지요. 게다가 분노는 달아날지 맞서 싸울지를 결정하는 원시 반응을 순간적으로 극대화해 에너지를 분출시킴으로써 위험한 상황에서 자신을 방어해 줍니다. 분노는 좌절감, 버림받은 느낌, 외로움, 상실감 같은 감정을 느낄 때 나타나는 원초적인 반응입니다. 분노를 유발하는 요인에는 스트레스, 재정 문제, 학대, 열악한 사회적 환경이나 가정 환경, 시간과 에너지에 대한 과도한 요구 등이 있지요. 하지만 분노를 유발하는 요인은 사람마다 차이가 있습니다."

불공정한 대우를 받았다고 느끼고, 아무런 대응을 할 수 없다는 무력감에 빠질 때 분노가 생길 수 있습니다. 위협을 받거나 공격당했다고 느낄 때, 혹은 정말로 중요하게 생각하는 일을 방해받았을 때도 마찬가지입니다. 그리고 분노는 다양한 방식으로 표출될 수 있습니다. 어떤 사람들은 화가 나면 격렬하게 반응합니다. 사람들을 위협하거나, 때리고 밀치며, 물건을 부수기도 합니다. 화를 억누르는 대신, 사람들을 무시하거나 삐지는 방식으로 화를 표현하는 사람들도 있지요. 이렇게 분노를 내면에 쌓아두면, 우울증으로 이어질 수 있으며, 분노를 폭력적인 방식으로 표출하는 사람들만큼이나 자신에게 해를 끼칠 수 있습니다.

제 말의 요점은 분노가 심각한 문제가 될 수 있다는 것입니다. 과도한 분노는 살인, 폭력, 기물 파손 그리고 모든 신체적, 언어적, 성적 학대의 원인이 될 수 있습니다. 그러나, 부당함에 대한 분노 표출은 정당한 반응으로 여겨집니다. 부당한 상황을 바로잡기 위해 표출한 건설적인 분노는 용인될 수도 있다는 의미이지요.

성장발달 관점에서 보면, 분노로 인한 문제는 화가 많은 부모 밑에서 자란 사람들에게서 더 자주 나타납니다. 이들은 성장 과정에서 부모와 유사한 행동 패턴을 보이지만, 자신에게 분노 문제가 있다는 사실조차 인식하지 못합니다. 화를 내는 것을 정상이라고 여기는 것이지요. 이는 분노가 학습되어 습관화된 데다, 올바르게 분노를 다루는 법을 배우지 못한 탓입니다.

분노에 항상 가득 차 있으면 신체적, 정신적 건강에 심각한 영향을 미칩니다. 지속적인 분노는 심혈관계, 면역계, 소화기계, 그리고 중추 신경계에 악영향을 미치지요. 분노는 분별 있는 사고를 방해하여 의사 결정 방식과 인간관계에도 부정적인 영향을 줄 수 있습니다. 순간적으로 분노를 폭발시킬 때는 잠시 후련할지 몰라도 곧 수치심, 죄책감, 창피함이 뒤따라오게 마련입니다. 분노는 문제를 더 악화시키고 갈등을 증폭시킬 뿐입니다. 분노는 더 많은 분노를 불러오기 때문에 가정과 직장에서의 인간관계에 부정적인 영향을 미칠 수 있습니다. 특히 폭발적인 분노는 배우자, 자녀, 가족, 친구들과의 관계를 심각하게 해칠 수 있으며, 가장 사랑하는 사람들에게 깊은 상처를 남길 수 있습니다. 그렇다면 결국, 이야기에 나왔던 소년처럼 사람들에게 외면당하고, 외로운 삶을 살 수밖에 없게 되지요."

카부터의 말에, 내가 얼마나 자주 화를 내며 지냈는지 생각해 보게 되었다. 어릴 때 자주 성질을 부렸던 기억 그리고 화를 억누르려고 애썼던 기억들이 떠올랐다. 이런 과거의 행동들을 생각하니 기분이 좋지 않았다. 주제가 분노이다 보니 생각이 내 사적인 영역을 파고든 것 같았고, 이제 카부터가 다시 독서를 하도록 나를 내버려두면 좋겠다는 생각마저 들었다. 하지만 그의 이야기는 좀 더 이어졌다.

"내가 분노를 외부로 표출하는지 안으로 억누르고 삭이는지 스스로에게 물어보아야 합니다. 외현화된 분노는 모두가 알아차리지만, 내면화된 분노는 그렇지 않아 매우 해로울 수 있습니다. 만약 내가 폭력적이거나 공격적인 모습을 한 번도 드러낸 적이 없고 심지어 목소리조차 높인 적이 없다고 해도, 내면 깊숙이 분노를 품고 있다면 문제는 심각해집니다. 다른 사람에게 내가 화가 났음을 알리지 않는 것과 같으니까요. 상한 기분을 감춘 채, 누구에게도 문제가 있다는 경고를 주지 않는 셈입니다. 겉으로는 괜찮아 보이지만, 속으로는 자신의 감정이 무시되고 존중받지 못하고 있으며, 심지어 중요하지 않다고 느낄 수 있습니다. 그 결과, 아무도 내가 문제를 겪고 있다는 것을 알아차리지 못하지요. 화를 쌓아두면, 상황을 변화시킬 수 없습니다. 물론 내면에 분노가 쌓이고 쌓이다 커져 폭발하게 될 때가 있습니다. 그러면 주변 사람들이 뜻밖의 모습에 놀라 그제야 나의 속사정을 알게 됩니다. 하지만 이미 때는 너무 늦었다고 할 수 있지요.

어떤 사람들은 우회적이고 미묘한 방법으로 자신의 분노를 다룹니다. 혹시 누군가를 비꼬는 식으로 풍자하며 화를 푸는 사람을 본 적 있으십니까? 풍자는 웃음을 자아내기는 하지만 다른 사람에게 얼마나 부정적인 영향을 미칠 수 있는지에 대해 별 고려 없이 사용되는 경우가 많습니다. 나도 모르게 분노가 새어나가 사람들에게 상처를 줄 수 있다는 사실을 간과하는 것이지요.

부처님은 '화를 붙들고 있는 것은 뜨거운 숯을 쥐고서 남에게 던지려는 것과 같으니, 결국 상처 입는 것은 자신이다.'라고 말씀하셨습니다."

나는 부처님의 말씀이 꼭 들어맞는다고 생각했다. 동시에 카부터가 잠시 이야기를 멈춰주면 좋겠다고도 생각했다. 카부터의 이야기가 너무나 뼛속 깊이 와닿아서 혼자만의 시간을 갖고 곰곰이 생각해 보고 싶었기 때문이다. 그러나 그는 계속 이야기를 이어갔다.

"하나 덧붙이겠습니다. 무엇 때문에 화가 납니까? 때로는 그 이유를 바로 알 수 있지만, 그렇지 않을 때도 있습니다. 이런 경우 사람들은 흔히 전이displacement라는 심리적 방어 기제를 사용합니다. 자신을 화나게 만든 사람에게 직접 화를 내지 않고, 전혀 상관없는 다른 사람에게 그 화를 돌리는 것입니다. 무의식적으로, 그 화를 다른 사람에게 돌리는 것이 더 안전하다고 느끼는 것이지요. 예를 들어, 직장에서 동료 때문에 화가 났는데, 정작 집에 와서 아내나 아이에게 화를 내는 상황을 생각해 보면 됩니다. 화의 원인은 다양합니다. 때로는 큰 사건 하나가 원인이 되기도 하지만, 작은 일들이 차곡차곡 쌓이다가 마지막 한 가지 일이 기폭제가 되어 엄청난 분노를 불러일으킬 수도 있습니다. 이때, 분노는 벌어진 사건의 심각성에 비해 과도하게 표출될 수 있지요.

부글부글 화가 끓어오르는 느낌이 들 때 가라앉히는 방법은 여러 가지입니다. 다소 싱겁게 들릴지 모르겠지만, 화가 나려고 할 때는 잠시 멈추는 것이 도움이 됩니다. 상황에서 잠시 벗어나 화가 사그라질 때까지 잠시 기다리는 겁니다. 잘 알려져 있듯, 화가 날 때는 멀리 산책을 나가는 것이 가장 좋습니다.

달리기나 수영을 하거나 체육관에서 운동을 하는 것도 좋습니다. 운동을 하는 동안, 화가 난 이유를 정확하게 파악해 볼 수 있지요. 이와 같은 자기 분석은 화를 다스리기 좋은 방법입니다. 무엇 때문에 화가 났는지, 화가 난 정도가 실제 벌어진 사건에 비해 과도한 것은 아닌지를 스스로에게 물어보십시오. 만약 지나치다면, 그 이유는 무엇일까요? 혹시, 이러다가 화가 나겠다는 초기의 징후를 놓쳤기 때문은 아닐까요?

만약 자주 화를 내서 고민이라면, 믿을 만한 사람과 자신의 감정에 대해 이야기해 보십시오. 심리치료사나 상담 전문가의 도움을 받는다면, 자신이 겪고 있는 문제를 더 깊이 이해할 수 있을 겁니다. 그들은 무의식이 자신의 한계치를 가장 빠르게 드러내는 방법이 바로 분노라는 것을 일깨워 줄 겁니다. 자신을 더 잘 이해할수록 긍정적인 감정은 더 깊이 느껴지고, 부정적인 감정은 점차 사라집니다. 감정을 억누르려 하지 마십시오. 감정을 억누르는 것은 오히려 더 많은 고통을 가져올 뿐입니다. 자신의 분노를 먼저 알아차린 뒤, 이를 안전하고 건강한 방식으로 표현하는 법을 배우는 게 정신 건강을 유지하는 데 도움이 됩니다. 분노는 우리가 원한을 품고 있는 한, 사라지지 않습니다. 하지만 자신의 분노를 더 잘 이해하게 되면, 그 상황을 해결할 수 있는 전략을 더 수월하게 세울 수 있게 되지요.

잠시 짜증이나 화를 느끼는 것과 오래 지속되는 강한 분노를 느끼는 것은 크게 다릅니다. 절대로 자기 분노에 휘둘리지 마십시오. 분노를 잘 관리해서 얻게 된 에너지는 문제를 파악하고 직면하는 데 도움이 됩니다. 가장 현명한 행동은 정말로 중요한 일에 대해서만 화를 내는 것입니다. 결국, 우리의 시간과 에너지는 한정되어 있지 않습니까?"

카부터는 잠시 아무 말이 없었다.

21.
관계의 기본 원칙, 타협

카부터와의 만남은 내게 뜻밖일 뿐만 아니라 기이하고도 믿기 어려운 사건이었다. 그런데 그 역시 이 만남을 의미 있게 받아들이고 있다는 느낌이 들었다. 평소 혼자 침묵하며 지내는 생활에 만족하던 카부터가, 지금은 나와의 대화에서 더 큰 즐거움을 느끼는 것 같았다. 카부터가 말했다.

"아직 분노에 대해 생각하고 있습니다. 화난 사람들은 타협하는 법을 모릅니다. 많은 사람에게 타협이라는 단어는 매우 무거운 의미로 다가오지요. 이와 관련해 떠오르는 이야기가 하나 있습니다.

어느 여름날이었습니다. 극심한 더위 속에서 동물들이 갈

증에 시달리고 있을 때, 표범과 멧돼지가 작은 샘터에 거의 동시에 도착했습니다. 둘은 누가 먼저 물을 마셔야 하는지를 두고 말다툼을 벌이다가, 결국 몸싸움을 시작했습니다. 죽음을 각오한 싸움을 앞두고 잠시 숨을 고르던 표범과 멧돼지는 나뭇가지에 앉은 독수리 떼가 자신들을 줄곧 지켜보고 있었다는 것을 알게 됩니다. 곧 있을 성대한 만찬의 주인공이 누가 될지 기다리고 있다는 것을 직감했지요. 그래서 둘은 싸움을 그만두기로 했습니다. 독수리의 먹잇감이 되는 것보다 물을 조금씩 나눠 마시는 것이 낫다고 생각했기 때문입니다. 다시 말해, 타협하기로 한 것입니다.

타협은 긍정적 의미와 부정적 의미를 모두 담고 있는 단어입니다. 긍정적인 의미의 타협이란 서로의 공통점을 찾아 모두에게 이익이 되는 합의를 이룬 경우를 말합니다. 한편, 부정적인 의미의 타협은 인간관계에서 자주 나타납니다. 이때, 타협은 타협 당사자 모두 자신이 지나치게 양보했거나 적게 받았다고 느끼는 경우로, 어느 쪽도 만족하지 못한 합의라고 할 수 있지요. 이 경우, 어떤 사람들은 타협을 자신의 목표나 원칙을 포기하는 일종의 굴복으로 받아들이기도 합니다.

타협이라는 의미의 영단어 compromise는 13세기 프랑스어 compromis에서 왔습니다. 당시에는 분쟁 당사자들이 중재자의 결정을 따르겠다는 상호 약속을 의미했지요. 어느 쪽도 중재자의 결정에 만족하지 않을 수는 있지만, 그럼에도 그 결정을 따르기로 맹세했던 것입니다. 이처럼 타협은 반드시 양쪽이 원하는 것을 모두 얻는 해결책을 의미하지 않습니다. 타협은 각 당사자가 자신의 요구사항 중 일정 부분을 포기하는 거래입니다. 물론 중재자 입장에서는 자신의 결정을 두고 양쪽 모두 자신이 더 큰 이익을 얻었다고 믿는 상황이 가장 이상적이겠지만요.

어느 쪽에서 보든, 타협은 인간이 나누는 모든 상호작용의 기본 원칙입니다. 다른 사람들과 더불어 사는 가운데, 우리는 저마다의 계획과 목표를 갖고 있습니다. 따라서 자신이 원하는 것과 다른 사람들이 원하는 것 사이에서의 선택은 불가피하지요. 이상과 현실 사이에서 타협해야 할 때도 있습니다. 직장에서, 가정에서, 가족과 친구들 사이에서, 심지어 여가 시간에도 타협은 필요합니다. 삶의 모든 순간에 타협이 필요하다고 해도 과언이 아닐 겁니다. 갈등 대부분은 타협을 통해 해결될 수 있습니다. 이를테면 비즈니스 회의에서 해결책을 협상하거나, 배우자나 자녀와 책임을 나누고, 여러 약속을 조정해 개인의 목표를 달성하기 위한 시간을 마련하는 경우가 그렇습니다. 따라서 타협은 결코 부정적인 의미로 해석되어서는 안 됩니다. 타협하지 않는 사람들은 타협이 사회생활의 기본 원칙이라는 사실을 종종 잊곤 합니다. 모두가 타협을 기꺼이 받아들여야, 사회는 비로소 제 기능을 할 수 있게 됩니다.

사회가 오랜 세월 동안 중요하게 여긴 도덕적 덕목은 관용, 유연성, 열린 마음, 협력, 그리고 협동입니다. 모두 타협과 관련되어 있지요. 성격적인 측면에서 보면, 감정 지능이 높고 자기 인식이 뛰어난 사람들이 더 쉽게 공감하고 배려하며 타협할 준비가 되어 있을 가능성이 큽니다. 이러한 감정들은 건강한 협력의 핵심이며, 서로 밀접하게 연결되어 있습니다.

하지만 타협의 기술을 끝내 배우지 못하는 사람들도 있습니다. 이런 사람들은 '분열'이나 '분리'splitting라고 불리는 다소 원시적인 방어 기제에 의존하는 경향이 있습니다. 이분법적으로 사고하는 사람들은 세상을 흑백으로만 바라보며, 다양한 색조로 나타나는 회색이라는 중간 지대를 인정하거나 인식하지 못합니다.

진화론적 관점에서 보면, 사회적 협력은 인간 행동에 깊이 자리 잡은 요소입니다. 호모 사피엔스는 생존을 위해 협력하도록 프로그래밍된 존재로 볼 수 있습니다. 초기 구석기 시대에는 타협하지 않으면 생존이 위태로워지는 환경이었을 테니 말입니다.

인간은 사회적 동물로서 자신뿐만 아니라 다른 사람의 감정과 의도를 표현하고 이해할 수 있는 능력을 진화시켜 왔습니다. 공감 능력은 '거울' 신경세포나 거울 메커니즘으로 설명될 수 있습니다. 옥시토신과 세로토닌 같은 호르몬도 친사회적 행동과 관련이 있습니다. 동시에 다양한 상황적, 사회적 요인들도 인간의 타협 의지에 영향을 미칩니다. 이때 개인의 도덕적 기준과 다른 사람과의 관계가 중요한 역할을 하지요.

사람들이 타협에 어려움을 느끼는 이유 중 하나로 권위주의적인 성향을 꼽을 수 있습니다. 물론, 사람마다 그 정도는 다릅니다. 권위주의적인 성향이 강한 사람도 있지만, 그렇지 않은 사람도 있지요. 대부분은 중간쯤에 위치합니다. 권위주의적인 성향이 강한 사람들은 극단주의자로, 자신이 고수하는 도덕적 원칙은 시간과 장소를 불문하고 반드시 지켜져야 한다고 믿는 이상주의자입니다. 반면에 권위주의적인 성향이 약한 사람들은 상황주의자로, 타협을 통해 차이를 좁히는 것을 미덕으로 여기지요.

절대주의자들은 강한 도덕적 신념을 갖고 있으며 종종 극단적인 정치적 입장을 고수합니다. 자신에게 깊이 뿌리박힌 신념과 관련된 문제에 대해서는 쉽게 타협하지 않기 때문에 이들의 고집이 비합리적으로 보일 수 있습니다. 이들에게 타협은 곧 항복을 의미합니다.

권위주의가 독재 정권의 특징이라는 것은 놀라운 일이 아니지만, 민주주의에서도 좌우 양쪽의 절대주의자들과, 아무것도 얻지 못하느니 절반이라도 얻겠다는 생각을 가진 맥락주의자들 사이에는 긴장이 존재합니다. 그러나, 많은 정치인이 타협 없이는 민주주의가 제대로 기능할 수 없다는 사실을 받아들이려 하지 않는다는 점은 무척 안타까운 일입니다.

타협에 이르려면, 상대가 타협을 거부하는 이유를 먼저 이해해야 합니다. 건설적인 해결책을 도출하기 어려운 이유를 먼저 알아내는 것이 중요하지요. '왜 그렇게 생각하십니까?', '어떤 해결책이면 만족하실까요?'와 같은 질문을 던지면, 상대는 자신의 의견이 존중받고 있다는 느낌을 받을 수 있습니다. 질문을 던진 사람은 상대의 입장을 더 명확하게 이해할 수 있게 되지요. 양측의 이익을 신중하게 파악하여 상호 이해도를 높이면 궁극적으로 지속 가능한 해결책을 마련하는데 도움이 될 수 있습니다.

물론 언제는 타협하고 언제는 자신의 가치를 고수해야할지에 대한 고민은 여전히 남습니다. 절대 양보할 수 없는 선은 어디까지입니까? 타협이 자신의 신념이 훼손한다면, 차라리 타협하지 않는 것이 낫습니다. 자신의 핵심 가치를 알고 상대의 핵심 가치를 파악하면 협상은 원활해집니다. 타협은 패배가 아니라, 상대도 나만큼 결과에 만족할 권리가 있다는 것을 인정하는 과정입니다."

카부터가 이야기를 멈췄다. 이제는 잠시 쉬어도 좋겠다고 생각하던 참이었다. 며칠 동안, 영감을 주는 지혜가 담긴 이야기를 몰아 듣다 보니 생각할 거리가 넘쳐나고 있었다. 마치 한참 과식을 하고 나서야, 너무 많이 먹었다는 걸 깨달은 사람처럼 멍한 기분이 들 정도였다. 그러나 혼자만의 시간을 갖기까지는 좀 더 인내해야 했다. 마지막 이야기가 남아 있었기 때문이다.

"이번에도 동물이 주인공입니다. 염소 두 마리가 맞은편에서 출발해 다리를 건너려고 했습니다. 그러나 다리는 한 마리 염소만 겨우 지나갈 수 있을 만큼 좁았지요. 얼마

지나지 않아 두 염소는 다리 중간에서 마주쳤고, 서로 먼저 지나가려 했습니다. 끝내 둘은 뿔을 맞대고 서로 밀치고 당기다가 그만 강물에 빠져 죽고 말았다고 합니다.

타협이라는 지혜를 배우십시오. 조금 굽히는 것이 부러지는 것보다 낫습니다. 타협은 위대한 나라, 건강한 공동체, 좋은 직장 분위기, 행복한 가정, 그리고 성공적인 결혼의 근간입니다!"

22.
질병, 분노, 우울,
불안에 잘 대처하는 법

내가 지쳤다는 것을 카부터가 눈치챈 게 분명했다.

"정말 오랜만에 이렇게 말을 많이 해봅니다. 혼자 지내는데 익숙한데도, 선생이 와서 말이 많아졌나 봅니다. 너무말을 많이 한 건 아닌지 걱정이 되는군요. 제 말이 도움이되십니까?"

바로 답할 수 없었다. 카부터의 말이 도움이 되지 않아서가아니다. 다만, 지금은 나 자신과 깊이 대화할 시간이 필요했다. 카부터는 내가 앞으로 남은 인생을 어떻게 살아야 할지 고민하다가 길을 잃고 이곳에 왔다는 사실을 알고 있었다. 하지만 내가 다른 의미로도 길을 잃었다는 걸 눈치챘을까? 내가 아주 개인적인 문제들로부터 도망치고 있었다는 사실을 카부터에게 용기 있게 털어놓을 수 있을까? 내 두려움과 불안에 대해 솔직하게 이야기할 수 있을까? 아무 말 없이, 나는 머리 위로 높이 날아오르는 붉은꼬리매를 응시했다.

카부터는 나를 가만히 바라보았다. 얼마 뒤에 우리는 자리에서 일어나 말없이 산책을 시작했다. 언제부턴가 이렇게 걷는 게 우리에게 하나의 습관이 되어 있었다.

얼마나 지났을까? 카부터가 나무 조각 하나를 집어 들고 조용히 물었다.

"이 나무 조각의 무게가 얼마나 될까요?"

나는 대충 훑어보고 대답했다.

"아마 500그램 정도 될 것 같은데요."

"그렇게 생각하십니까? 그럼 무겁지는 않군요. 이 나무 조각을 잠깐 들고 있으면 무슨 일이 일어날까요?"

"아무 일도 일어나지 않을 것 같은데요."

"맞습니다. 하지만 한 시간 동안 들고 있으면 어떨까요?"

"팔이 좀 뻐근하겠지요."

"그렇군요. 그렇다면 몇 시간 동안 계속 들고 있으면요?"

"팔이 많이 쑤실 겁니다."

"그렇겠지요. 하루 종일 들고 있으면요?"

"팔이 저려서 아무 느낌도 없을 것 같습니다."

"아주 좋습니다. 그런데, 이 나무 조각의 무게가 달라졌습니까?"

"당연히 그대로지요."

"그럼 아픔은 어디에서 오는 걸까요?"

"같은 자세로 있다 보니 팔에 무리가 되겠지요."

"그 고통을 멈추려면 어떻게 해야 할까요?"

"나무 조각을 내려놓아야죠!"

이쯤 되니 나도 모르게 짜증 섞인 답이 나왔다.

카부터가 미소 띤 얼굴로 말했다.

"인생의 문제들도 같은 원리 아닙니까? 잠깐 생각하는 것은 괜찮지만, 그 문제를 너무 오래 붙들고 있으면 고통이 시작됩니다. 그리고 그 문제에 집착하게 되면, 결국 마음이 마비되어 제대로 살아갈 수 없게 되지요."

카부터가 전달하려는 내용이 정확히 파악됐다. 카부터는 내가 뭔가에 몰두한 상태라는 걸 눈치챈 것 같았다. 말을 이어가며 그 점을 분명히 했기 때문이다.

"좀 전에 비정상적인 행동 양상에 대해 이야기해 드렸습니다. 그게 선생이 겪고 있는 어떤 문제를 떠올리게 하지는 않았나요? 해결해야 할 문제 같은 것들 말이지요. 선생은 스스로 얼마나 신경증적이라고 생각하십니까?"

그의 예측이 맞았다. 마지막 질문이 정곡을 찔렀다.

"아! '신경증적'이라는 단어가 마음에 들지 않으셨나 보군요. 혹시 '미쳤다'는 의미로 받아들이셨나요? 아니면 감정적으로 불안정하다는 말로 받아들이셨나요? 안타깝게도, 신경증이라는 말은 너무나 다양한 의학적, 심리적 상태를 설명하는 포괄적인 용어가 되어버렸습니다. 신경질적이고, 작은 일에도 예민하게 반응하며 쉽게 화를 내고, 작은 것에 집착하는 사람들을 묘사하는 데 자주 쓰입니다. 밤에 잠을 이루지 못하고 자신에게 일어난 일을 끊임없이 곱씹는 사람들을 설명할 때도 쓰입니다.

누구나 때로 불안감을 느낍니다. 낯선 사람을 만나기 전에는 속이 답답해지기도 하고, 경제적 문제로 스트레스를 받을 때도 있으며, 면접을 앞두고 긴장하기도 하지요. 모두 자연스러운 일입니다. 하지만 불안한 감정이 사라지지 않고, 원치 않는 부정적인 생각들이 끊임없이 머릿속을 맴돌아 일상생활에까지 영향을 미친다면, 그때는 전혀 다른 문제라고 할 수 있습니다.

정신건강 전문가들은 이제 더 이상 신경증이라는 용어를 사용하지 않습니다. 신경증이 구체적으로 정의된 정신 상태가 아닌 데다, 진단이 가능한 기분 장애도 아니기 때문입니다. 실제로 의사들은 신경증을 더욱 세분화해 공황장애, 사회 불안, 강박장애, 회피성 행동 장애, 우울증 그리고 기타 성격 문제들로 나누어 진단합니다. 그러나 저는 이러한 세분화가 오히려 역효과를 낳고 있다고 생각합니다. 신경증을 전체적으로 조망하지 않는 대가를 치르고 있는 것 같다고나 할까요?

신경증이라는 용어는 오랜 역사를 갖고 있습니다. 1769년 스코틀랜드 의사 윌리엄 컬렌William Cullen이 '신경계 전반의 이상 기능'으로 발생한 '감각과 운동 장애'를 가리키기 위해 이 용어를 처음 사용했습니다. 신경증을 뜻하는 영단어 neurosissms은 그리스어에서 유래했으며, neuron(신경)과 osis(질병 또는 비정상 상태)가 결합된 형태로, 생리학적으로 설명할 수 없는 여러 신경 장애와 증상을 설명하기 위해 도입된 개념이었습니다."

카부터는 지식을 나누는 일을 즐기는 것 같았다. 지난 며칠 동안에도 그랬듯, 한 번 이야기를 시작하면 쉽게 멈추지 못했다. 그래도 나는 카부터의 말이 좋았다. 따지고 보면, 신경증적 성향이 없는 사람이 어디 있겠는가?

카부터가 말을 이어갔다.

"오늘날, 신경증은 정상적인 경험으로 간주할 수 있습니다. 많은 사람이 어떤 형태로든 신경증 양상을 보이기 때문입니다. '신경증적 반응'이 나타난다는 말은, 어떤 문제가 과도한 불안을 유발해 정상적인 기능을 할 수 없다는 의미로 해석할 수 있습니다. 일상에서 겪는 스트레스의 정도에 따라 증상이 사라졌다 다시 나타나는 상태로 이해해도 좋습니다. 신경증적 반응을 보이는 사람들은 감정과 행동을 조절하는 대처 능력이 부족해 어려운 상황에 제대로 대응하지 못하는 경우가 많습니다. 쉽게 짜증을 내고, 좌절을 견디지 못하며, 스트레스에 과잉 반응하고, 사소한 문제를 과장하는 경향이 있지요. 쉽게 상처받거나 기분이 상하고, 자주 불안해하며 끊임없이 걱정하기도 합니다. 그리고 자기 의심에 쉽게 빠지고, 과도하게 죄책감이나 수치심을 느끼는 경향이 있으며, 감정적으로 쉽게 흔들립니다. 지나치게 자기를 의식하거나 자기 비판적인 성향을 보일 때도 있지요.

신경증의 원인을 하나로 특정할 수는 없습니다. 인간의 행동에는 유전, 발달, 상황 요인들이 복합적으로 작용하기 때문입니다. 특히, 어린 시절에 외상이나 스트레스, 역경을 경험한 사람들이 신경증적 반응을 보일 가능성이 높습니다. 이는 아이의 요구나 생각, 두려움에 적절히 반응해 주지 못한 부모의 영향일 수 있습니다. 아이가 자신의 감정을 솔직하게 표현하지 못하고, 안정감과 소속감을 내면화하지 못한 채 자라게 되면, 신경증적 경향이 나타날 가능성이 높아집니다.

안전 기지secure base는 아이들이 삶에서 제대로 된 역할을 하며 살아가는 데 필수적입니다. 이런 기반이 없으면, 아이들은 점점 불안하고 불안정한 심리를 내면화하게 되고, 결국 어린 시절의 근본적인 결핍을 보완하기 위해 신경증적인 방식으로 행동하게 됩니다. 학대나 방치, 또는 부모의 지나친 간섭이나 무관심, 일관성이 없는 양육을 경험한 사람들은 신경증적 행동 패턴을 보일 가능성이 더 큽니다. 그 결과, 어린 시절의 상처를 고치려는 시도가 평생의 과제가 될 수 있지요. 신경증적 행동은 자녀에게 전이될 수 있으며, 아이들은 그런 부모의 행동을 모방하며 성장하게 됩니다.

이른바 신경증적 양상을 보이는 사람들과 함께 지내기는 쉽지 않습니다. 이들이 한번 부정적인 감정을 느끼면 그 감정이 신경증적 행동을 부추기는 악순환의 고리를 타고 돕니다. 이렇게 부정적인 감정이 강해지면, 더욱 감정적으로 반응하거나 충동적으로 행동하는 경향이 커지고, 결국 더 많은 문제와 스트레스를 초래하고 말지요. 악순환이 반복되는 것입니다.

신경증 양상이 있는 사람들은 자신이 겪는 스트레스에 다르게 대처하는 법을 배워야 합니다. 자신을 더 잘 이해하고, 자신이 왜 특정 행동을 하는지 깨닫게 되면, 부정적인 감정을 다스릴 수 있는 방법을 찾을 수 있지요. 그러나 올바른 자기 성찰이 없다면 부적절한 반응이나 자기 파괴적인 행동을 보일 가능성이 높습니다.

건강한 자기 성찰이란, 감정적으로 즉각 반응하기보다 잠시 멈춰서 진정으로 중요한 것이 무엇인지 생각해 보는 것을 의미합니다. 부정적으로 흘러가는 사고의 과정을 자각하고, 이를 더 나은 방식으로 처리하기 위한 노력입니다. 자신을 관찰하고, 다양한 상황에서 자신이 보이는 비효율적인 반응을 살펴보며, 무엇이 불안감을 유발하는지 스스로에게 질문을 던져야 합니다. 예를 들어, '내가 왜 이렇게 생각하고 느낄까?', '왜 나는 이렇게 반응하지?'와 같은 질문을 스스로에게 던져볼 수 있습니다. 긍정적으로 행동할 수 있었던 상황에서 신경증적으로 반응했던 때를 돌아보는 것도 도움이 됩니다. 만약 부정적인 사건, 상황,

혹은 특성에 집착하고 있다면, 이제는 그러한 생각을 넘어 긍정적인 사고를 습관화해야 할 때입니다.

그리고 자신을 지지하고 배려하는 사람들과 어울리는 대신, 독이 되는 사람들은 피하는 것이 좋습니다. 부정적인 에너지는 전염되기 쉽기 때문이지요. 긍정적인 사람들과의 교류는 우울, 불안, 스트레스를 완화하는 데 큰 도움이 됩니다. 그럼에도 여전히 신경증적 행동이 나타나 괴롭다면, 정신역동 상담과 같은 전문적인 치료를 고려하는 것이 좋습니다. 상담 치료는 자신의 내면 세계를 탐구하는 데 도움을 주고, 인지행동치료는 자신에 대해 더 객관적으로 사고하고 문제를 더 넓은 관점에서 바라볼 수 있게 해줍니다. 이러한 치료는 자신의 경험, 생각과 감정, 인간관계와 행동을 탐구할 기회를 열어주지요. 결국, 신경증을 감추는 행동은 정신 건강에 전혀 도움이 되지 않는다고 말할 수 있습니다.

물론, 일부 신경증적인 성향을 가진 사람들은 자신이 강박적으로 고수하는 부정적인 사고에 갇혀 있을 수 있습니다. 긍정적인 변화의 가능성조차 자신의 정체성에 위협이 될 것처럼 느끼는 편이니까요. 이들에게 신경증적 사고는 일종의 삶의 방식이 되었고, 그러다 보니 성격 장애로까지 이어지고 만 것이지요.

이 점을 잘 설명해 줄 이야기가 하나 있습니다.

제가 이 숲에서 커다란 갈색곰 두 마리가 심하게 말다툼을 벌이고 있는 장면을 본 적이 있습니다. 결판이 나지 않았는지, 결국 저를 찾아와서 누가 옳은지 판단해달라고 하더군요. 둘은 천국과 지옥의 위치에 대해 논쟁 중이었습니다. 한 곰은 천국은 위에 있고 지옥은 아래에 있다고 생각했고, 다른 곰은 그 반대라고 주장했지요.

하지만 나는 '둘 다 틀렸어. 천국과 지옥은 너희 밖에 존재하는 것이 아니니, 위나 아래에 있다고 할 수 없지. 천국과 지옥은 너희 마음속에 있지. 지금 너희는 서로 다투며 마음 가득 해로운 생각들을 채웠으니, 지옥에 있는 것이나 마찬가지야. 하지만 서로를 이해하게 되면, 마음에 천국을 들여올 수 있어.'라고 말해주었습니다.

천국과 지옥이 어디에 있는가는 내가 문제를 어떻게 다루느냐에 달려 있습니다. 문제를 그저 묻어두어서는 안 됩니다. 문제를 정면으로 마주하면 질병, 분노, 우울, 불안, 노년의 어려움, 그리고 죽음에 대한 두려움에 더 잘 대처할 수 있을 겁니다. 자신의 삶을 책임지세요. 신경증을 관리하지 않으면, 신경증이 나를 지배하고 말 것입니다. 지구상의 모든 사람은 상상력, 노력, 그리고 끈기를 통해 잠재력을 펼칠 수 있는 무한한 가능성을 갖고 있다는 점을 기억하십시오."

23.
꿈은 깨어 있을 때
놓친 것을 통찰할 기회

또 한 번, 나는 카부터의 말을 받아들이고 곰곰이 생각해 볼 시간이 필요했다. 내가 했던 신경증적 행동들을 되짚으며 한동안 고민에 빠져 있자, 카부터가 눈치를 챈 것 같았다. 카부터는 기분을 전환할 겸 다시 호수로 가 배를 타고, 미리 쳐둔 가재 통발을 건져 올리자고 했다.

더할 나위 없이 마음에 드는 제안이었다. 신선한 공기를 마시며 배를 탄 다음 가재를 먹는 일정은 내가 가장 좋아하는 세 가지 활동을 모아놓은 것이라고 카부터에게 말했다. 그러면서 이 지역의 호수에는 주로 어떤 물고기들이 사는지 묻자, 카부터는 아무르 철갑상어, 연어, 곱사연어, 황색 농어가 특히 많다고 했다.

노를 저어 가다가, 시베리아 호랑이 한 마리가 천천히 호숫가로 다가와 물을 마시는 모습을 보았다. 시베리아 호랑이의 개체수가 얼마나 적은지 알기에 흥분을 감출 수 없었다. 어쩌면 다시는 보지 못할 장면이었다. 하지만 그 기쁨은 오래가지 못했다. 호랑이가 금세 호숫가의 무성한 부들(역자주: 갈대의 일종) 사이로 사라져 버렸기 때문이다.

통발을 들어 올리고 가재를 양동이에 옮겨 담는 동안, 카부터가 말했다.

"신경증적인 성향을 가진 사람들이 꿈을 꾸거나 공상에 빠질 확률이 더 높다는 사실을 알고 계십니까? 강박적인 걱정과 지나치게 활성화된 상상력이 결합해 꿈꾸는 과정에 영향을 미치기 때문입니다. 그러나 역설적이게도, 꿈에 나타나는 이미지들이 오히려 그들에게 도움이 될 수도 있습니다."

나는 꿈을 자주 꾸는 편이다. 그래서 노를 저어 돌아가던 중 카부터에게 물었다.

"꿈이란 단지 신경계에서 발생하는 무작위적인 신호로 알고 있었는데요. 꿈에 의미가 있다는 말씀처럼 들립니다."

카부터가 얼굴을 한번 찡그리더니 대답했다.

"그럼요. 꿈에는 아주 많은 의미가 담겨 있습니다. 꿈은 단순히 뇌에서 의미 없이 일어나는 전기적, 화학적 활동이 아닙니다. 그동안은 꿈을 그저 한밤중의 청소 작업 정도로 생각하셨나요? 반복되는 꿈이나 악몽에 주목해 보셔야 합니다. 그 꿈들의 의미를 알고 나면 아마 깜짝 놀라실 거예요. 꿈을 분석해 보면 자기 인식과 자기 이해의 깊이가 한층 깊어지고, 자신의 사고 과정과 감정 또한 더 잘 이해할 수 있게 됩니다. 꿈은 현재 중요한 것뿐만 아니라 그것이 미래에 어떤 영향을 미칠지 알아내는 데도 도움이 되지요.

물론, 꿈은 매우 개인적인 차원의 경험입니다. 그래서 다른 사람의 꿈을 이해하기는 쉽지 않지요. 그렇지만, 많은 사람이 경험하는 보편적인 꿈도 있습니다. 예를 들어, 괴물에게 쫓기는 꿈, 시험 보는 꿈, 날아다니는 꿈, 추락하는 꿈, 제멋대로 움직이는 차를 타는 꿈, 길을 잃고 헤매는 꿈, 어딘가에 갇히는 꿈, 버스나 배, 또는 비행기를 놓치는 꿈, 공공장소에서 나체로 서 있는 꿈, 이가 빠지는 꿈, 죽는 꿈 등이 있지요. 이러한 꿈은 개인이 가진 경험에 따라 다소 차이는 있지만, 모두 우리가 일상에서 공통으로 겪은 경험을 투영합니다. 마음은 잠을 자는 동안에도 쉬지 않고 활동하면서, 의식적으로는 인식하지 못했던 정보를 사용해 다양한 대본을 만들고 우리를 그곳으로 초대합니다.

꿈이 어린 시절 발달 단계에서 정신적 대처 능력을 발달시키는 데 중요한 역할을 한다고 주장하는 사람들도 있습니다. 아이들은 성인보다 악몽을 더 많이 꾸는 편인데, 안전한 상황에서 꾸는 악몽이 앞으로 직접 경험하게 될지 모를 위협 상황에 대비하는 일종의 연습이라고 보는 것이지요.

꿈에는 치유 기능도 있습니다. 뇌가 과거의 트라우마를 되돌아보고 그것을 해결하려고 노력하는 과정일 수 있지요. 악몽에서 깨어났을 때 온몸이 땀에 젖고 심장이 요동치는 경험을 해 본 적이 있으시지요? 이러한 꿈은 주로 최근에 겪은 사건이 잠재의식 속에 묻혀 있던 과거의 불행한 경험과 연결되었을 때 나타납니다.

한편, 꿈과 창의성의 관계를 보여주는 일화적 증거와 과학적 연구도 많이 있습니다. 상상력이 풍부한 사람일수록, 자신이 꾼 꿈을 더 잘 기억한다고 합니다. 꿈속 이미지도 더 생생하게 떠올리고요. 이들은 꿈속에서 문제를

'배양'시키는 능력이 뛰어나, 그 과정을 통해 해결책을 찾아내기도 합니다. 사실, 꿈 자체가 창의적인 사고 과정을 모방하고 있다고도 볼 수 있지요. 여러 가능성을 탐색하는 일종의 브레인스토밍과 유사합니다. 정신분석학자들은 이 과정을 '자유 연상'이라고 부릅니다. 우리가 꾸는 꿈의 대부분은 전날 다 끝내지 못한 일처럼, 즉각 당면한 걱정이나 해결하기 까다로운 고민에서 비롯됩니다. 낮 동안 일어나는 일은 의식적으로 무시할 수 있지만, 꿈은 다가올 위기나 상반된 감정처럼 우리가 무의식적으로 감지한 것들에 대해 알려주지요. 꿈을 통해 무의식적으로 감지한 것들을 인식하고 인정하게 되면, 문제 상황에 더 효과적으로 대처할 수 있게 됩니다. 이런 점에서 꿈은 자기 감정을 인식하고 깊이 이해하는데 매우 유용한 수단이라고 할 수 있습니다.

꿈에서 깨어났을 때, 꿈속에서 느꼈던 감정이 현실 속 경험과 어떤 관련이 있는지 자문해 보십시오. 그 꿈을 꾼 이유가 무엇일까요? 최근에 겪은 일과 관련은 없을까요? 꿈에서 느꼈던 감정과 유사한 감정을 실제로 경험한 적이 있었는지도 떠올려 보십시오. 그리고 꿈을 만들어내는 감독이자 제작자이며 작가는 우리 자신이라는 사실을 기억하시길 바랍니다. 처음에는 기묘하게 보이는 상징적인 꿈의 이미지와 이야기를 언어로 이해할 수 있게 풀어내고, 그 속에서 심리적 연결 고리를 찾아내는 것은 나의 몫입니다. 내가 직접 흩어진 점들을 이어 하나의 그림을 완성할 수 있어야 합니다.

반복되는 꿈이나 악몽은 내가 꿈의 의미를 제대로 파악하지 못하고 있다는 신호일 수 있습니다. 만약 불안한 꿈을 꾸고 있다면, 이는 무의식이 나에게 어떤 메시지를 전달하려는 시도일지도 모릅니다. 물론, 그 내용은 사람마다 다를 수 있습니다. 이러한 꿈들은 종종 마음속에서 해결되지 않은 수치심이나 죄책감을 알리는 경고일 수 있습니다. 억눌린 트라우마와 관련되어 있을 수도 있지요.

다른 사람의 꿈에 관해 이야기하려면, 먼저 그 사람에 대해 잘 알고 있어야 합니다. 앞서 말했듯이, 꿈은 매우 개인적인 차원의 경험이기 때문입니다. 그런데도 고대부터 해몽가들은 통치자들의 꿈에서 의미나 예언을 찾으려 했습니다. 물론, 꿈풀이가 통치자의 마음에 들지 않을 경우, 해몽가의 목숨이 위태로워지는 일도 있었지요.

폭정을 일삼는 한 영주에 관한 재미있는 이야기를 들려드리겠습니다. 어느 날 그는 자신이 죽어 지옥으로 향하는 꿈을 꾸었습니다. 이 악몽에 심란해진 나머지, 영주는 점성술사들을 불러 모아 자신이 얼마나 더 살 수 있을지 물었습니다.

첫 번째 점성술사는 영주가 30년을 더 살 것이라고 답했습니다. 두 번째 점성술사는 50년, 세 번째는 100년이라고 말했지요. 네 번째 점성술사는 영주의 운명이 비범해 절대 죽지 않을 것이라고 말했습니다.

네 사람의 대답을 들은 영주는 '사형집행관은 저들을 모두 참수하라! 처음 세 놈은 나에게 시간이 충분하지 않다고 말했고, 마지막 놈은 자기 목이 달아날까 거짓말을 했다!'라고 외치며 분노했습니다. 그러고는 어릿광대를 향해 '네 놈도 할 말이 있느냐?'라고 물었지요.

그러자 어릿광대는 '영주님, 저도 어젯밤 꿈을 꾸었는데, 그 꿈에서 영주님이 이 세상을 떠나시는 날짜를 보았습니다.'라고 답했습니다. 영주가 놀라 '그게 언제냐?'라고 묻자, '영주님께서는 저와 같은 날에 죽는다고 합니다.'라는 답이 돌아왔지요."

웃음이 났다. 나는 카부터에게 재밌는 이야기라고 말한 뒤, 그럼에도 분명 더 깊은 의미가 있을 것 같다고 덧붙였다.

"맞습니다. 꿈은 항상 수수께끼로 가득 차 있지요. 꿈의 복잡한 상징을 해석하는 일은 언제나 어렵습니다. 게다가 영주의 이야기가 보여주듯, 꿈을 해석하는 일에는 위험이 따르기도 하지요."

카부터는 한동안 호수를 바라보며 자신이 방금 한 말에 대해 생각하는 듯 보였다. 그러다가 말을 이어갔다.

"구약성경에도 꿈 이야기가 많이 나옵니다. 그중에서도, 히브리 족장이었던 야곱의 아들 요셉이 꾼 꿈이 중요하게 다뤄지지요. 꿈에 요셉은 밭에서 형제들과 함께 곡식 줄기를 모아 다발로 묶고 있었습니다. 그런데, 갑자기 요셉이 묶은 곡식 다발이 벌떡 일어섰고, 형제들이 묶은 곡식 다발이 일제히 그 앞에 절을 했습니다. 요셉이 이 꿈을 형제들에게 말하자, 모두 요셉이 과대망상에 빠졌다며 못마땅해했지요. 하지만 아시다시피, 이 꿈은 요셉이 장차 리더가 될 것이라는 의미를 담은 예지몽이었습니다.

구약성경에 따르면, 요셉은 뛰어난 해몽가로 알려져 있었고, 이 명성 덕분에 파라오까지 만나게 됩니다. 파라오는 반복되는 꿈으로 깊은 고민에 빠져 있었지요.

첫 번째 꿈에서, 파라오는 나일강에서 나온 여윈 소 일곱 마리가 그보다 먼저 나온 살찐 소 일곱 마리를 잡아먹는 모습을 보았습니다. 두 번째 꿈에서는 마른 곡식에 붙었던 이삭 일곱 개가 알차고 여문 낱알 일곱 개를 삼켜버리는 모습을 보았지요. 파라오는 이 꿈들의 의미를 풀이할 수 있는 사람을 찾았고, 적임자로 요셉을 불렀습니다. 요셉은 파라오의 꿈이 이집트에 7년의 풍년이 이어지다 7년의 기근이 닥칠 것을 예고하고 있다고 해석했습니다. 이 기근을 피하려면 풍년이 든 해에 수확한 곡식을 저장해야 한다고 조언했고, 파라오는 요셉을 그 일을 관리할 리더로 임명하게 되지요.

결론적으로 제가 하고 싶은 말은 꿈에 주의를 기울여 보라는 것입니다. 꿈은 깨어 있을 때 놓친 것들에 대해 통찰할 기회를 줍니다. 비록 한 나라를 구할 정도까지는 아니어도, 분명 자신과 주변 사람들을 더 잘 이해하는 데 도움이 될 겁니다."

24.
공상을 통해
자신의 내면과 연결된다

우리는 배를 대고 단단히 묶은 다음, 가재를 챙겨 카부터의 동굴로 향했다. 걸어가는 동안 카부터가 말했다.

"실현될 가망이 없는 것을 막연히 그려보는 공상도 물론 있습니다. 공상에 잠기는 것은 문제가 아니지만, 너무 허황된 공상은 삼가는 게 좋지요. 예전에 알고 지내던 사람이 들려준 이야기를 하나 해 드리지요. 어느 날, 그 사람은 이웃 농부가 준 우유병들을 바라보며 침대에 누워, 이렇게 혼잣말을 했다고 합니다. '우윳값이 오르고 있는 것 같아. 우유로 치즈를 만들어 팔면 돈을 좀 벌 수 있겠어. 그 돈으로 소를 한 다섯 마리쯤 사보면 어떨까? 1년이면 새끼를 낳을 거고, 그 새끼들도 때가 되면 또 새끼를 낳겠지. 몇 년이 지나면 50마리 정도 되려나? 그중 황소를 팔면 돈을 더 많이 받을 수 있을 거야. 그렇게 되면 집을 지을 돈이 생기고, 부자가 되어 사람들을 고용할 수 있겠지? 내가 부자인 게 알려지면, 아름다운 여자를 아내로 맞게 될 테고, 어여쁜 아이들이 태어나겠지.'

이런 상상에 한껏 들뜬 채 그가 침대에서 벌떡 일어선 순간, 우유병이 모두 쓰러져 산산조각이 났다고 합니다. 그의 공상도 함께 사라져 버렸지요."

나도 공상을 많이 하는 편이라 웃음이 났다.

카부터는 계속 말을 이어갔다.

"공상은 종종 안 좋게 여겨지지만, 그럼에도 우리는 모두 공상을 합니다. 현실에서 잠시 벗어나, 상상 속 공간으로 자유롭게 떠도는 일처럼 즐거운 일은 없지요.

우리는 왜 공상을 할까요? 단조로운 일상에서 벗어나 지루함을 해소하려는 이유가 가장 큽니다. 잠시 일상과 거리를 두어 스트레스와 부담에서 벗어날 수 있지요. 공상은 마음을 안정시키는 좋은 방법이기도 합니다.

제임스 서버James Thurber가 쓴 유명한 소설,「월터 미티의 은밀한 생활The Secret Life of Walter Mitty」을 알고 계실 겁니다. 이 이야기의 주인공 월터 미티는 주도권을 쥔 아내에게 시달리며 지낸다. 공상의 세계를 구축하고 자신의 현실과는 매우 다른 영웅의 삶을 꿈꿉니다. 실제로는 차를 운전하면서, 자신이 해군 조종사가 되었다고 상상해 봅니다. 거친 폭풍우 속에서도 두려움 없이 비행기를 모는 모습에 승무원들이 환호하지요. 병원을 지날 때는, 세계적인 외과의사로 탈바꿈합니다. 그러고는 미국 대통령의 친한 친구를 살려야 하는 수술을 앞두고 수술 장갑을 끼는 모습을 떠올리지요. 이 같은 상상이 이어지며 이야기는 흥미롭게 전개됩니다. 하지만 그 이면에는 안타까운 현실이 있었지요. 현실에서 주인공은 상대적으로 무능했으며 자신의 삶에 불만을 느끼고 있었습니다. 월터의 이야기가 보여주듯, 지나친 공상은 트라우마를 회피하는 전략으로 사용될 수 있습니다. 어떤 사람에게는 자신의 내면 세계가 실제 삶보다 더 안전하게 느껴질 수 있지요. 하지만 공상에 너무 오랫동안 빠져 있으면 주변 세상과 완전히 단절되고, 그로 인해 대인관계, 업무 성과, 수면 습관 등 삶 전반이 흔들리게 됩니다. 심리적 장애로까지 이어질 수 있지요.

모든 일이 그렇지만, 공상도 적당해야 합니다. 특정 업무나 목표에 집중해야 하는 경우라면, 공상이 당장 도움이 될 수는 없습니다. 그렇다고 시간 낭비라고 치부하기도 어렵지요. 잠을 자며 꾸는 꿈처럼, 공상도 창의성에 날개를 달아줄 수 있기 때문입니다. 공상은 논리적인 사고로는 해결할 수 없었던 문제에 대해 창의적인 해결책을 모색할 수 있도록 새로운 길을 열어주기도 합니다. 공상할 때, 뇌는 마치 꿈을 꿀 때처럼 다양한 영역을 돌며 평소에는 활성화되어 있지 않았거나 접근하기 힘들었던 정보를 찾아냅니다. 이 과정에서 전두엽, 변연계, 그리고 감각 경험과 관련된 뇌의 여러 영역을 서로 연결하는 기본 네트워크가 활성화되지요. 사실상, 마음이 다소 제한된 틀을 벗어나 자유롭게 돌아다니는 상태가 된다고 이해할 수 있습니다.

이는 매우 긍정적인 경험이 될 수 있습니다. 인간이 이룬 지적 진보의 대부분이 공상에서 비롯되었다고 해도 과언이 아닐 겁니다. 공상은 새로운 길을 내어 의식과 무의식 사이를 잇습니다. 공상을 통해 위험에 대한 부담이나 실제적인 결과 없이, 다소 엉뚱한 시나리오를 머릿속에서 마음껏 펼쳐볼 수 있습니다. 자신이 몰랐던 생각이나 번뜩이는 아이디어와 만나게 되면 새로운 연상 작용이 일어나 이전에는 떠올리지 못했던 시나리오를 상상할 수 있게 됩니다. 인류의 역사에는 문제에 대해 의식적으로 고민하지 않는 순간 갑자기 떠오른 통찰로 해결의 돌파구를 찾은 이야기가 가득합니다. 그러니 공상을 멈추지 말고, 공상을 통해 내면의 자신과 연결되어 보십시오."

카부터가 내게 물었다.

"혹시 철학자와 나비 이야기를 아십니까?"

나는 모른다고 대답했다.

"그렇다면 들어보십시오. 중국 철학자 장자는 자신이 나비가 되어 여기저기 날아다니는 꿈을 꾸었습니다. 꿈속에서 그는 더 이상 장자가 아니었고, 오직 나비로서 행복을 느꼈지요. 하지만 꿈에서 깨어나자, 다시 인간 장자의 모습으로 돌아와 있었습니다. 장자는 자신이 원래 나비인데 사람이 되는 꿈을 꾸고 있는 것인지 아니면 원래 사람인데 나비가 되는 꿈을 꾸고 있는 것인지 알 수가 없었습니다.

이 이야기를 어떻게 생각하십니까? 공상이 나를 현실에서 벗어나게 해주는 것일까요, 아니면 현실이 나를 공상에서 벗어나게 해주는 것일까요?"

나는 그저 미소로 답했다.

25.
내가 하는 모든 일에
목적성이 있다는 확신

이제 동굴에 도착했다. 점심으로 가재를 요리해 먹을 차례였다. 카부터는 큰 냄비에 물을 담고 딜꽃과 소금, 설탕을 넣어 끓이기 시작했다. 물이 끓어오르자 가재를 넣고 뚜껑을 덮은 다음, 껍질이 선명한 주황색이 될 때까지 좀 더 끓여 주었다. 가재를 잠시 식힌 뒤 맛을 보았다. 흠잡을 데가 없는 맛이었다.

점심을 다 먹은 다음, 카부터가 물었다.

"전이transference에 대해 얼마나 알고 계십니까?"

나는 전혀 모른다고 대답했다.

"전이는 모든 관계에서 매우 중요한 개념입니다. 꼭 알아 둬야 하지요. 간단히 설명해 보겠습니다. 우리에게 완전히 새로운 관계란 없습니다. 이전에 맺은 관계가 모든 새로운 관계에 영향을 줍니다. 심리학적으로 볼 때, 누군가를 대하는 모든 순간, 우리는 복잡한 대인관계의 영역으로 들어가게 됩니다. 가령 두 사람이 함께 살기로 했다고 가정해 봅시다. 그렇더라도, 심리적으로 보면, 집에 절대 둘만 사는 것이 아닙니다. 둘에게 중요한 영향을 준 사람들과 함께 쌓은 각자의 기억이 함께 딸려 와, 둘의 상호작용에 영향을 미치기 때문입니다. 제가 말하고자 하는 바를 잘 전달할 수 있는 이야기를 하나 들려드리겠습니다. 어느 날, 한 남자가 화를 주체하지 못하고 아내를 집에서 쫓아냈습니다. 사람들이 이유를 묻자, 남자가 말했습니다. '우리 둘만으로도 집이 비좁은데, 장모님에다가 제 어머니까지 이사를 오셨지 뭡니까? 더는 누가 안 온다는 보장이 있을까요? 집이 좁아서 누군가는 나가야 했습니다.' 좀 더 명확하게 설명해 볼까요? 상상해 보십시오. 선생의 아버지가 아주 권위적이었고, 그래서 아버지와 자주 다투는 사이였다고 가정해 봅시다. 아버지와의 상호작용은 선생의 내면 극장에서 사용될 대본이 됩니다. 그래서 아버지를 떠올리게 하는 사람을 만났을 때, 갈등이 생길 가능성이 높아집니다. 의식적으로는 그 사람이 아버지가 아니라는 사실을 알고 있지만, 무의식은 이미 익숙한 대본을 따라 행동하게 됩니다. 이게 바로 전이가 일어나는 방식이지요.

그러니 누군가 때문에 화가 치밀어 오르면, 왜 그렇게 격분하게 되는지를 스스로에게 물어보십시오. 그 사람이 누구를 떠올리게 하는지 생각해 보는 겁니다. 반대로 누군가가 나를 상대로 과도하게 화를 내거나 불편한 감정을 드러내면, 그 사람이 어떤 전이 과정을 겪고 있는지 생각해 보는 것도 좋습니다. 이러한 반응은 어린 시절에 형성된 것으로, 당시에는 적절했을 수 있습니다. 하지만 성인이 되어서도 그때와 똑같이 반응한다면, 더 이상 적절하다고 볼 수 없지요.

참고로 전이는 심리치료사나 정신역동 이론을 따르는 상담전문가들이 상담에서 즐겨 사용하는 방법입니다. 상담에서 그들은 종종 내담자가 어린 시절에 느꼈던 감정을 투영할 수 있는 대상이 되어줍니다. 이를 통해 내담자가 그동안 다른 사람들과 어떻게 상호작용해 왔는지를 파악하게 되지요."

카부터의 메시지를 이해할 수 있었다. 내가 사람들에게 이용당했던 경험과 그들 때문에 짜증이 났던 상황이 떠올랐다. 또 내가 사람들을 돕고 싶어 하는 욕구와 때로 그 욕구가 과도하게 나타날 위험성, 그리고 다른 사람에게 도와달라는 말을 잘하지 못하는 내 모습에 대해 생각해 보았다. 이 모든 것은 어디에서 비롯된 것일까? 어린 시절 내게 본보기가 되어주신 외할아버지와 관련이 있을까? 아니면 아버지가 어머니를 버리고 떠난 뒤, 홀로 남은 어머니와 나의 관계가 관련이 있을까? 이런 관계가 내가 사람들과 상호작용하는 방식에 어떤 영향을 미쳤을까? 나의 내면 극장을 더 잘 이해하려면 어떻게 해야 할까? 내가 겪고 있는 핵심적인 갈등은 무엇일까? 내 바람은 무엇일까? 나는 다른 사람들에게서 어떤 반응을 얻고 싶었던 걸까? 그리고 그들에게 나는 어떻게 반응했을까?

나는 카부터에게 각자의 내면 극장에 쓰일 대본에 공통적으로 나타나는 주제가 있는지 물었다.

"물론 있지요. 독립에 대한 욕구, 통제하거나 통제받으려는 욕구, 존경받고 싶은 욕구, 성취하려는 욕구, 다른 사람을 돕고 싶어 하는 욕구, 갈등을 피하려는 욕구, 또는 거리를 두려는 욕구 등이 있습니다. 이런 욕구들은 근본적으로 공포나 개인의 이익, 삶과 죽음, 위협과 안전 같은 본능적인 동기에서 비롯됩니다. 하지만 인간은 매우 복잡한 존재이기 때문에, 더 드물게 나타나는 독특한 주제들도 많습니다."

카부터와의 대화를 통해 내가 가진 욕구들, 즉 사람들과 사회적 관계를 맺고자 하는 욕구, 소속감을 느끼고자 하는 열망, 그리고 효율적으로 일하고자 하는 욕구에 대해 깊이 생각해 보게 되었다. 카부터와의 밀도 높은 상호작용이 보여주듯, 내게는 배움을 향한 욕구도 있었다. 하지만 그보다 더 중요한 것은 내가 끊임없이 삶의 의미를 찾고 있다는 사실이었다. 내가 하는 모든 일에는 목적성이 있다는 확신이 필요했다. 전이 반응을 이해하는 것이 내 안의 욕구를 더 깊이 이해하는 데 분명 도움이 될 수 있을 것이다.

26.
역설적 개입과
전략적 심리치료

　각자의 내면 극장에 쓰일 대본에 공통적으로 나타나는 주제와 별개로 나에게는 선행을 베풂으로써 다른 사람들에게 인정받고자 하는 욕구가 있었다. 나는 때로 선을 긋는 법을 몰랐고 거절을 어려워했다. 그러다 보니 나를 이용하는 사람들이 있었다. 때로는 지나칠 정도로 남을 돕는 상태가 되어버리기도 했다.

　카부터가 나에게 예를 하나 들어보라고 했다. 나는 조금 망설이며 최근에 겪은 일을 말했다.

　"지인에게 1,000달러를 빌려준 적이 있습니다. 차용증을 쓰지 않았고, 증인도 없었지요. 얼마 전에 그 지인을 다시 만났을 때, 제가 빌려준 돈에 대해 말을 꺼내 봤는데 아무런 반응이 없더군요. 그때는 그냥 넘겼는데, 사실은 제 돈을 떼어먹거나 심지어 돈을 빌린 적이 없다고 발뺌할까 봐 내심 걱정이 됩니다."

잠시 말이 없던 카부터가 아주 간단한 해결책이 있다고 했다.

"그 사람을 집으로 초대하고, 서로 아는 친구들도 함께 부르십시오. 그런 다음, 대화를 나누다가 선생이 5,000달러를 빌려준 얘기를 꺼내세요."

"하지만 저는 1,000달러만 빌려줬는 걸요!"

"맞습니다. 그럼 지인은 방에 있는 사람들 앞에서 '무슨 소리야? 1,000달러만 빌려줘 놓고!'라고 말할 겁니다."

카부터가 먼저 웃음을 터뜨리더니 이렇게 덧붙였다.

"심리학적 용어로는 이 방법을 '역설적 개입paradoxical intervention' 또는 '전략적 심리치료strategic psychotherapy'라고 부릅니다. 사람들의 행동을 변화시키는 방법 중 하나이지요."

카부터가 무엇을 말하려는지 정확히 이해할 수 없었다.

"다른 예를 들어볼까요? 리더 주변에는 그가 듣고 싶어 하는 말만 골라 전하는 아첨꾼들이 늘 있기 마련입니다. 짧은 이야기를 하나 들려 드리지요. 어느 날, 한 왕이 자기에게 흰머리가 있는지 신하에게 물었습니다. 왕에게는 종잡을 수 없는 폭력적인 성향이 있었기 때문에, 신하는 '폐하, 단지 한두 가닥 있을 뿐입니다.'라고 신중하게 대답했습니다.

하지만 신하의 답에 화가 난 왕은 사형 집행관을 즉시 불러 '저놈의 목을 쳐라!'라고 명령했습니다.

왕은 다음 신하에게도 같은 질문을 던졌습니다. 앞서 벌어진 일을 지켜본 신하는 겁에 질린 채 '폐하, 폐하의 머리카락은 완전히 검습니다. 흰머리가 하나도 보이지 않습니다.'라고 대답했지요.

왕은 '거짓말!'이라고 소리를 버럭 지르더니 다시 사형 집행관을 불렀습니다.

마지막으로, 세 번째 신하에게 '그럼, 네 생각은 어떠냐? 내게 흰머리가 있느냐?'라고 호통을 치며 묻자, 신하는 '송구하오나, 폐하, 저는 색을 구분하지 못해 답을 드릴 수 없습니다.'라고 답했습니다.

세 번째 신하는 궁지에 몰렸을 때, 기지를 발휘해 상황을 재구성했다고 볼 수 있습니다. 문제가 쉽게 풀리지 않을 때는 이렇게 상황을 재구성해 보는 것이 좋습니다. 예상치 못한 방식이나 직관을 거스르는 방식으로, 문제를 겪고 있는 사람에게 역설적인 상황을 제시하는 것입니다. 이런 역설적 개입은 고착된 상황을 풀어나가기 위해 반드시 해야 할 일을 상대가 완강히 거부할 때 효과적입니다. 상대가 해야 할 일을 정반대로 하도록 요구하는 게 가장 좋지요. 예를 들어, 당장 바뀌거나 서둘 필요가 없다고 말해보는 겁니다. 그러면 오히려 반발심을 자극해 원하는 반응을 이끌어 낼 수 있게 되지요. 즉, 상대는 내가 한 말에 저항하기 위해 변화를 택하게 되고, 이 변화가 바로 역설적 개입을 통해 원래 얻어내려고 한 목적이라는 의미입니다.

예를 들어, 부에 집착하는 부부가 있다고 합시다. 이 부부에게는 돈이 가장 중요했습니다. 이들에게는 아들이 하나 있었는데, 아버지는 아들이 자신과 똑같이 돈을 중요하게 여기길 바랐습니다. 하지만 아들이 삶을 바라보는 관점은 달랐지요. 이럴 때, 부모는 어떻게 해야 할까요?

아들의 사고방식을 바꾸고 돈의 가치를 가르치기 위해, 아버지는 아들을 데리고 인근 마을로 향했습니다. 그곳 사람들은 매우 가난했고, 겨우 생계를 유지하며 힘겹게 살고 있었지요. 집으로 돌아오자, 아버지는 아들에게 '오늘 다녀온 마을에서 돈도, 먹을 것도 없이 살아가는 사람들을 보지 않았니? 느낀 점이 없니?'라고 물었습니다.

그러자 아들이 답했습니다. '정말 흥미로운 곳이었어요. 배울 것도 많았고요. 우리 집에는 개가 한 마리뿐인데, 그 마을에는 개가 참 많더라고요. 우리는 수영장에서 수영을 하지만, 마을 사람들은 강과 큰 호수에서 수영을 했어요. 어두워지면 우리는 전등을 켜지만, 마을 사람들은 밤하늘 가득한 별빛을 누렸고요. 우리는 하인을 두지만, 마을 사람들은 서로를 돌봤고, 우리는 가게에서 음식을 사 먹지만, 마을 사람들은 마당에서 직접 기른 채소를 먹었어요. 우리 집은 경비원을 고용해 집을 지키지만, 그들은 서로의 물건을 지켜주더라고요.'

누구에게 더 유리했는지를 떠나서, 이 이야기는 역설적 개입이 무엇인지를 보여주는 좋은 예입니다. 여기서 핵심은, 상황을 재구성함으로써 아들이 자신의 입장을 지킬 수 있었다는 점입니다.

물론, 권력이 있는 사람들에게 진정으로 중요한 게 무엇인지를 깨닫게 하는 일은 결코 쉽지 않습니다. 진실은 때로 매우 위험할 수 있기 때문이지요. 하지만 역설적 개입이나 문제 상황을 재구성하는 방법을 쓰면, 막다른 상황에서 해결책을 찾을 수 있을 뿐만 아니라, 권력자 앞에서도 목이 달아날 걱정 없이 바른 소리를 할 수 있게 됩니다. 다른 왕에 대한 이야기로 이 주제를 마무리지어 보겠습니다. 자신의 노래 실력이 뛰어나다고 생각하던 왕이 있었습니다. 왕의 실제 목소리는 들어주기 어려웠지만, 어느 신하도 용기를 내 진실을 말하지 못하고 있었지요. 어느 날, 왕은 신참 신하에게 자신의 노래에 대해 어떻게 생각하는지 물었습니다. 상황을 잘 모르던 신하는 '폐하, 잘 못하십니다. 음정이 맞지 않습니다. 높은 음을 올릴 때는 힘에 겨워 보이시고요.'라고 대답했지요.

왕이 듣고 싶어 하던 대답이 아니었습니다. 왕은 신하를 지하 감옥으로 보내, 자신의 말을 반성하게 했습니다. 얼마 뒤, 왕은 그 신하를 다시 불러들인 다음, '내가 방금 새 노래를 만들었다. 감옥에서 지내는 동안 너의 청력이 좀 나아졌는지 한번 들어보도록 하라.'라고 말한 뒤 노래를 시작했습니다.

하지만 왕이 노래를 절반쯤 불렀을 때, 신하는 슬며시 방을 빠져나가려고 했습니다.

이 모습을 본 왕이 '어디를 가려고 하느냐?'라고 묻자, 신하는 '다시 감옥으로 돌아가는 것이 좋을 것 같습니다.'라고 대답했지요.

권력자에게 진실을 말하는 꽤 영리한 방법이지 않습니까? 신하의 대답을 통해, 왕은 자신에게 아부하던 사람들이 오히려 해를 끼치고 있었으며, 반대로 용기 있게 비판했던 사람들이야말로 진정으로 자신을 돕고 있었다는 사실을 깨달았을 겁니다."

나는 미소로 답하고, 카부터의 말을 곱씹었다. 카부터의 이야기를 듣는 동안 내 생각도 끊임없이 이어졌다. 내가 알고 지내는 사람들과의 관계에서 역설적 개입을 어떻게 사용할 수 있을까? 역설적 개입은 어려운 상황을 타개할 수 있는 흥미로운 방법처럼 보였지만, 창의력이 상당히 필요할 것 같다는 생각도 들었다.

27.
유능한 리더들이 감추는
가장 강력한 무기

우리는 저녁 식사 전에 가볍게 산책을 나서기로 했다. 멀리 산비탈에서 무언가 움직이는 것을 보고 그쪽으로 방향을 잡았다. 가까이 다가가자, 울버린과 곰이 싸우는 모습이 보였다. 생사를 건 치열한 싸움이었다. 곰이 훨씬 컸지만, 울버린은 쉽게 물러서지 않았다. 곰이 울버린이 사는 동굴 근처에 너무 가까이 다가간 게 원인으로 보였다. 동굴 안에는 울버린의 새끼들이 있을 테니, 곰을 필사적으로 막으려 했을 것이다. 울버린은 진정한 용기를 보여주고 있었다.

잠시 뒤, 카부터가 말했다.

"사람들은 온갖 무기에 탱크, 대포, 총, 칼을 동원해 싸우지 않습니까? 하지만 정작 가장 중요한 무기가 빠져 있는 경우가 많습니다."

"뭐가 빠져 있다는 말씀이시죠?"

"용기말입니다. 울버린이 스스로를 무장할 수 있는 건 오직 용기뿐이었지요. 혹시, 양과 늑대 이야기를 아십니까?"

나는 모른다고 대답했다.

"그럼 시작해 보겠습니다. 어느 날, 늑대 한 마리가 양떼 속에 숨어들어갔습니다. 양들은 늑대가 함께 있다는 것을 알면서도 모른 척 했지요. 심지어 늑대가 양을 한 마리 잡아먹는 것을 보고도 외면했습니다. 심지어, 살아남은 양들은 '늑대가 나를 해친 것도, 너를 해친 것도 아니야. 그러니까 다른 양은 그냥 잡아먹게 내버려 두자.'라고 말했습니다. 마지막까지 살아남은 양은 단 한 마리뿐이었습니다. 늑대가 그 양마저 죽이려 다가오자, 양이 말했습니다. '우리가 하나씩 잡아먹힌 게 조금도 이상하지 않아. 더 늦기 전에 깨달았어야 했는데. 우리가 모두 살아 있을 때, 그때 용기를 냈다면, 우리 뿔로 널 갈기갈기 찢어버릴 수도 있었을 텐데. 하지만 누구도 감히 목소리를 내지 못했지.'"

카부터가 말을 이어갔다.

"아무도 나서지 않을 때, 진실을 말하는 데는 큰 용기가 필요합니다. 그리스 철학자 소크라테스, 플라톤, 아리스토텔레스는 용기에 대해 열띤 토론을 벌였고, 결국 용기를 지혜, 정의, 절제와 함께 네 가지 주요 덕목 중 하나로 꼽았지요. 더구나 아리스토텔레스는 네 가지 덕목 중 가장 중요한 것은 바로 용기라고 주장했습니다. 용기가 다른 덕목들을 지켜주는 근간이라고 생각했기 때문입니다. 이 철학자들에 따르면, 용기 없이는 다른 덕목을 일관되게 실천할 수 없고, 자신에게 중요한 가치를 지켜낼 수도 없습니다.

용기 있는 사람들은 반대에 부딪혀도 자신이 옳다고 생각하는 말을 하고 행동합니다. 그러나 권력 앞에서 진실을 말하는 데는 큰 용기가 필요하지요. 이때의 용기란, 권력이 있는 사람들과 맞서고 그들의 잘못에 문제를 제기하는 힘을 의미합니다. 다른 사람이 당신을 쓰러뜨리려 할 때도 버티며, 두려움을 이겨내고 계속 앞으로 나아가는 힘이지요. 마치 좀 전에 마주친 올빼미처럼 말입니다. 그런 점에서 용기와 두려움은 밀접한 관계가 있습니다. 두려움이 없으면 용기도 없다고 말할 수 있지요. 용기란 두려움을 느끼면서도 행동하는 것이기 때문입니다. 많은 사람들이 생각하듯, 용기의 반대는 겁이 아니라, 순응입니다. 흐름에 몸을 맡기고, 군중을 따르는 선택을 해야 합니다. 이것이 양과 늑대 이야기의 핵심입니다. 아일랜드 정치인 에드먼드 버크Edmund Burke의 말처럼, '악이 승리하기 위해 필요한 것은 선한 사람들이 아무것도 하지 않는 것 뿐'입니다.

용기는 보통 무엇인가 잘못된 것을 바로잡아야 한다는 강한 욕구를 느낄 때, 또는 어떤 일이 너무 중요해서 위험을 무릅쓰고라도 나서야 한다고 느낄 때 발휘됩니다. 이러한 욕구는 무의식 깊은 곳에서 비롯되어, 자신이 왜 그러는지조차 모른채 나타날 수 있습니다. 그럼에도 불구하고, 행동하기로 마음 먹게 되지요. 두려움도 막을 수 없습니다. 이런 영웅적 행위는 인류 역사에서 쉽게 찾을 수 있습니다. 잔 다르크Joan of Arc, 로자 파크스Rosa Parks, 마하트마 간디Mahatma Gandhi, 조피 숄Sophie Scholl, 마틴 루터 킹 주니어Martin Luther King Jr., 넬슨 만델라Nelson Mandela, 그리고 말랄라 유사프자이Malala Yousafzai 같은 인물들을 떠올려 보십시오. 그들은 더 높은 이상에 따라 행동했고, 그 행동이 초래할 치명적인 결과를 알았지만 그럼에도 멈추지 않았습니다.

용기는 크게 신체적 용기와 도덕적 용기로 나눠볼 수 있습니다. 보통 '용기'를 말할 때는 신체적 용기를 떠올리는 경우가 많지요. 신체적 용기는 육체적인 고난이나 고통, 죽음의 위협에 맞서는 용맹함을 의미합니다. 산에 오르거나, 극지를 탐험하거나, 달에 착륙하는 사람들을 떠올려 볼 수 있습니다. 반면, 도덕적 용기는 인성 시험에 가깝습니다. 위험이 따르더라도 옳은 일을 하는 것을 뜻하지요. 물론, 신체적 용기와 도덕적 용기는 종종 함께 발휘되기도 합니다."

이쯤에서 나는 카부터의 말을 끊고 물었다.

"용기에 자기 파괴적인 측면이 있다고 생각하시나요? 지금까지 하신 말씀을 듣다 보니 그런 생각이 들었습니다."

카부터가 대답했다.

"용감한 행동이나 결정에는 분명 자기 파괴적인 면이 있습니다. 그래서 용기와 무모함은 종이 한장 차이라고도 할 수 있지요. 중요한 것은 올바른 판단입니다. 용기 있는 사람들은 두려움과 위험에도 불구하고 자신이 옳다고 믿기 때문에 행동을 멈추지 않습니다. 그러나 결과를 고려하지 않고 무작정 행동하는 사람들은 용감한 것이 아니라 그저 어리석다고 밖에 볼 수 없지요.

이 차이는 특히 리더들에게 매우 중요합니다. 리더십은 용기와 깊이 연관되어 있으며, 유능한 리더들은 용기가 확산할 수 있다는 것을 알고 있습니다. 나폴레옹 보나파르 르Napoleon Bonaparte가 말했듯, '용기는 계속 나아갈 힘이 있다는 말이 아니라, 힘이 없을 때도 계속 나아가는 것'이니까요."

하루 종일 대화를 나누다 보니 체력에 한계가 느껴졌다. 나는 카부터가 내어 준 소중한 지혜에 감사한 마음을 품고 잠자리에 들었다. 이윽고 누가 업어가도 모를 만큼 깊은 잠에 빠져들었다.

다섯째 날

28.
격려가 필요한 순간들

다음 날, 아침을 먹던 중이었다. 카부터가 어제는 용기에 관해 이야기했으니, 오늘은 격려에 관해 이야기를 나눠보는 게 좋겠다고 제안했다. 두 단어가 가진 공통점이 많다는 이유에서였다. 카부터가 물었다.

"격려를 어떻게 정의하시겠습니까?"

대답을 하려다 멈칫했다. 답을 기대하고 던진 질문이 아니라는 걸 알아차렸기 때문이다. 카부터는 분명 이 주제를 두고 밤새 깊이 생각해 봤을 것이다.

"영단어 encourage가 고대 프랑스어 encoragier에서 유래했다는 사실을 알고 계십니까? encoragier는 '강하게

만들다'라는 뜻으로, 누군가에게 힘과 자신감을 불어넣어
준다는 의미로 쓰였지요. 선생은 만나는 사람마다 그들이
최선을 다할 수 있도록 격려해 주는 편이십니까?"

"네, 항상 그러려고 합니다. 제 직업이 사람들이 스스로
행동과 생각을 바꿀 수 있도록 힘과 용기를 북돋아 주는
일이라서요. 그런 의미로 말씀하신 건가요?"

예상 밖의 답이 돌아왔다.

"개구리가 주인공인 이야기를 하나 들려 드리겠습니다.

옛날에 개구리 여러 마리가 숲을 함께 여행하고 있었습
니다. 그런데 그중 두 마리가 앞을 제대로 보지 않고 가
다, 그만 깊은 구덩이에 빠지고 말았지요. 다른 개구리들
이 구덩이 가장자리에 모여 깊이를 어림짐작해 보더니,
이제 둘은 죽은 목숨이나 다름없다고 말했습니다. 그럼에
도, 둘은 쉼 없이 힘껏 뛰어올랐습니다. 하지만 곧 한 마
리가 지쳐버렸고, 다른 개구리들이 헛된 짓이라고 외치는
소리에 결국 탈출을 포기하고 그 자리에서 죽고 말았지
요. 하지만, 남은 개구리는 포기하지 않았습니다. 다른 개
구리들이 그만두라고 외칠수록 더욱 힘차게 뛰어올라 결
국 구덩이에서 탈출하는 데 성공했지요. 다른 개구리들이
탈출한 개구리를 에워싸고 물었습니다. '우리는 네가 끝

난 줄 알았어. 그냥 포기하는 게 낫다고 생각했지. 우리가 하는 말이 안 들렸니?' 그러자 구덩이를 탈출한 개구리는 '원래 내가 잘 못 들어. 그래서 너희가 뭐라고 하는지 정확히는 몰랐어. 그런데 나를 열심히 응원해 주는 것 같더라. 그래서 더 열심히 뛰었지!'라고 대답했습니다.

격려가 얼마나 큰 힘이 되는지 아시겠지요? 사람들은 자신에게 닥친 나쁜 일에만 집중한 나머지 정작 기회가 찾아와도 알아보지 못합니다. 예를 들어, 일이 계획대로 풀리지 않으면 기분이 상할 수 있지요. 하지만 꿈을 좇다 좌절하든, 소중한 사람에게 거절을 당하든, 비극적인 상황에 처하든, 아니면 롤러코스터 같은 삶에 지치든, 상황은 순식간에 뒤바뀔 수 있다는 사실을 기억해야 합니다. 그리고 이렇게 마음을 다잡는 데는 격려가 필요하지요. 개구리 이야기가 보여주듯, 격려는 마치 식물에 물을 주는 것처럼 성장을 돕습니다.

격려는 변화를 불러옵니다. 누군가를 격려한다는 것은 그들의 잠재력을 인정하고 자기 확신을 북돋아 주는 것과 같지요. 만약 그동안 사람들을 이렇게 대해 왔다면, 단 한마디의 격려가 상대에게 동기를 부여하고, 자신감을 심어주며, 잘하고 있으니 끝까지 목표를 향해가라는 확신을 준다는 사실을 알고 계실 겁니다. 축구 경기 중인 친구를 응원하거나, 시험을 앞둔 아이를 안심시키고, 어려운 업무를 맡은 동료에게 긍정적인 말을 해주는 상황들을 떠올려 보십시오. 모두 격려가 필요한 순간들이지요.

그런데 자기 자신에게 격려가 필요한 순간에는 어떻게 해야 할까요? 얼마나 더 멀리 갈 수 있을지 의구심이 든다면, 이미 얼마나 멀리 왔는지를 떠올리며 부정적인 생각을 떨쳐 낼 수 있어야 합니다. 패배를 예상하면서 어떻게 승리할 수 있겠습니까? 격려는 자기 확신을 강화하고, 삶을 더 긍정적으로 바라볼 수 있게 합니다. 그리고 부정적인 생각을 긍정적인 생각으로 전환해주며, 더 큰 성과를 이뤄내도록 힘을 실어주지요. 자기 격려, 즉 긍정적인 사고의 힘은 정신 건강에도 도움이 됩니다. 문제를 어떻게 바라보느냐가 그 문제 자체만큼이나 중요할 수 있지요.

새로운 사회적 환경을 구축하는 것도 좋습니다. 자신이 가진 꿈, 아이디어, 야망을 믿고 지지하며 최선을 다하도록 격려하는 사람들과 함께라면, 나뿐만 아니라 주변 사람들에게도 도움이 되지요."

카부터의 말에 큰 감명을 받았다. 그의 이야기를 듣는 동안, 그동안 만났던 사람들에게 좀 더 많이 긍정적인 말을 건넸어야 했다는 후회가 밀려왔다. 나는 삶을 비관적으로 바라보는 경향이 있었다. 내가 나 자신과 다른 사람을 좀 더 긍정적으로 대했으면 좋았을 수많은 순간이 스쳐 갔다. 곧 카부터가 격려와 칭찬의 차이를 짚어 주었다.

"칭찬에는 언제나 평가와 판단이 담겨 있습니다. 하지만 격려는 비판적이지 않지요. 칭찬은 좋은 결과가 있을 때만 할 수 있지만, 격려는 그렇지 않아도 할 수 있습니다. 사람들을 격려하는 데 더 많은 시간을 할애하십시오. 특히, 아이들은 아주 어릴 때부터 격려해 주어야 합니다. 격려를 받고 자란 아이들은 자신의 강점과 재능, 능력을 알지요. 격려는 아이들의 성장과 발달에 없어서는 안 될 요소입니다. 격려를 통해 아이들은 자신이 소중하고 존중받는 존재라는 느낌을 받을 수 있습니다.

안타깝게도, 인간은 다른 사람의 의욕을 꺾는 데 능숙합니다. 문제가 생기면 소리를 지르거나 위협하지요. 잔소리를 늘어놓으며 몰아붙이거나 비판하는 일도 빈번합니다. 잘못된 방식으로 상벌을 내리거나 아예 고립시켜 버리는 경우도 있지요. 무엇보다 아이들은 이처럼 부당한 대우를 무척 자주 경험합니다. 어른들은 아이들에게 지나친 기대를 겁니다. 성취 기준도 터무니없이 높게 잡지요.

실수에만 초점을 맞추고, 다른 아이들과 비교하며 비관적인 말들을 쏟아내기도 합니다. 심지어 아이들의 자율성 발달을 저해할 정도로 권위적인 태도를 보여, 결국 의욕을 꺾어 버리고 말지요."

카부터의 설명에 불편한 마음이 들었다. 그동안 내 아이들에게 너무 많은 부담을 주진 않았을까? 너무 기준을 높여 잡았나? 그렇지 않았다는 안도의 확신이 필요했지만, 카부터는 거기에서 멈추지 않았다.

"누구나 다른 사람을 격려할 수 있습니다. 격려는 강력한 선행이지요. 격려를 받은 사람들의 자존감과 자신감은 한층 높아집니다. 기운을 내서 더 열심히 노력하므로 목표를 달성할 가능성도 높습니다. 그리고 격려를 받은 사람뿐만 아니라 격려를 한 사람의 기분도 좋아집니다. 격려는 쉽게 퍼져나갈 수 있습니다. 나에게 약간의 공감 능력, 상대 입장에서 세상을 보는 자세 그리고 그들의 능력을 신뢰하고 있다는 메시지를 전달할 적절한 말이 있다면, 격려는 조금도 어려운 일이 아닙니다. 격려를 통해 세상을 더 나은 곳으로 만드십시오. 격려하기로 마음먹는 것은 일말의 고민이 필요 없는, 너무도 당연한 선택입니다."

29.
누군가를 제대로
판단하기 위해서는

아침 산책을 하다 보니 습지대가 나타났다. 능선 아래 자리한 호수 근처의 탁 트인 초원에는 월귤나무, 야생 양파, 쇠뜨기가 자라고 있었다. 호수의 얕은 물가에는 물수세미 덤불이 보였고, 수면 위로는 수련과 여러 수생 식물이 떠 있었다. 호숫가 주변에는 화살촉 덩굴, 마디풀, 붉은 뿌리풀뿐만 아니라 여러 종류의 갈대와 야생 줄풀이 가득했다. 중국 레몬그라스와 시베리아 인삼 뿌리 같은 약초들도 눈에 띄었다. 한편, 습지는 새들로 북적였다. 나는 넓적부리 파랑새, 원앙, 작은 녹색 왜가리, 밤색 해오라기, 호사비오리, 흑두루미, 숲새, 그리고 파란 까치를 알아보았다.

카부터에게 잠시 쉬었다 가자고 했다. 한 번 더 불을 피우면 어떨지도 물었다. 습지를 끼고 앉아 새들이 곤충과 다른 작은 동물들을 사냥하는 모습을 관찰하면 좋겠다는 생각이었다. 하늘 높이, 검독수리가 맴을 돌고 있었다. 무엇을 노리는 걸까? 방금 우리를 지나간 눈덧신토끼일까? 하지만 누가 알겠는가? 독수리의 마음을.

얼마 뒤, 카부터가 말했다.

"아까 격려는 비판적이지 않다고 말했습니다. 꼭 그래야만 하지요. 하지만 안타깝게도 사람들은 대부분 판단을 멈추지 못합니다. 일상의 일부니까요. 판단이라는 주제를 다룬 전설과 신화, 영웅 서사, 동화도 수없이 많지요. 그중 하나를 들려드리겠습니다.

어느 날, 한 부유한 남자가 세상을 떠났습니다. 자기 재산을 결혼한 두 딸에게 똑같이 나누어주라는 유언을 남겼지요. 유산에는 토지, 집, 보석 등 다양한 자산이 포함되어 있었기 때문에 각각의 값어치를 정확히 따지기가 무척 어려웠습니다. 남자는 세상을 떠나기 전에 이런 상황을 예상했고, 재산을 공평하게 나눌 수 있게 미리 조치해 두었습니다. 그런데 안타까운 일이 벌어집니다. 아버지를 여의고 얼마 지나지 않아, 두 딸 모두 자기가 받은 유산이

더 적다고 의심하기 시작한 것입니다. 남편들이 그렇게
부추겼기 때문이었지요.

성대한 장례식이 끝나자, 두 딸은 자신의 유산이 더 적다
고 주장하며 소송을 제기했습니다. 몇 차례 감정이 상하
는 일들이 오갔고, 결국 두 사람은 법정에서 만나 각자의
입장을 판사에게 말했습니다. 모두 자신이 받은 유산이
더 적다고 주장했지요. 이에 판사는 받은 유산의 목록을
제출하라고 요구했습니다. 자매는 기꺼이 목록을 제출했
고, 이를 검토한 판사는 서로의 유산을 교환하라는 판결
을 내렸습니다."

웃음이 났다. 판결이 매우 기발했기 때문이다.

카부터가 말했다.

"또 다른 이야기가 있습니다. 이번에는 두 자매가 아니라
두 형제가 주인공입니다. 두 형제는 함께 살았고, 둘 다
결혼했으며, 거의 동시에 아들까지 낳았습니다. 하지만
안타깝게도 출산 중 형의 아들이 죽고 말았지요. 이 사실
을 알게 된 형은 동생의 아이를 훔쳐 자신의 아이라고 주
장했습니다. 화가 난 동생이 소송을 제기했고, 사건은 법
정으로 넘어갔습니다. 결국, 두 형제와 그들의 아내가 법
정에 출석하게 되었지요. 아기도 함께였습니다. 법정에서

는 덩치 큰 근육질 집행관이 아기를 단단히 끌어안고 있었습니다. 판사는 양측의 주장을 주의 깊게 듣고 증거를 살펴본 뒤, 두 형제의 아내들에게 아기를 한 쪽씩 잡아당겨 집행관의 품에서 빼앗으라고 지시했습니다. 그리고 판사는 '누구든지 아기를 빼앗는 사람이 아기를 갖게 될 것입니다'라고 덧붙였지요."

카부터가 나를 쳐다보며 물었다.

"어떻게 됐을 것 같습니까?"

나는 망설임 없이 대답했다.

"진짜 엄마라면 아기를 빼앗으려고 잡아당기지 못하겠지요? 아기가 다칠까 봐 걱정이 될 테니까요."

"맞습니다. 형의 아내는 아기를 빼앗으려 온 힘을 다해 잡아당겼습니다. 하지만 아기의 진짜 엄마인 동생의 아내는 아기를 조심스레 쓰다듬은 다음 손을 놓았지요.

그 순간 판사가 잠시 멈추라고 지시했습니다. 동생의 아내가 아기에게 행여라도 해를 입힐까 봐 걱정하는 모습을 보고, 그녀가 아기의 진짜 엄마라는 것을 알게 된 것이지요.

자, 우리는 두 이야기를 통해 좋은 판단의 예를 살펴봤고, 판단이 이루어지는 과정에 대해서도 알아보았습니다. 사건과 사람을 평가하고, 증거를 통해 결론을 도출한 뒤, 그에 따라 결정을 내리는 과정이었죠.

앞서 말했듯이, 사람을 대할 때면 우리는 늘 상대를 판단하고, 다른 사람들 또한 우리를 판단합니다. 판단은 일상적으로 일어나지만, 결코 외부와 단절된 상태에서 이루어지지 않습니다. 늘, 과거의 경험이 지금의 판단에 영향을 미치지요. 이 과정은 대개 무의식적으로 이루어집니다. 그리고 안타깝게도, 과거의 경험은 종종 잘못된 판단에서 비롯된 경우가 많습니다.

진화론적인 관점에서 보면, 판단은 언제나 생존과 관련되어 있었습니다. 선사 시대에는 마주친 사람이나 동물이 위험한지 아닌지를 빠르게 판단하는 것이 중요했지요. 초기 구석기 시대에는 이러한 판단으로 생사가 갈렸을 테고요. 싸울 것인지 도망칠 것인지를 판단하는 메커니즘을 최대치로 가동해야 그나마 살아남을 수 있었을 겁니다.

오늘날에도 이 메커니즘은 여전히 남아, 우리는 늘 경계를 늦추지 못하고 살아갑니다. 만약 내가 어떤 사람을 믿기 어렵다고 생각한다면, 그에 대한 판단은 부정적일 수밖에 없습니다. 본능적으로 나와 나의 이익을 보호해야 한다고 느끼기 때문이지요. 이러한 판단에 기반을 둔 반응의 기저에는 진화 심리학에서 말하는 생존 본능이 자리 잡고 있습니다.

물론, 가장 큰 잘못은 상대방을 제대로 이해해 보려는 노력도 없이 섣부르게 판단을 내려버리는 것입니다. 언제나 상대방의 상황을 충분히 이해하고 그들의 사연을 들어봐야 합니다. 그 과정에서 생각지도 못한 사실을 알고 놀라게 될 수도 있지요. 상대방을 더 잘 알기 전까지는 판단을 유보하십시오. 표지만 보고 책을 판단하지 말라는 옛말처럼, 사람도 겉모습만으로 판단해서는 안 됩니다. 우리가 그제 이야기했던 '가로등 효과'를 기억하시나요? 인간에게는 자신의 신념을 뒷받침하는 정보만 선택적으로 받아들이는 경향이 있습니다. 따라서 판단을 내릴 때는 무엇이 내 판단에 영향을 주고 있는지 주의 깊게 살펴봐야 합니다. 어떤 사람이 다정하다고 느끼면 그 사람을 더 쉽게 신뢰하지만, 그 사람이 다정하지 않거나 무언가를 숨기고 있다고 느끼면 신뢰하지 않게 되지요. 이는 인간의 진화와도 관련이 있습니다. 우리는 자신과 비슷한 사람들과 어울리고 싶어 하고, 그들이 나쁜 행동을 하더라도 어느 정도는 좋게 받아들이려고 합니다. 반면, 우리와 다른 사람들에게는 불안감을 느끼고, 해코지를 당할 수 있다는 두려움이 앞서 그들을 멀리하게 되지요.

일상에서 판단이 어려운 이유는, 의사 결정이라는 과정이 주관적이기 때문입니다. 판단은 자기도 모르게 가지고 있던 편견에 영향을 받습니다. 능력이 출중하다거나 사회적 지위가 높다고 생각한 사람을 더 긍정적으로 평가한 적이 있지 않으신가요? 그렇다면 그들이 다른 사람을 대하는 태도는 어떨까요? 어떤 사람이 예의 바르고 친절하게 남을 대하는 모습을 보면 그 사람을 긍정적으로 판단하지만, 군림하려 하거나 악의적인 행동을 보이면 부정적으로 판단할 가능성이 높습니다. 혹시 다른 사람의 의견을 바탕으로 누군가를 판단하지는 않으십니까? 그렇다면 그 판단이 신뢰할 만한지 스스로에게 물어보아야 합니다. 집단사고의 위험성 때문이지요. 다수의 의견, 특히 리더의 관점은 우리의 판단에 영향을 미칠 수 있습니다. 그래서 우리의 판단이 편향될 가능성을 항상 염두에 두고 있어야 하지요.

판단은 우리가 평가하는 사람을 정의할 뿐만 아니라, 우리 자신을 정의하기도 합니다. 한발 물러서서, 내가 다른 사람을 평가한 내용을 살펴보면, 스스로에 대해 몰랐던 사실을 깨닫게 될지도 모릅니다. 우리는 모두 투사

projection에 빠질 수 있습니다. 심리적인 방어기제 중 하나인 투사는 자신의 약점을 다른 사람의 도덕적 결함으로 인식하는 현상입니다. 누군가를 부정적으로 판단할 때, 그 사람에게 반감을 느끼는 부분이 실제로는 내 안에서 해결되지 않은 문제일 가능성이 크다는 의미입니다. 이성적으로 설명할 수 없는 반감은 그 이면에 다른 이유가 있다는 신호일 수 있습니다. 전이transference가 작동한다는 의미이기도 하지요. 내가 지금 부정적으로 평가하는 사람이, 과거에 나와 갈등을 겪었던 사람을 대신하는 존재일 수 있다는 말입니다.

물론, 이런 일은 반대로도 일어날 수 있습니다. 다른 사람들이 나를 판단할 때, 그들이 가진 불안, 한계, 욕구가 내가 가진 내적 문제보다 더 크게 영향을 미치게 되는 것이지요. 다른 사람을 판단할 때는 그 사람의 객관적인 특성뿐만 아니라 내 관점 역시 투영됩니다. 이 관점은 나의 경험, 목표, 가치관, 숨겨진 욕망, 두려움에 의해 형성된 것이지요. 따라서 누군가를 부정적으로 판단할 때마다, 치유되지 않고 남아 있는 자기 안의 상처를 드러내는 것일 수 있습니다."

판단이 얼마나 쉽게 잘못될 수 있는지는 충분히 이해했지만,

그렇다면 다른 사람들을 더 공정하게 판단하는 방법에는 어떤 것들이 있는지 궁금해졌다. 그래서 카부터의 말을 끊고 조언을 구하자, 즉시 대답이 돌아왔다.

"누군가를 제대로 판단하려면, 그 사람의 입장이 되어보려고 노력해야 합니다. 그 사람의 입장이 되어보지 않는 이상, 공정하게 판단하기란 쉽지 않습니다. 적어도 공감할 수 있어야 다른 사람의 행동을 더 잘 이해할 수 있으며, 그래야 더 균형 잡힌 판단을 할 수 있게 됩니다.

그리고 자기 자신을 충분히 이해하는 것도 도움이 됩니다. 자신에 대한 이해가 높을수록 다른 사람도 더 잘 이해하게 되기 때문이지요. 혹시 자신이 다른 사람에게 지나치게 비판적인 것은 아닌지 의구심이 들면, 자신에게도 결점이 있다는 사실을 떠올리십시오. 누군가를 비판할 때는, 언제나 각자의 사정이 있다는 점을 염두에 두어야 합니다. 간단히 말해 무엇에 대해서든, 누구에 대해서든 성급하게 결론을 내려서는 안 된다는 점을 강조하고 싶습니다.

앞서 말했듯이 판단을 피할 수는 없지만, 판단의 방식을 더 의식적으로 바라볼 수는 있습니다. 다른 사람을 평가하는 과정에서, 자신이 갖게 된 감정이나 생각들을 관찰

해 보는 것이 나에게 더 유익합니다. 솔직히 섣부른 판단
보다는 어느 정도의 망설임이 진정으로 사려 깊은 사람
이 갖춰야 할 덕목이라고 할 수 있지요."

30.
성적 욕망에 대하여

우리는 이끼가 덮인 자리에서 일어나 모닥불을 끈 뒤 산길을 따라 언덕으로 향했다. 가파른 바위 절벽 위, 아주 높은 곳에 수컷 아이벡스들이 보였다. 긴 곡선형 뿔을 가진 덩치 큰 야생 염소들이 그처럼 가파른 절벽 위에서 균형을 잡고 있는 모습이 놀라웠다. 짝짓기 경쟁에 불이 붙을 시기였다.

갑자기 나는 성적 욕망에 대해 카부터에게 물어보고 싶어졌다. 아직 이런 주제를 두고 이야기를 나눠보지 않았기 때문이다. 그래서 갑작스럽게 질문을 던졌다.

"성관계를 했을 때 누가 더 큰 쾌락을 얻는다고 보십니까? 남자인가요, 여자인가요?"

카부터는 내 질문에 무척 놀란 듯, 한동안 아무 답도 하지 않았다. 너무 무지한 질문이었나? 아니면 너무 직설적이거나 경박하다고 생각해서 달리 해줄 말이 없는 걸까? 마침내 카부터가 말문을 열었다.

"먼 옛날, 모든 백성에게 사랑과 존경을 받던 왕이 있었습니다. 그는 인자하고 공정한 데다 행실 또한 올바른 사람이었습니다. 왕비와 자녀들도 왕을 깊이 사랑했지요. 그러던 어느 날, 말을 타고 숲속으로 사냥을 나갔던 왕이 그만 길을 잃고 말았습니다. 함께 나섰던 사냥 친구들과 시종들에게서 떨어져 홀로 남게 된 것이지요. 왕은 몇 시간 동안 필사적으로 일행을 찾아 헤매다가 결국 두려움과 갈증을 이기지 못하고 호숫가에 멈춰 섰습니다. 먼저, 말을 호숫가로 이끌어 물을 먹인 뒤 나무에 묶어 두었지요. 그런 다음에 자신도 목을 축이고 호수로 뛰어들어 몸을 식혔습니다. 그러나, 자기보다 말을 먼저 챙긴 이 선한 왕이 미처 알아차리지 못한 것이 하나 있었습니다. 바로 마녀의 호수에 허락 없이 들어가면 저주를 받는다는 경고 표지판이었지요. 기이한 운명이 왕을 기다리고 있었습니다. 마녀는 호수에서 나온 왕에게 곧장 저주를 내렸습니다. 왕은 더 이상 남자가 아니었지요! 마녀의 저주에 따라 여자로 변해버린 것입니다.

왕은 자신의 운명을 한탄했지만, 결코 굴하지 않았습니다. 대신 말과 함께 충분히 휴식을 취한 뒤, 다시 숲을 빠져나갈 길을 찾아 나섰지요. 몇 시간이 지나, 왕은 사냥을 나온 다른 왕의 일행과 마주쳤습니다. 그런데 그 왕은 아름다운 여인으로 변한 왕의 모습에 한눈에 반해, 그의 왕비가 되어달라고 간청합니다. 매우 난처한 상황이었지만, 다른 선택의 여지가 없다고 생각한 선한 왕은 그 청혼을 받아들였습니다. 선한 왕이 왕비가 되어 남편이 왕국을 잘 다스리도록 돕자, 왕국은 번영했습니다. 한때 왕이었던 왕비는 자신의 새로운 삶에 점차 만족하며 지내게 되었지요.

세월이 많이 흐른 어느 날, 왕비는 다시 자신이 길을 잃었던 숲으로 돌아가 보았습니다. 눈앞에는 자신이 헤엄을 쳤던 호수가 펼쳐졌지요. 호수를 둘러보던 왕비는 호숫가에 서 있던 노파를 발견했고, 곧바로 그 노파가 과거에 자신을 저주했던 마녀라는 것을 알아차렸습니다. 왕비는 마녀 앞에 무릎을 꿇고, 허락도 없이 이 호수에서 물을 마시고 헤엄친 죄를 용서해 달라고 빌었습니다. 진심 어린 사죄에 감동한 마녀는 왕비를 원래 모습으로 되돌려주겠다고 했습니다. 하지만 놀랍게도 왕비는 남은 생을 여자로 살고 싶다고 대답한 다음, '왜냐하면 여자가 남자보다 성관계를 더 즐길 수 있기 때문이지요.'라고 덧붙였다고 합니다."

카부터가 말을 멈췄다. 이 이야기가 내 질문에 대한 답일까? 지금까지 들려준 이야기 중 가장 짧았지만, 그만큼 인상적이었다. 이 이야기를 듣고 나니 그리스 신화 중 티레시아스Tiresias 이야기가 떠올랐다. 카부터가 이 신화를 모를 리 없었다. 워낙 다양한 이야기를 두루 꿰고 있으니 말이다. 내가 티레시아스 이야기를 꺼내자, 카부터는 고개를 끄덕이며 내게 그 이야기를 들려달라고 청했다.

"제가 그동안 많이 생각해 본 문제입니다. 하지만 이야기를 먼저 들려드리겠습니다. 아시다시피, 티레시아스는 고대 그리스에서 가장 유명한 예언자 중 한 명입니다. 젊은 시절 티레시아스는 길을 걷다 우연히, 교미 중인 뱀 한 쌍을 보게 되었습니다. 그 모습을 흉측하게 여긴 티레시아스는 지팡이로 뱀들을 세게 내리쳐 큰 상처를 입혔지요. 뱀을 신성시하던 여신 헤라Hera는 이런 티레시아스의 행동에 크게 분노해 그를 여자로 바꿔버렸습니다. 그런데 티레시아스는, 마치 아까 그 왕비처럼, 여성으로서의 삶을 온전히 받아들였고, 심지어 딸까지 낳았습니다. 그로부터 7년이 지난 뒤, 자신이 여자로 변했던 장소를 다시 찾은 티레시아스는 짝짓기 중인 뱀을 또 보게 되었습니다. 하지만 이번에는 뱀을 해치지 않았지요. 이를 본 헤라는 티레시아스를 용서하고, 그를 다시 남자로 돌려 놓았습니다.

그러나 티레시아스와 헤라의 극적인 만남은 여기서 끝나지 않습니다. 얼마 뒤, 제우스Zeus와 헤라는 성관계에서 누가 더 많은 쾌락을 느끼는지 논쟁을 벌였습니다. 헤라는 남성이 더 많은 쾌락을 느낀다고 주장했고, 제우스는 여성이 더 많은 쾌락을 느낀다고 주장했지요. 두 신의 논쟁은 쉽게 결론이 나지 않았고, 결국 남녀의 삶을 모두 경험한 티레시아스를 불러 의견을 물었습니다. 그런데 티레시아스가 '남자는 열 가지 즐거움 중 하나만 느낍니다.'라고 대답하자, 격분한 헤라는 그의 눈을 멀게 합니다. 제우스는 그 벌이 가혹하다고 생각했지만 그렇다고 다른 신이 내린 벌을 되돌릴 수는 없었습니다. 대신 티레시아스에게 예지력과 장수를 주어 그를 위로하였지요.

겉보기에, 티레시아스는 좀 전에 들려주신 이야기에 나온 왕비가 된 왕과 같은 말을 하고 있는 것처럼 보입니다. 성관계에서 남성보다 여성이 더 많은 쾌락을 느낀다는 것이지요. 그러나 제우스와 헤라는 모두 자신과는 다른 성별이 성을 더 즐긴다고 확신하고 있었습니다. 왜일까요? 헤라는 왜 그렇게 화를 냈을까요? 왜 둘은 성관계를 하나가 되는 즐거움의 장이 아니라 일종의 전쟁터로 여겼을까요? 티레시아스가 말한 '열 가지 즐거움 중 하나'는 정확히 무엇을 의미하는 걸까요?

먼저 해부학적 차이를 살펴볼 수 있습니다. 남성과 여성의 성 극치감에는 큰 차이가 있습니다. 여성의 극치감은 평균적으로 20초 이상 지속되지만, 남성의 극치감은 3초에서 10초에 불과하지요. 여성은 불응기가 없어 여러 번 극치감을 느낄 수 있는 반면, 남성은 다시 극치감을 느끼기까지 시간이 필요합니다. 남성은 극치감을 빨리 느낄 수 있지만, 여성은 극치감에 도달하는 데 더 오래 걸릴 뿐만 아니라 때로는 극치감을 느끼지 못할 때도 있습니다. 하지만 이러한 통계가 여성들이 성관계에서 남성보다 10배 더 많은 쾌락을 느낀다는 주장과는 어떤 관련이 있을까요? 여성이 남성보다 성관계에서 훨씬 더 큰 쾌락을 느낀다는 믿음은 남성들에 의해 오랫동안 지속되어 왔습니다. 티레시아스는 이 믿음을 주저 없이 다시 확인해 주는 것 같습니다.

저는 이 신화가 불편한 메시지를 담고 있다고 생각합니다. 티레시아스의 수수께끼 같은 발언 역시 여성을 성적으로 만족할 줄 모르는 탐욕스러운 존재로 여기는 관점에 힘을 싣고 있는 것 같고요. 남성이 여성의 성생활과 성적 자유를 통제해야 한다는 믿음을 강화하는 이야기로도 이해할 수 있습니다. 남성 지배와 가부장제를 정당화하는 해석으로 이어질 수도 있지요. 가부장제에서는 남성이 권력을 갖고 여성은 배제됩니다. 게다가 이 신화는 성행위는 언제나 여성이 원한다는 메시지를 암시하는 것처럼 보이기도 합니다. 여성이 '싫다'라고 말해도 '좋다'라는 의미로 받아들여지는 환상이 오늘날까지도 계속되고 있다는 말과도 같지요.

과연 티레시아스는 얼마나 객관적이었을까요? 티레시아스는 분명 성적 쾌락에 대한 독특한 관점을 갖고 있었을 겁니다. 남성과 여성 모두를 만족시키는 방법을 알고 있었을 테니까요. 하지만 음핵을 자극하는 것이 음경을 자극하는 것보다 훨씬 어렵다는 것도 알고 있었을 겁니다. 그런데도 티레시아스가 여성이 남성보다 성관계를 더 즐긴다고 말한 이유는 무엇일까요?

저는 제우스와 티레시아스가 공모했을 가능성이 있다고 생각합니다. 티레시아스가 자신을 여자로 만든 헤라에게 복수를 하고 싶었을 수도 있지 않을까요? 제우스는 끊임없이 외도했던 인물이니, 티레시아스의 대답이 제우스가 자신의 행위를 합리화하는 데 도움이 되었을지도 모를 일입니다. 아내와 한 번 성관계할 때마다 다른 여자 아홉 명과 성관계를 해도 괜찮다는 식으로 말이지요. 어떤 경우든, 헤라가 그렇게 화를 낸 이유가 이해되기도 합니다. 이 이야기에는 남성들의 성적 부정행위에 대한 경고가 담겨 있을 뿐만 아니라, 그들이 여성을 더 잘 이해하는 데 도움이 될 만한 교훈도 담겨 있다고 생각합니다. 남성들은 여성들이 줄곧 말해 온 것들, 때로는 성관계가 고통스러울 수 있다는 것, 종종 여성이 성 극치감을 느끼지 못한다는 것 그리고 성관계가 권력과 남성의 지배 문제와 연관될 때가 많다는 사실을 이해할 필요가 있습니다. 어떻게 생각하시나요?"

카부터는 미소로 답을 대신했다.

31.
우리는 너무 자주
이리저리 끌려다닌다

우리는 다시 동굴로 돌아가기로 했다. 걸어가는 도중, 눈덧신토끼 한 마리가 우리 앞을 가로질렀다. 토끼는 원래 예민한 동물이다. 토끼를 먹잇감으로 노리는 포식자가 많기 때문일 것이다. 방금 우리 앞을 지나간 토끼는 주로 갈색이었지만, 털갈이를 시작했는지 듬성듬성 흰 털도 눈에 띄었다. 카부터가 눈덧신토끼를 바라보다 말했다.

"다른 사람들이 모두 우왕좌왕하고 있을 때 침착함을 유지하는 것은 결코 쉬운 일이 아닙니다."

"무슨 말씀인가요?"

"방금 지나간 토끼를 보니, 좀 우스운 이야기가 하나 떠오르는군요. 사과나무 아래에서 잠을 자던 토끼 이야기입니다. 이 토끼가 잠을 자다 갑자기 깨어났는데, 마침 바람이 불어 사과 몇 개가 토끼 뒤편으로 떨어졌습니다.

난데없는 소리에 겁에 질린 토끼는 '지구가 무너지고 있어!'라고 생각하며 전속력으로 달리기 시작했습니다.

도망치듯 뛰어가는 토끼를 보자, 다른 토끼가 쫓아 달리기 시작했습니다. 무슨 일인지 알고 싶어서였지요.

처음에는 도망치기 바빠 답을 할 수 없었습니다. 그러나 두 번째 토끼가 바짝 따라오자, '못 들었니? 지금 지구가 무너지고 있어!'라고 소리쳤지요.

그러자 두 번째 토끼도 함께 뛰기 시작했고, 그들이 지나가는 것을 본 모든 토끼가 합류하면서, 결국 수백 마리가 전속력으로 함께 뛰게 되었습니다.

토끼들이 사슴을 지나치며 '지구가 무너지고 있어!'라고 외치자, 사슴도 곧바로 토끼 무리에 합류했습니다. 이번에는 사슴이 여우에게 똑같이 말하자, 여우도 함께 달리기 시작했지요. 이렇게 소문은 퍼져 오소리, 너구리, 스라소니, 늑대까지 합류하며 점점 더 많은 동물이 함께 달리게 되었습니다.

동물들은 산을 내려오다가 곰과 마주쳤습니다. 곰이 그들에게 멈추라고 소리치자, 동물들은 '오, 위대한 곰님. 지금 지구가 무너지고 있어요.'라고 말했습니다. 곰이 '누가 지구가 무너지는 것을 봤느냐?'라고 묻자, 늑대는 '제가 직접 보지는 못했지만 여우가 알려줬어요.'라고 답했습니다. 그러자 여우는 '제가 그런 거 아니에요. 사슴이 말해준 걸요?'라고 말했고, 사슴은 '토끼들한테 들은 거예요.'라고 말했습니다.

곰이 토끼들에게 묻자, 하나같이 '직접 보지는 못했지만 다른 토끼들이 그랬어요.'라고 대답했지요.

마침내 곰은 지구가 무너지고 있다는 말을 처음 했던 토끼에게 다가가 '그 말이 사실이냐?'라고 물었습니다.

토끼가 대답했습니다. '그렇습니다, 위대한 곰님, 정말입니다. 제가 사과나무 밑에서 잠을 자다가, 지구가 무너지는 꿈을 꿨거든요. 그런데 갑자기 제 뒤에서 진짜로 지구가 무너지는 소리가 들리지 뭐예요. 그래서 깜짝 놀라 달리기 시작했답니다.'

토끼의 말에, 곰은 '그렇다면, 그곳으로 돌아가 보자.'라고 제안했지요.

곰과 토끼는 사과나무가 있는 곳으로 서둘러 떠났고, 다른 동물들은 그들이 돌아올 때까지 자리에 남아 기다렸

습니다. 토끼가 잠들었던 장소에 도착한 곰은 땅에 떨어
진 사과들을 보고 이렇게 말했습니다. '아이고, 어리석은
토끼야! 네가 들은 소리는 이 사과들이 땅에 떨어지며 난
소리로구나.'

곰은 산 아래로 돌아가 다른 동물들에게 자초지종을 설
명했습니다. 그러고는 '내가 아니었다면 너희는 아직도
달리고 있었을 거다. 어리석은 토끼 한 마리가 사과가 땅
에 떨어지는 소리를 지구가 무너지는 소리라고 착각해
벌어진 일이야.'라고 말해 주었지요."

카부터가 나에게 물었다.

"이 이야기에서 느낀 점이 있습니까?"

나는 고개를 저었다. 사실, 그의 의도를 정확히 파악하기가
어려웠다.

카부터는 조금 실망한 듯 말을 이어 갔다.

"우리는 너무 자주 이리저리 끌려다닙니다. 왜 그렇게 해
야 하는지도 모른 채 그저 다른 사람들의 행동을 따라 하
지요. 군집 동물이라 그럴 겁니다. 줏대가 없고 대중을 따
르는 경향이 있지요. 그래서 한 사람이 공포에 빠지면 다
른 사람들도 쉽게 공포에 휩싸입니다.

제가 들려준 이야기 속 토끼처럼 되지 않으려면, 멈출 수

있어야 합니다. 그렇게 자신을 다잡은 뒤, 내가 왜 뛰고 있는지, 어디로 가는지 자문해 봐야 하지요. 여럿을 따라가기보다는 가만히 서서 차분하게 중심을 잡으십시오. 내가 누구인지 그 본질을 붙잡고, 군중 심리에 휘둘리지 않도록 주의해야 합니다.

인류의 진화를 보면, 우리 조상들은 끊임없는 위협에 시달렸습니다. 오늘날의 군집 동물들처럼, 당시 사람들도 최대한 무리의 안쪽에 자리를 잡는 방식으로 자신을 보호하려 했습니다. 현대인들에게도 이러한 행동 양상이 그대로 나타납니다. 사람들은 다른 사람들의 행동을 별생각 없이 따릅니다. 불안할 때는 자신이 왜 그렇게 행동하는지를 성찰하기보다, 행동으로 옮겨버리고 말지요. 행동을 하면 기분이 나아지고, 마치 자신이 상황을 통제하고 있다는 느낌을 받기 때문입니다.

그래서 만약 내가 정신없이 바쁘게 지내고 있다는 생각이 든다면, 그 이유를 스스로에게 물어봐야 합니다. 분주함 뒤에 숨어 있는 것은 무엇일까요? 혹시 우울감을 회피하려는 심리적 차원의 방어는 아닐까요? 경제, 사회, 정치 분야가 빠르게 변할수록, 마음은 조급해집니다. 부정적인 소음이 주변에 가득하지 않습니까? 이런 상태로 매

일을 보내다 보면, 한시도 경계 태세를 늦출 수 없게 됩니다.

하지만 다른 사람들, 미디어, 혹은 소셜 네트워크를 통해 얻게 되는 모든 정보를 받아들일 필요는 없습니다. 마음의 중심을 잡고 있으면, 어떤 것으로부터 영향을 받을지를 내가 선택할 수 있게 되지요. 특히 사실과 의견을 구분해야 합니다. 자존감을 떨어뜨리는 문화적, 사회적 영향들이 넘쳐나므로, 두려움을 조장하는 사람들이나 정보에 맞서 자신을 지킬 수 있어야 합니다.

중심을 잡지 못하면 정신 건강에 해로울 수 있습니다. 불안이나 두려움, 그리고 통제할 수 없다는 느낌은 고통을 유발하지요. 그러나 중심을 잘 잡고 있는 사람은 차분하게 안정된 자신과 연결됩니다. 깊고 단단하게 내 안에 뿌리를 내리고 있으면, 압도당할 것만 같은 상황도 흔들리지 않고 버텨낼 수 있지요. 그렇다고, 스트레스 상황에서 느껴지는 자연스러운 감정을 부정하라는 말은 아닙니다. 오히려 제가 이야기한 무지한 토끼처럼 행동하지 말고, 내면의 용기와 믿음, 그리고 회복력을 찾기 위해 의식적으로 선택을 하라는 의미이지요. 어려움에 직면했을 때는 잠시 멈춰 자신을 성찰하는 시간을 가져보길 바랍니다.

즉각적으로 나오는 반응에 휘둘려서는 안 됩니다. 성찰은 자신에게 잠시 숨을 고를 시간을 주는 것과 같습니다. 스트레스, 걱정, 의심은 삶에 부정적인 영향을 주는 요소이지만, 오직 내가 그렇게 받아들이기로 했을 때만 부정적인 영향을 줄 수 있다는 점을 기억하십시오.

중심을 지킨다는 것은 나와 나의 감정, 그리고 나에게 들려주는 이야기들을 통제하는 것을 의미합니다. 중심을 잃지 않으면, 존경을 받을 뿐만 아니라 자신감도 강화될 수 있지요. 그리고 장기적으로 보면, 중심을 잘 잡을수록 원하는 삶을 살았다고 느끼며 후회 없이 인생을 되돌아볼 가능성이 높아집니다.

물론 삶은 언제나 예상치 못한 일로 채워질 것입니다. 삶의 모든 면을 통제할 여유가 늘 있을 수는 없지요. 인생은 우리가 철저하게 세운 계획을 가장 예상치 못한 순간에 무너뜨리는 방식으로 전개됩니다. 하지만 자신감이 충만하다면, 살며 겪게 되는 불가피한 역경에도 잘 대처할 수 있게 됩니다. 중심을 놓치지 않으려면, 어떤 일이 닥치더라도 결국 이 또한 지나갈 것이라는 사실을 기억해야 합니다. 성공한 사람 중 누구도 지금의 위치에 거저 오르지 않았습니다. 거의 모든 경우, 수많은 실패를 경험했지요.

그러나 그들은 실패를 통해 역경에 대처하고 좌절을 극복하는 방법을 배웠다고 할 수 있습니다.

역경에 부딪혔을 때 마음의 중심을 잡으려면, 앞서 말했듯이, 긍정적으로 상황을 재구성할 수 있어야 합니다. 긍정적인 시각을 갖기 위해 노력하십시오. 자신감을 쌓으면, 그 자신감이 내가 앞으로 마주하는 도전을 극복하는 데 큰 힘이 되어 줄 것입니다.

삶을 주체적으로 살아가야 합니다. 부모님이나 선생님 또는 다른 사람들이 말하는 대로 사는 게 좋다는 생각에서 벗어나십시오. 의미 있는 삶을 살고 싶다면 목적의식을 갖고, 자신이 가진 재능을 최대한 활용하되 올바른 선택을 해야 합니다. 가까운 사람들과 연대하고, 자신을 넘어 남을 위하는 활동에 헌신하시기를 바랍니다.

우리 중 누구도 미래에 어떤 일이 벌어질지 알지 못합니다. 하지만 생각의 무게가 버거울 때 중심을 잡을 수 있다면, 스스로를 굳건히 지탱하며 현실 감각을 유지할 수 있습니다. 어려움을 이겨내는 과정이 인생을 더욱 빛나게 하지요. 중심을 잘 잡고 있으면 한층 더 강해지고, 지혜로워지고, 능숙해지며, 회복력이 강해졌음을 깨달을 수 있습니다. 다시 위기가 닥친다 해도 자신을 믿고 중심을 잡을 수 있게 되지요. 그렇게 된다면, 제가 들려준 이야기 속 토끼처럼 아무 이유 없이 이리저리 뛰어다니는 사람이 되지는 않을 겁니다."

카부터는 이렇게 이야기를 마무리했다.

32.
내 자신을
제대로 돌보는 방법

카부터의 이야기를 들으며 동물들이 터놓은 길을 따라 타이가 숲속을 걷고 있었다. 전나무, 소나무, 가문비나무가 즐비했고, 울긋불긋하게 물든 자작나무, 미루나무, 사시나무 아래로 양치식물과 이끼로 뒤덮인 덤불이 울창했다. 질퍽한 땅 위로 시베리아 호랑이가 갓 남긴 듯한 발자국이 눈에 들어왔다. 어제 호숫가로 물을 마시러 온 호랑이일까? 그때는 먼 발치에서 보아 괜찮았지만, 지금은 무척 가까워 솔직히 두려운 마음이 들었다. 덤불이 울창한 이곳이라면 호랑이가 어디든 숨어 있을 수 있기 때문이다. 하지만 카부터는 전혀 걱정하는 기색이 없었다.

조금 더 걸어가자 까마귀들이 한바탕 소란을 피우며 작은 멧돼지의 사체를 쪼아 먹고 있는 모습이 보였다. 여기저기 멧돼지의 뼈와 털이 흩어져 있었다. 분명 호랑이가 밤새 사냥한 먹잇감이었을 것이다. 우리는 언덕을 향해 걸었고, 잠시 오르막을 올라 풀밭에 앉았다. 곧 카부터가 이야기를 시작했다.

"신데렐라 이야기를 아시지요?"

"그럼요. 이번에는 제가 이야기를 해 볼까요?"

카부터가 고개를 끄덕였다.

"옛날에 아내를 여의고 딸 하나와 함께 살던 귀족이 있었습니다. 딸은 어머니를 닮아 곱고 다정했지요. 아내를 잃고 외로움을 느낀 귀족은 재혼을 결심했고, 두 딸을 둔 여인을 새 아내로 맞았습니다. 두 딸 역시 새 아내를 닮았는데, 불행히도 그 말은 질투가 많은 데다 무례하고 무지하다는 뜻이었지요. 새 아내가 귀족에게 숨기려 했던 본색이었습니다. 얼마 지나지 않아 새어머니와 의붓언니들은 귀족의 딸을 괴롭히기 시작했습니다. 선한 성품을 가진 의붓동생이 자신들의 괴롭힘을 묵묵히 견뎌내자, 그들은 점점 더 악랄하게 굴며, 빨래, 청소, 바닥 닦기, 벽난로 청소 같은 보잘 것 없고 더러운 일들을 모두 떠맡겼습니다. 이런 이유로 귀족의 딸은 신데렐라(재투성이 소녀)라고 불리게 되었지요. 신데렐라는 천덕꾸러기 취급을 받으며 다 헤진 옷을 입고 마구간 짚풀 위에서 잠을 자야 했습니다. 새어머니와 언니들은 비단으로 만든 옷을 입고 거위 털이 들어간 침대를 썼지요. 그럼에도 신데렐라는 아버지에게 아무 말도 하지 않았습니다. 아버지가 새 아내에게 완전히 마음을 빼앗긴 것처럼 보였기 때문입니다.

이 이야기가 어떻게 이어지는지는 잘 아실 겁니다. 요정이 나타나 마법을 부리자, 호박이 황금 마차로, 벽난로 속 쥐들이 말로, 누더기 옷이 비단옷으로 변하며 신데렐라는 왕자가 주최한 무도회에 가게 됩니다. 새어머니와 의붓언니들조차 알아보지 못할 만큼, 신데렐라는 무도회에서 가장 아름다운 여인이었지요. 자정이 되어 마법이 풀리자, 신데렐라는 유리 구두 하나를 남긴 채 황급히 무도회장을 떠나게 됩니다. 그 후 왕자는 왕국의 모든 여인에게 그 유리 구두를 신겨 보며 신데렐라를 찾아냈고, 결국 그녀와 행복하게 살게 되지요. 성질 고약한 새어머니와 의붓언니들의 삶은 행복과는 거리가 멀었지만요."

카부터가 말했다.

"네, 그 이야기의 결말을 모르는 사람은 없지요. 하지만 그 이야기가 주는 메시지가 '여성이 행복해지려면 남자에게 구원받아야 한다'라는 점이 불편하지 않으십니까? 많은 동화가 이와 같은 메시지를 전달하지만, 이것이 진정 여성들이 듣고 싶어 하는 이야기일까요? 이런 이야기 속에는 강인한 여성들이 스스로 인생을 만들어가는 모습이 보이지 않습니다. 오히려, 자신을 희생하는 모습으로 그려지지요.

제가 이기심에 대해 다루면서 자기 돌봄의 필요성에 대해 잠깐 언급했었지요. 지금은 자기 돌봄이 의미하는 바를 좀 더 명확하게 설명할 필요가 있을 것 같습니다. 자기 돌봄이란, 신체적, 사회적, 감정적 측면에서 자신을 돌보는 것을 말합니다. 자신의 안녕을 염두에 두고 의사 결정을 내리는 것이지요. 자기 돌봄은 스트레스에 대한 회복력을 키우고, 에너지 고갈을 예방하는 데 필수적입니다. 더 돈독한 대인관계를 쌓는 데도 도움이 되지요. 무엇보다도 더 행복해질 수 있습니다.

이런 많은 이점에도 불구하고, 여전히 많은 사람이 자기 돌봄을 우선순위에 두는 것을 사치라 여깁니다. 그러나 자신을 돌보지 않으면, 결국 삶속에서 마주치는 난관에 압도되고 지치게 되어 무방비 상태가 됩니다. 자신을 위해 시간을 내지 않고 하루를 일로 가득 채운다면, 금세 지쳐버리고 말지요. 하지만 기꺼이 시간을 내서 자신을 돌본다면, 활력을 유지할 수 있습니다.

자기 돌봄은 나르시시즘이나 이기심과는 아무런 관련이 없습니다. 자기 돌봄은 자신의 욕구나 쾌락을 채우는 행동이 아닙니다. 자신을 돌본다는 것은 '내가 더 중요하다'라는 의미가 아니라, '나도 마찬가지로 중요하다'는 의미를 갖습니다. 자기 돌봄은 일종의 자기 보호입니다. 다른 사람을 돕는 것은 칭찬받아 마땅한 일이지만, 자신을 돌보는 것 또한 잊어서는 안 됩니다. 자기 자신을 돌보지 않으면 다른 사람을 위해 존재할 수도 없게 될 테니까요.

그렇다면, 어떻게 해야 할까요? 자기를 돌보는 데 필요한 것은 무엇일까요? 빠른 해결책은 없습니다. 오랜 시간을 두고 꾸준히 실천해야 하지요. 과로한 다음 안식년을 갖거나 휴가를 떠나는 것은 해결책이라고 할 수 없습니다. 병이 난 다음에, 휴식을 취한다거나 속도를 늦추고 방향을 바꾼다고 해도 때는 이미 늦었습니다. 자기 돌봄은 일상에서 규칙적이고 지속 가능하게 자신을 돌보는 것을 의미합니다. 잠시 멈추어, 스트레스의 악순환을 자기 돌봄의 선순환으로 대체할 수 있어야 한다는 의미이기도 하지요. 자기 돌봄은 자신의 생존과 성장을 사수하는 보

호막입니다. 그러나 나에게 필요한 것이 무엇인지를 알아
내는 게 먼저입니다.

자신의 삶에서 어떤 부분에 주의를 기울여야 하는지 정
기적으로 점검하십시오. 그렇게 자기 돌봄이 필요한 부분
을 찾았다면 그에 맞게 계획을 세워야 합니다. 자기 돌봄
은 모든 사람에게 똑같이 적용되는 공식이 아닙니다. 자
기 삶의 다양한 측면과 매일 반복하는 중요한 활동들을
목록으로 만들어 보십시오. 아마 대부분이 일이나 인간관
계와 관련되어 있다는 것을 알게 될 겁니다.

자기 돌봄은 신체적, 사회적, 정신적 요소로 구성됩니다.
예를 들어, 신체적 자기 돌봄은 충분히 자고, 건강하게 먹
고 마시며, 정기적으로 건강 검진을 받고, 꾸준히 운동하
며 활기차게 지내는 것을 의미하지요. 운동을 할 시간이
없다고 생각하는 사람은 결국 병을 치료하는 데 시간을
쏟을 수밖에 없습니다.

사회적 자기 돌봄에 대해서도 이야기해 보겠습니다. 다른
사람들과 맺는 긴밀한 관계는 행복을 결정하는 핵심 요
소입니다. 인간은 고립되기보다 연대하도록 설계된 존재
니까요. 물론, 사람마다 사회적 필요는 다를 수 있습니다.
따라서 자신에게 맞는 사회 활동을 고민해 보고, 할 수 있

는 것과 할 수 없는 것을 구분해 현실적으로 접근하는 게 좋습니다. 바쁘게 직장 생활을 하다 보면, 친구나 가족에게 시간을 내지 못하고 소홀해지기 쉽습니다. 하지만 전화 한 통, 친구에게 남기는 짧은 메모, 이웃에게 건네는 인사, 낯선 사람에게 짓는 미소와 같은 작은 행동도 큰 의미를 가질 수 있지요.

지금, 이 세상에는 내가 통제할 수 없는 요소들이 너무나 많습니다. 그러니 내가 영향을 미칠 수 있는 것들을 찾아 의식적으로 에너지를 집중해야 합니다. 거절하는 법을 배우고, 더 엄격하게 선을 그어야 하지요. '아니요'라고 말하는 능력은 궁극적인 자기 돌봄입니다. 누군가에게 '네'라고 대답하고 싶을 때, 그것이 자신의 필요나 욕구를 무시하는 답은 아닌지 항상 고려하십시오. 나의 시간과 에너지가 소중하다는 사실을 알고, 이를 어떻게 사용할지 능동적으로 선택할 수 있어야 합니다.

이제 정신적 자기 돌봄에 관해 이야기해 볼까요? 선생은 정신적으로나 영적으로 자극을 받을 만한 활동을 충분히 하고 계십니까? 내가 무엇을 즐기는지, 무엇을 통해 에너지를 얻는지, 무엇이 마음을 평안하게 해주는지 생각해 보십시오. 정신적 자기 돌봄의 범위는 매우 넓습니다. 하루 일과 후 공원을 산책하며 머리를 식히거나, 음악을 듣고, 좋아하는 책을 읽을 수 있습니다. 운동을 하거나 스포츠를 관람할 수도 있고, 박물관을 가거나, 친구와 가볍게 대화를 나누며 맛있는 음식을 즐길 수도 있지요. 또, 누군가에게 문자나 사진을 보내거나, 다녀온 여행지에서 찍은 사진을 보는 것도 해당될 수 있습니다. 이와 같은 휴식을 규칙적으로 취할 때, 뇌는 비로소 제대로 기능할 수 있지요.

매일 기대가 될 만한 일을 찾아 계획해 보는 것도 도움이 됩니다. 기분이 좋아질 수 있는 순간을 만들어 보는 것이지요. 빈둥거리는 것과는 다릅니다. 창밖을 내다보거나, 풀밭에 누워 있거나, 강물 소리에 귀를 기울이고, 새가 하늘을 나는 모습을 지켜보는 일이 언뜻 아무것도 하지 않는 것처럼 보일 수 있지만, 실제로는 그렇지 않습니다. 이런 시간을 보내는 동안에도 마음은 여전히 활성화된 상태로, 오히려 빠르게 재충전되고 있다고 할 수 있지요.

정신적 자기 돌봄에는 업무 관계나 사적 관계의 본질에 대해 스스로에게 묻는 과정도 포함됩니다. 지금 스트레스를 받고 있습니까? 직장 생활을 더 이상 감당하기 어렵나요? 일이 즐겁습니까? 가족 관계로 스트레스를 받고 있지는 않나요? 인생에 큰 변화가 필요하지는 않습니까?

자기 돌봄은 삶을 더 충만하게 해주는 중요한 요소입니다. 비록 별것 아니라고 해도, 주변에 긍정적인 영향을 미치고 싶다면, 그 과정은 나의 내면에서 시작해 바깥으로 퍼져나가야 합니다. 스스로를 잘 돌볼 수 있을 때, 다른 사람에게 더 잘 공감할 수 있게 되지요. 그럼, 다른 사람의 입장을 살피게 되고 그들이 필요로 하는 것을 더 잘 이해할 수 있게 됩니다."

나는 카부터가 이야기를 끝냈다고 생각했다. 하지만 그저 숨을 골랐을 뿐, 또 다른 이야기가 준비되어 있었다.

"아주 오래된 이야기입니다. 두 개의 머리를 가진 새에 관한 이야기이지요. 이 새는 각기 다른 생각을 가진 두 머리를 갖고 있었지만, 대체로 큰 문제 없이 살아갔습니다. 의견 차이가 있을 때면 새의 생존을 최우선으로 두고 뜻을 모아 협력하곤 했으니까요. 그러던 어느 날, 첫 번째 머리가 나무에 달린 사과를 발견하고는 곧바로 쪼아 먹기 시작했습니다. 두 번째 머리가 한 입만 달라고 부탁하자, 첫 번째 머리는 '바보처럼 굴지 좀 마! 머리는 두 개지만 배는 하나라고. 내가 먹으면 네가 먹은 거나 마찬가지야.'라고 핀잔을 주었습니다.

두 번째 머리는 어쩔 수 없이 포기했지만, 첫 번째 머리가 한 말에 속이 상하고 화가 났습니다. 얼마 뒤, 새가 하늘을 날다 잠시 멈춰 잠시 쉬던 중이었습니다. 두 번째 머리는 독이 든 베리를 딴 다음 첫 번째 머리에게 이렇게 말했습니다. '나와 사과를 나누지 않았지? 이제 이걸 먹은 다음, 네 생각이 어떻게 달라지는지 두고 보자.'라고 말했습니다. 첫 번째 머리는 '바보처럼 굴지 좀 마! 머리는 두 개지만 배는 하나라고. 네가 그걸 먹으면 나만큼 너도 고통받게 될 거야!'라고 외쳤습니다. 하지만 두 번째 머리는 베리를 쪼아 먹었고, 새는 결국 죽고 말았습니다."

카부터는 침묵했고, 나는 이 이야기에 담긴 의미를 생각했다.

33.
직장 생활에서
반드시 필요한 자세

우리는 계속해서 산을 오르기로 했다. 경치는 숨이 멎을 듯 아름다웠고, 저 멀리 현자의 소박한 거처가 보였다. 카부터가 그곳을 바라보며 말했다.

"저곳에 사는 현자가 나에게 잊지 못할 이야기를 해준 적이 있습니다. 들어보시겠습니까?"

물론, 마다할 이유가 없었다.

"두 사람이 가까운 마을에 사는 어떤 현자를 찾아갔습니다. 첫 번째 사람이 '이 마을로 이사를 올까 생각 중입니다. 이곳은 살기 어떤가요?'라고 물었습니다.

그러자 현자는 '지금 살고 있는 마을에 대해 말해 줄 수 있습니까?'라고 되물었지요.

첫 번째 사람이 답했습니다. '살기가 정말 힘든 곳입니다. 사람들도 끔찍하고요. 제가 초반에 실수를 좀 했는데, 아직도 이웃들이 그 얘기를 합니다. 악의적인 그 말들이 머릿속을 떠나지 않아요. 그래서 더는 못 살겠다는 생각이 듭니다.' 그러자 현자는 '이 마을 사람들도 비슷합니다. 여기로 이사오는 것이 좋은 생각은 아닌 것 같습니다.'라고 답했습니다.

첫 번째 남자는 어깨를 축 늘어뜨린 채 자리를 떠났습니다. 곧 두 번째 남자가 들어와 '이 마을로 이사를 올까 생각 중입니다. 여기서 사는 게 어떤지 알려주시겠습니까?'라고 물었습니다.

그러자 현자는 '지금 살고 있는 마을은 어떻습니까?'라고 되물었지요.

두 번째 남자가 답했습니다. '아, 정말 좋습니다. 사람들도 정말 친절하고요. 처음에는 실수가 좀 있었지만, 도와주는 이웃이 정말 많더라고요. 솔직히 떠나기가 망설여지지만, 사는 환경을 좀 바꿔보고 싶습니다.' 그러자 현자는 '이 마을 사람들도 비슷합니다. 분명 이곳도 마음에 드실 겁니다.'라고 답했습니다."

카부터가 내게 물었다.

"이 이야기에 대해 어떻게 생각하십니까?"

나는 첫 번째 남자는 부정적인 경험을 계속 마음에 담아 두고 되뇌다 불행해진 것 같다고 답했다. 그의 생각이 마을 사람들에 대한 자신의 인식과 태도를 물들여 버린 것이다. 반면, 두 번째 남자의 경우, 이사 초기에 실수를 한 것은 첫 번째 남자와 다를 바 없었지만, 자신이 사는 곳을 훨씬 더 긍정적으로 평가했다. 누구나 실수를 할 수 있으며, 결코 완벽할 수 없다는 사실을 이해하고 있었기에 자신의 실수를 용서하고 행복해질 수 있었던 것 같았다.

카부터가 말했다.

"네, 맞습니다. 이것은 자기 연민에 대한 이야기입니다. 자기 연민이란, 간단히 말해, 다른 사람에게 베푸는 친절을 자신에게도 똑같이 베푸는 것을 의미합니다. 연민은 양방향으로 흘러야 합니다. 밖으로는 어려움에 처한 사람들에게 손을 내밀면서도 안으로는 자신을 인정하고 이해하며 사랑할 수 있어야 하지요. 불가능한 기준에 자신을 맞추기보다 스스로를 친절하게 대하고 자신의 결점과 불완전함을 받아들여야 합니다. 특히 어려움을 겪을 때는 더욱 그래야 하지요.

자기 연민은 개인의 발전을 위한 아주 중요한 수단입니다. 이는 자신의 능력과 한계에 대한 풍성한 내면의 대화를 촉발하지요. 평가가 현실적일수록 우리의 성격, 신념, 그리고 가치에 맞는 활동을 할 수 있게 됩니다. 더욱 일관된 방식으로 행동을 하는 것은 내가 어떤 존재인지에 대해서 더 잘 이해하게 해주기도 하지요. 우리가 앞에 사람들이 자신들의 어두운 면에 대한 공포를 가지고 있고, 그것을 직면하는 것을 좋아하지 않는다고 이야기했지요. 그러나 우리가 자신의 긍정적인 면, 부정적인 면을 모두 수용하고 통합할 때 인생을 긍정으로 이끌 수 있습니다. 자기연민과 심리적 안녕은 아주 밀접한 관계에 있답니다"

나는 카부터에게 그의 식견에 매우 동의한다고 말했다.

"이미 알고 계시겠지만, 자기 연민은 개인적인 삶뿐만 아니라 직장 생활에서도 필요합니다. 특히 불륜, 업무에서의 실패, 동료와의 갈등, 기대하던 승진에서의 탈락과 같은 어려움을 겪을 때 더욱 그렇지요. 자기 연민은 우리가 정직하지 못했던 순간이나 누군가를 배신했을 때, 또는 다른 사람에게 상처받거나 사랑하는 사람에게 실망을 안겼을 때 더욱 필요합니다. 그렇다면, 나 자신에게는 어떻게 연민을 베풀 수 있을까요? 어떻게 하면 내가 겪는 감정의 소용돌이를 자기 연민으로 다스릴 수 있을까요? 선생은 혼란스러운 감정을 밖으로 표출하는 편입니까, 아니면 안으로 삭이는 편입니까?"

잠시 생각해 본 다음 둘 다라고 말하자, 카부터가 다시 말을 이어갔다.

"고통스러운 상황에 놓이면 자신에게 일어난 일에 대해 누군가를 탓하는 방식으로 반응하게 됩니다. 그런 반응은 꽤 일반적이지요. 그러나 분노를 내 안으로 돌려, 스스로를 탓하는 방식도 있습니다. 그럴 때는 이러한 내적 비판을 어떻게 처리하고 대처할 것인가를 고민해야 합니다. 그 문제에 계속 집착하는 게 맞을까요? 부정적인 생각들을 되뇌면서 자신을 계속 괴롭히게 되는데요? 이전에 말한 것처럼, 안으로 향하는 분노는 결국 우울한 감정을 낳을 뿐입니다. 중요한 것은, 내가 나를 용서할 수 있느냐입니다. 자신이 처한 상황에 대해 어떻게 생각하고 반응하는지가 정신 건강에 크게 영향을 미칠 수 있다는 말입니다.

과거에 일어난 사건이나 실수에 과도하게 집착할수록, 마음은 독으로 물들어 장기적인 행복과 안녕에 부정적인 영향을 미치게 됩니다. 하지만 나쁜 일이 생겼을 때, 누구나 실수를 할 수 있다는 사실을 받아들이고 자신을 용서한 다음, 그 일을 내려놓되 배움을 얻을 수 있어야 합니다. 어떤 사건에 스트레스를 느낄 때 자기 연민으로 대응한다는 말은 자신의 정신 건강을 지키고 자존감을 높이는 행동을 했다는 뜻과 같습니다. 자기 연민이란 자신의 안녕을 진정으로 중요하게 생각하는 행위이기 때문이지요. 감정적으로 지혜롭게 대처하는 사람은 자신과 자신이 처한 상황에 대해 진정한 연민을 느끼고, 그 연민을 타인에게도 확장할 수 있습니다. 결국 내 안의 내적 비판자가 얼마나 가혹한지에 따라 나의 행동도 달라지게 되지요."

카부터에게 '내적 비판자'가 무엇을 의미하는지 물었다.

"내가 성장하면서 내 안의 내적 비판자도 함께 자랍니다. 내적 비판자는 주로 어린 시절의 경험을 통해 형성되며, 부모나 양육자가 주입한 기준과 가치관의 영향을 받습니다. 이렇게 형성된 기준과 가치관은 내가 세상을 바라보는 기본적인 틀이 될 가능성이 큽니다. 그러나 나에 대한 인식이 그들의 가치관에 부합하지 못하면, '충분히 잘하지 못했어'라거나 '더 잘했어야 했는데'라고 생각하게 되고, 결국에는 자신이 가치가 없다고까지 느낄 수 있습니다. 그리고 시간이 지나면서, 자신이 내면화한 가치관에 맞추려는 주관적이고 자기 비판적인 평가가 자존감에 영향을 미치기 시작합니다. 내적 비판자는 그 자존감을 기준으로 자신이 '충분히 잘했는지'를 판단하며, 이러한 판단은 얼마나 자기 연민을 느끼는지를 결정하는 요소가 됩니다. 어떤 사람들은 자신이 스스로에게 기대하는 행동에 결코 부응하지 못한다고 여기기도 합니다. 이는 자칫하면 자기 충족적 예언으로 이어질 수 있으며, 이를 막기 위해서는 내 안의 내적 비판자를 직면하고 제어해 자기 연민을 키우도록 노력해야 합니다.

자기 연민이 있는 사람들에게는 세 가지 행동이 나타납니다. 첫째, 그들은 자신의 실패나 실수를 비판하는 대신 이해하려 합니다. 둘째, 실패란 인간이라면 누구나 겪는 공통된 경험이라고 인식합니다. 셋째, 실수를 하거나 부족하다고 느낄 때, 부정적인 감정을 더 균형 잡힌 시각에서 다룹니다. 다시 말해, 자기 연민이 있는 사람들은 좌절했을 때의 감정을 있는 그대로 느끼되 부정적인 감정이 자신을 지배하게 내버려두지 않습니다. 내적 비판자가 자신을 좌우하게 두지 않는 것이지요.

자신에게 일어난 일에서 느껴지는 고통이나 불만을 억누르지 말고, 있는 그대로 마주해 보십시오. 자신의 결점을 인정하고, 자기와의 대화가 부정적으로 흐르지 않도록 주의하는 것도 중요합니다. 이렇게 하면, 더 현실적으로 자신을 평가할 수 있습니다. 이렇게 자신을 더 잘 이해하고 있는 그대로 받아들이게 되면, 한층 더 발전할 수 있게 됩니다. 이미 벌어진 일에 대해 수치심이나 죄책감을 느끼며 자신을 괴롭히기보다는, 생각을 바꿔 약점을 극복하고 나쁜 습관을 고쳐가며 자신의 능력을 향상시키는 것이 좋습니다.

첫 번째로 해야 할 일은 자신의 내적 비판자와 화해하고, 친구나 가족이 실패했을 때 내가 그들을 대한 것처럼 자신을 대하는 것입니다. 완벽하지 않아도 될 자유를 자신에게 허락하십시오. 자기 연민이란, 나쁜 결정을 내리는 것과 나쁜 사람이 되는 것을 구분하는 것입니다. 나쁜 결정을 내렸다고 해서 내가 곧 나쁜 사람이 되는 것은 아니라는 뜻이지요. 자신을 끊임없이 부정적으로 바라보거나 가혹하게 평가해 봐야 남는 것은 결국 고통뿐입니다.

자기 연민은 내가 인간임을, 그래서 실수할 수 있음을 받아들이는 것과 같습니다. 이런 생각을 통해 다른 사람들과 연결되는 느낌을 받을 수도 있습니다. 사람이라면 누구나 어려움과 고난을 경험하기 때문이지요. '나만 힘들어.'라고 생각하기보다는 '누구도 완벽하지 않아. 여기서 나아지려면 어떻게 해야 할까?'를 생각해야 합니다.

자신을 용서하는 연습도 좋습니다. 물론 자신의 부족한 점을 인식하는 것도 중요하지만, 그렇다고 자신을 너무 가혹하게 평가해서도 안 됩니다. 대신에 자신의 결점과 실패를 배움과 성장의 기회로 삼으십시오. 그 기회를 회피하지 말고 받아들인 다음, 그 안에서 의미를 찾으려고 노력해야 합니다. 어떤 어려움이 닥치더라도 자신을 포기하지 않는 것이 가장 중요합니다.

감사하는 마음을 가지는 것도 매우 좋은 방법입니다. 무엇을 갖지 못했는가에 집중하기보다, 내가 갖고 있는 좋은 것들을 알아차리고 감사히 여기는 것이지요. 이런 태도는 부족하다는 느낌을 완화해 주며, 정신 건강에도 도움이 됩니다. 부정적인 생각을 되풀이하기보다 감사한 마음을 갖게 되기 때문입니다.

지금, 이 순간에 완전히 집중하고 자신이 어디에 있으며 무엇을 하고 있는지 의식하는 마음 챙김도 도움이 될 수 있습니다. 부정적인 생각에 사로잡힐 때, 잠시 시간을 내어 현재에 집중해 보십시오. 그렇다고 과거를 무시하라는 말은 아닙니다. 물론, 과거로부터 배울 수 있지요. 하지만 과거의 부정적인 경험을 떠올리는 일은 미래를 희망차게 꿈꾸는 일과 서로 균형을 이뤄야 합니다. 한편, 과거를 긍정적으로 되돌아보는 것은 중요한 관계와 소중한 기억을 떠올리게 하며, 자신에게 진정으로 중요한 것이 무엇인지를 깨닫게 합니다. 이러한 생각은 자아를 인식하고, 과거의 나와 현재의 내가 연결되어 있다는 느낌을 주어 일관된 정체성을 형성하는 데에 도움이 됩니다.

관대함의 실천도 자기 연민을 연습하는 한 방법입니다. 관대함은 단순히 이타적인 나눔을 의미하는 것이 아닙니다. 자신이 가진 자원과 에너지를 고려하여, 누구에게 나눔을 실천할지 내가 의식적으로 선택할 수 있어야 합니다. 다른 사람을 돕는 일은 나에게 긍정적인 영향을 주지만, 그 선행이 나의 건강이나 행복을 해치지 않는 선에서만 그렇다는 점을 기억하십시오.

새로운 사고나 행동 방식을 형성하는 데는 시간과 노력이 들며, 혼자서 자기 연민을 연습하기는 어려울 수 있습니다. 현실적으로 나와 다른 사람을 평가하고, 나를 친절하게 대하는 방법을 배우고 싶다면 심리상담사나 전문가의 도움을 받는 것도 좋습니다."

34.
지금 삶이 무기력하다면
어떻게 해야 할까

　다시 카부터의 동굴로 돌아왔다. 카부터는 혼자 긴 이야기를 쏟아내고도, 우리가 나눈 주제들, 다시 말해, 남을 섣불리 판단하지 않기, 어떤 상황에도 중심 잡기, 그리고 자기 돌봄과 자기 연민에 대해 곰곰이 되풀이하며 생각하는 것 같았다. 돌아온 지 얼마 지나지 않아 카부터가 말문을 열었다.

　"오늘 나눈 대화 덕에 떠오른 이야기가 있습니다. 오래전, 오랫동안 농사를 지어온 한 노인이 있었습니다. 그런데 어느 날, 그가 기르던 말이 달아나 버렸지요. 이 소식을 들은 이웃들이 찾아와 '운이 나빴네요.'라고 위로하자, 농부는 '글쎄요.'라고 짧게 대답했습니다. 그런데 다음 날, 달아났던 말이 야생마 세 마리를 데리고 돌아왔습니다. 이번에는 이웃들이 '운이 정말 좋으시네요!'라고 말했지만, 농부는 다시 '글쎄요.'라고 답했습니다. 그리고 그 다음 날, 농부의 아들이 야생마를 타려다가 떨어져 다리가 부러지고 말았습니다. 이웃들이 또다시 찾아와 위로했지만, 농부는 여전히 '글쎄요.'라고만 답을 했지요.

그다음 날, 마을에 군 관계자들이 청년들을 징집하러 찾아왔습니다. 그러나 다리를 다친 농부의 아들은 징집에서 제외될 수 있었지요. 이웃들은 농부에게 모든 일이 잘 풀렸다며 축하했지만, 농부는 그저 '글쎄요.'라고만 대답했습니다."

이야기를 마친 카부터가 물었다.

"농부의 반응에 대해 어떻게 생각하십니까?"

이 짧은 이야기가 남긴 여운 때문에 선뜻 답을 내놓기가 어려웠다. 잠시 생각한 뒤에 내가 말했다.

"농부는 섣불리 판단하지 않으려고 한 것 같습니다. 어떤 일도 그 자체로 끝이라고 판단할 수 없다는 걸 이미 아는 사람 같고, 흔들림 없이 중심도 잘 잡고 있고요. 물론 나쁜 상황에 처했을 때 좋은 일이 뒤따를 거라는 사실을 아는 것은 위안이 되지만, 이 이야기는 무엇이 좋고 무엇이 나쁜지에 대해 질문하게 만든다는 생각이 드네요. 모든 일에는 긍정적인 면과 부정적인 면이 섞여 있다는 말일까요? 그런데 이 이야기에서는 감정이 느껴지지 않습니다. 농부가 감정이 전혀 없는 사람처럼 느껴지기도 하고요. 이야기는 좋은 일과 나쁜 일이 반복되는 기복을 다루지만, 농부는 어떤 일에도 똑같이 반응하고 있어요."

"맞습니다. 농부가 지나치게 수동적이지요. 좀 더 적극적인 낚시꾼이 주인공인 이야기도 있습니다. 들어보시겠습니까?"

"그럼요. 물론이죠."

"이야기는 이렇습니다. 어느 낚시꾼이 아름다운 강가에 한가로이 앉아 낚싯대를 바라보고 있었습니다. 따스한 오후 햇살을 즐기며 물고기가 잡히기를 고대하고 있었지요. 그때, 스트레스를 풀 겸 잠시 강가를 거닐던 한 상인이 낚시꾼을 발견했습니다. 상인은 그가 왜 일을 해야 할 시간에 낚시를 하고 있는지 궁금했습니다. 낚시꾼이 꽤나 젊어 보였기 때문에, 생계를 위해 돈을 벌어야 할 시간에 이곳에 있는 이유를 알고 싶었습니다. 그래서 상인은 낚시꾼 옆으로 다가가 물었습니다. '그렇게 있으면 물고기를 많이 잡지 못합니다. 강가에 앉아 있을 시간에 차라리 일

을 하는 게 낫지 않겠습니까?'

낚시꾼은 상인을 올려다보며 미소를 짓고는 '그렇게 하면 무엇을 얻나요?'라고 되물었습니다. 상인은 '글쎄요, 일을 하면 돈을 벌겠지요. 돈을 벌면 그 돈으로 그물을 사서 물고기를 더 많이 잡을 수 있을 테고요.'라고 답했습니다.

'그렇게 하면 또 무엇을 얻나요?'라고 낚시꾼이 다시 묻자, 상인은 '돈을 더 많이 벌겠지요. 그 돈으로 배를 사서 물고기를 더 많이 잡을 수 있을 테고요.'라고 대답했습니다.

'그렇게 하면 또 무엇을 얻나요?'라고 낚시꾼이 다시 묻자, 상인은 목소리를 높여 '답은 뻔하지 않습니까? 배를 더 장만해서 당신 대신 일할 일꾼들을 고용할 수 있겠지요.'라고 말했습니다.

'그렇게 하면 또 무엇을 얻나요?'라고 낚시꾼이 반복하자, 상인은 화를 참지 못하고 '정말 몰라서 묻는 겁니까? 배를 수십 척 만들어서 전 세계를 항해하며 선원들이 물고기를 잡게 할 수 있겠지요!'라고 언성을 높였습니다.

'그렇게 하면 또 무엇을 얻나요?'라고 낚시꾼이 다시 묻자, 더 이상 참을 수 없던 상인이 소리쳤습니다. '내가 하나하나 다 설명을 해야 합니까? 그렇게 부자가 되면 이제 더는 일할 필요가 없겠지요! 그러면 남은 인생을 이 강둑에 앉아 낚시나 하면서 아무 걱정 없이 지낼 수 있을 겁니다!'

낚시꾼은 그저 미소를 지으며 말했습니다. '제가 지금 그런 상태입니다. 굳이 그 중간 과정을 다 거칠 필요가 있을까요? 저는 지금 이대로도 아주 행복한걸요?. 그런 복잡한 과정은 필요가 없답니다."

웃음이 났다. 참 재밌는 이야기였다. 그런데 카부터는 왜 내게 이 이야기를 들려준 걸까?

"카르페 디엠Carpe Diem이라는 말을 알고 계시지요?"

카부터가 물었다.

"네, 알고 있습니다. '이 순간을 잡아라'라는 뜻이지요."

"맞습니다. 카르페 디엠은 서양 문화에서 가장 오래된 철학적 좌우명 중 하나입니다. 로마 시인 호라티우스Horace가 2천 년도 훨씬 전에 처음 사용한 말이지요. '이 순간을 잡아라'라는 말은 지금 일어나고 있는 일에 집중하라는 뜻입니다. 매 순간의 특별함과 가치를 음미하고, 불필요하게 일을 미루지 말라는 것이지요. 인생은 아주 짧으니까요. 그런 점에서 카르페 디엠은 '죽음을 기억하라'라는

의미의 또 다른 라틴어 문구인 메멘토 모리memento mori와
도 관련이 있습니다.

카르페 디엠은 사람마다 다르게 해석될 수 있습니다. 어
떤 사람에게는 일생일대의 기회를 잡는 것을 의미하고,
또 다른 사람에게는 평온한 삶을 즐기는 것을 뜻할 수 있
으며, 자유로운 쾌락주의로도 받아들여질 수 있지요.

그러나 카르페 디엠을 쾌락주의와 혼동해서는 안 됩니다.
카르페 디엠은 현재를 미래를 위한 도구로 사용하는 것
을 의미하지만, 쾌락주의자들은 미래가 어찌 되든 상관하
지 않습니다. 대신, 어차피 죽으면 그만이라고 생각하지
요. 그리고 카르페 디엠을 운명론과 혼동해서도 안 됩니
다. 운명론자들은 자신의 행동이 미래에 영향을 미칠 수
없다고 생각합니다. 모든 것이 이미 정해져 있다고 믿기
때문이지요.

카르페 디엠은 본질적으로 시간을 어떻게 대하느냐에 관
한 것입니다. 어떤 사람들은 과거에 사로잡혀 이미 지나
간 일을 곱씹고, 또 어떤 사람들은 오직 미래만을 꿈꾸며
인생을 허비합니다. 물론 우리는 과거와 미래에서 완전히
자유로울 수 없지만, 그렇다고 그것들에 휘둘려서도 안
됩니다. 카르페 디엠은 현재를 충실히 활용하고, 제한된

시간을 알차게 살아가라는 메시지입니다. 지금 바로 당신이 원하는 삶을 살아가십시오. 이루고 싶은 일이 있다면, 미룰 이유를 찾기보다 지금 당장 시작하는 게 낫습니다. 이렇게 삶을 바라보면, 과거와 미래를 생각하며 경험하게 되는 슬픔, 분노, 두려움과 같은 스트레스성 감정의 영향력은 크게 줄어들 수 있습니다.

카르페 디엠이라는 말의 의미는 이처럼 간결합니다. 하지만 이 개념은 안타깝게도 마음 챙김 운동mindfulness movement에 의해 변질된 측면이 있습니다. 물론 마음 챙김에도 나름의 장점이 있지요. 하지만, 의도치 않게, 카르페 디엠의 의미는 단순히 지금 여기에만 집중하며 사는 것이라고 왜곡되고 말았습니다. 오직 현재에만 사는 것이 가능하다고 믿는 것은 위험한 착각입니다. 의식적으로든 무의식적으로든, 경험은 각자에게 영향을 미치게 마련입니다. 인생은 결코 순탄한 여정이 아니며, 과거와 미래가 지닌 무게는 상당할 수밖에 없습니다. 카르페 디엠이라는 개념은 광고업자나 자기 계발 전문가들에 의해 악용되어 과시적 소비와 즉각적인 만족이라는 맥락에서 오용되었습니다. 따라서 카르페 디엠의 진정한 의미에 다시 초점을 맞추는 것이 중요합니다.

카르페 디엠의 핵심은 인생을 돌아봤을 때 후회 없는 삶을 사는 데 있습니다. 살아가는 동안, 최선을 다하고, 자신에게 진정으로 중요한 것이 무엇인지 고민하십시오. 어떤 일이 나에게 기쁨을 줍니까? 내게 활력을 주는 것이 무엇인가요? 반대로, 피하고 싶은 일은 없습니까? 카르페 디엠은 자기 자신에게 투자하고 자신을 잘 돌보라는 의미입니다.

과거의 실수, 할 수 있었던 일, 해야 했던 일에 집착하는 것과는 완전히 다릅니다. 그런 태도는 우울과 무기력으로 이어질 뿐이지요. 카르페 디엠은 행동하고 기회를 붙잡는 것에 관한 것입니다. 삶은 단순히 좋은 직업, 큰 집, 멋진 차를 갖는 것 이상의 의미를 갖습니다. 대신, 우리가 의미 있는 삶을 살아갈 때, 다른 사람들의 본보기가 될 수 있지요. 어떻게 올바른 가치를 익히고, 타인을 존중하며, 세상을 돌보는지를 보여주는 겁니다. 자신의 삶을 진정으로 의미 있게 만들 수 있는 사람은 오직 자신뿐입니다. 끝을 새로운 시작으로 바꾸는 순간, 우리는 성장할 수 있습니다. 인생의 모든 여정은 끝맺음이자 시작이지요. 카르페 디엠을 실천한다면, 모든 출구가 새로운 곳으로 향하는 입구처럼 보이게 될 것입니다."

35.
부모가 아이들에게
해줄 수 있는 일

카부터의 말은 내 마음 깊은 곳을 건드렸다. 나야말로 스스로에게 행복한 순간들을 많이 만들어주지 못하고 있었다. 너무 자주, 과거는 후회하며 돌아봤고, 미래는 앞서가며 두려워했다. 카부터가 이런 내 마음을 알아차린 것 같았다. 곧 그는 담배 파이프를 꺼내 불을 붙인 다음 이렇게 말했다.

"많은 사람이 자녀로부터 새로운 삶이 시작되기를 바랍니다. 그래서 자녀들이 미래에 대비할 수 있도록 교육에 힘을 쏟고, 영원할 것처럼 보이지만 사실은 취약한 것들에 대해 가르치려고 하지요. 지구가 직면한 위기가 대표적인 사례입니다. 지구를 지키기 위한 가장 큰 희망은 젊은 세대를 제대로 교육하는 데 있습니다. 올바른 교육이 이루어진다면, 우리 자녀들과 그다음 세대는 우리와 그 이전 세대보다 더욱 믿음직하게 지구를 수호해 나갈 수 있을 겁니다."

카부터의 말은 내게 깊은 울림으로 다가왔다. 내가 미래를 두려워하는 큰 이유 중 하나는 인류의 이기적인 행동이 결국 우리를 파멸로 이끌 것이라는 생각 때문이었다. 몇 년 전부터 나는 '공유지의 비극tragedy of the commons'이라는 개념, 즉 사람들이 공유 자원을 개인의 이익을 위해 사용해 결국 자원이 고갈되고 마는 현상에 관심을 두고 있었다. 카부터와 함께 시간을 보낸 지 닷새가 되면서, 처음으로 우리의 관계가 달라지는 것이 느껴졌다. 스승과 제자 간의 거리가 좁혀지고, 유대감과 상호 이해가 생긴 것 같은 느낌이랄까? 우리는 한동안 편안한 침묵 속에서 앉아 있었다. 카부터는 가만히 담배 연기를 내뿜은 다음 이야기를 시작했다.

"왕과 두 소년에 관한 이야기를 들려드리지요."

나는 다시 자리에 앉아 그의 이야기를 들을 준비를 했다.

"숲을 탐험하던 두 소년이 길을 잃은 왕을 발견했습니다. 이런 이야기에서 왕들이 숲에서 길을 잃는 일이 얼마나 흔한지 눈치채셨나요? 길을 잃는 게 아마도 왕의 숙명인가 봅니다. 어쨌든, 왕은 길을 찾지 못해 오랫동안 숲속을 떠돈 탓에 완전히 지쳐 있었고, 먹을 것과 마실 것이 절실한 상태였지요. 하지만 다행히도 두 소년은 손바닥 보듯 훤히 숲을 알고 있었고, 약간의 빵과 물도 가지고 있었습니다. 왕은 소년들이 준 음식을 먹고 점점 기운을 되찾았습니다. 왕이 어느 정도 기력을 회복하자, 두 소년은 왕을 숲 외곽까지 데려가 성으로 가는 길을 알려주었습니다.

고마움을 느낀 왕은 두 소년에게 함께 성으로 가자고 제안했습니다. 성에 도착하자, 왕은 신하들에게 두 소년에게 식사를 잘 대접하고, 식사가 끝나면 자신의 방으로 데려오라고 명했습니다. 소년들이 방에 들어서자, 왕은 '정말 고맙구나. 너희가 베푼 친절에 어떻게 보답하면 좋겠느냐?'라고 물었습니다.

첫 번째 소년은 주저하지 않고, '폐하, 저에게 소와 땅을 주십시오.'라고 말했고, 왕은 즉시 이를 허락했습니다. 두 번째 소년은 잠시 생각한 뒤, '폐하, 제 부모님은 저를 교육하고 싶었지만 너무 가난해 그럴 수 없었습니다. 저는 진정으로 배우고 싶습니다.'라고 말했습니다.

이번에도 왕은 즉시 소년의 부탁을 들어주었고, 두 소년은 만족스러운 마음으로 집으로 돌아갔습니다. 이후, 첫 번째 소년은 열심히 소를 키우며 지냈고, 두 번째 소년은 공부에 전념했지요. 두 번째 소년이 우수한 학생이 되어 학업을 마치자, 왕은 그를 자신이 통치하던 지역 중 한 곳의 총독으로 임명했습니다.

몇 년 뒤, 왕국에 심각한 기근이 닥쳤습니다. 첫 번째 소년이 기르던 소들은 모두 죽고 말았고, 오직 살아남기 위해 땅마저 팔아야 했지요. 그러나 두 번째 소년은 자신이 받은 교육을 활용했습니다. 그는 자신이 관리하는 지역의 백성들을 굶주리게 하지 않을 방법을 알고 있었고, 남아 있는 자원을 잘 관리해 냈지요.

이 이야기는 교육이 개인과 사회에 얼마나 큰 영향을 미치는지를 잘 보여줍니다. 한 나라를 세우기 위해서는 교육의 기회가 모두에게 열려 있어야 하지요. 교육은 인간의 기본권입니다. 교육에는 비용이 따르겠지만, 무지에는 훨씬 더 큰 대가가 따릅니다.

저는 교육이 한 나라의 미래를 결정짓는 핵심 요소라고 주장하고 싶습니다. 교육을 받으면, 사람들은 꿈을 추구할 수 있게 됩니다. 어려움을 맞닥뜨렸을 때, 이를 극복할 수 있도록 돕는 것 또한 교육이지요. 결국, 교육을 통해 삶은 더 풍요로워질 수 있습니다. 교육을 통해 사람들은 자신의 길을 찾을 뿐만 아니라, 다른 사람들이 각자의 길을 찾도록 도울 수 있습니다. 교육은 하나의 투자입니다. 두 소년과 길 잃은 왕의 이야기가 보여주듯, 배워 익힌 지식은 누구도 빼앗을 수 없습니다.

교육은 자유로 향하는 황금문을 여는 열쇠입니다. 교육이할 수 있는 일들을 생각해 보십시오. 교육은 무지를 예방하고, 사람들에게 힘을 실어주며, 자신감을 북돋아 줍니다. 그리고 사고의 폭을 넓혀주고, 의견에 깊이를 더해주지요.

교육은 아무리 일찍 시작해도 절대 이르지 않으며, 대부분 가정에서부터 시작됩니다. 마음이 유연한 어린 시절에는 주변에서 듣는 모든 말이 학습의 일부가 되지요. 가정은 아이들이 진실, 명예, 미덕, 자기 통제, 그리고 노력의 가치와 같은 기본적인 덕목을 배우는 장소입니다. 만약 가정을 배움의 공간으로 존중하지 않는다면 그 실패를 달리 보완하기란 불가능에 가깝습니다.

아이들에게는 챔피언이 필요합니다. 여기서 챔피언이란, 아이들을 믿고 포기하지 않는 어른입니다. 희망을 주고 격려하며, 상상력을 자극하고, 스스로 생각하도록 가르치는 어른이자, 언제나 최선을 다할 수 있도록 도와주는 어른이기도 하지요.

또 한 가지 중요하게 다룰 내용은 아이들을 양육하면서 부모도 함께 배운다는 점입니다. 아이를 키우는 경험은 인생에서 손꼽히는 가장 의미 있는 여정입니다. 누군가의 인생을 온전히 책임지는 것과 견줄만한 일은 없으니까요. 자녀 양육은 가장 근본적인 방식으로 사랑과 유대감에 대해 가르침을 얻는 과정이라 할 수 있습니다.

하나 더 덧붙이고 싶습니다. '남자를 교육하면 한 사람을 교육하는 것이지만, 여자를 교육하면 한 민족을 교육하는 것이다.'라는 말이 있지요? 아직도 많은 나라에서 여성 교육을 소홀히 다루거나 경시하는 실정입니다. 심지어 일부 국가에서는 교육 대상에서 여성을 아예 제외하기도 하지요. 이는 엄청난 손실을 초래하는 일입니다.

여자아이들이 학교 교육을 받는 것은 중요합니다. 언젠가는 그 아이들이 자신의 아이들에게 첫 번째 선생님이 될 테니까요. 여자아이들의 교육에 투자하고, 그들의 잠재력을 가로막는 법적 장벽을 제거한 나라들은 이미 그 혜택을 누리고 있습니다. 교육받은 여성들은 진정한 변화의 촉매제가 될 수 있습니다.

교육은 희망을 의미합니다. 자신을 위한 희망이자 인류를 위한 희망이지요. 배움에 대한 열정은 더 나은 세상, 더 나은 미래를 만드는 힘입니다."

36.
어두운 시기를
헤쳐 나가는 힘

카부터가 잠시 말을 멈추었다. 마치 무언가를 계속 생각하고 있는 듯했다. 그러다 다시 이야기를 시작하자, 그의 생각이 어디로 향하고 있었는지 알 수 있었다.

"아, 희망이지요. 가장 어두운 시기를 헤쳐 나가게 하는 힘은 결국 희망입니다. 우리 모두에게는 희망이 필요합니다. 가까운 미래든 먼 미래든, 미래를 긍정적인 태도로 바라볼 수 있어야 하지요. 희망이 주는 에너지가 있어야 존재에 대한 불안과 맞서 싸울 수 있습니다.

희망이라는 단어는 다양한 상황에서 복합적인 의미로 쓰입니다. 일반적으로, 사람들은 희망을 느낄 때 동기를 부여받고, 낙관적인 태도를 보이며, 긍정적인 감정을 경험합니다. 희망은 불가능해 보이는 일에 도전하게 만드는 원동력이자, 어려운 시기를 극복하게 하는 힘이며, 절망 속에서도 결국 이겨낼 수 있다는 믿음을 심어주지요. 다시 말해, 희망은 문제를 해결할 수 있다는 마음가짐을 갖게 해 목표를 달성할 가능성을 높여 줍니다. 아무리 어려운 상황이라도, 희망이 있는 사람들은 그 속에서 긍정적인 면을 찾아내지요.

희망은 종종 낙관주의와 유사한 개념으로 여겨지지만, 둘 사이에는 중요한 차이가 있습니다. 낙관주의는 어떤 일이 잘 풀릴 것이라고 가정하는 태도로, 자신이 그 일을 실제로 이루어낼 수 있을지에 대한 고민은 하지 않습니다. 하지만 희망은 다릅니다. 희망을 가진 사람들은 좋은 일이 일어날 것이라고 막연하게 믿는 대신, 자신의 행동으로 원하는 목표를 이룰 수 있다고 믿습니다. 이런 점에서 희망이 더 행동 지향적이라고 할 수 있지요. 다시 말해, 희망은 목표를 설정하고 그 목표를 이루기 위해 노력하는 과정인 반면, 낙관주의는 긍정적인 사고방식에 불과합니다. 따라서 스트레스 상황이나 문제 국면에서처럼, 긍정적인 결과가 보장되어 있지는 않지만 강력한 동기 부여가 필요한 순간에 결정적인 차이를 만들어내는 것은 희망입니다. 희망은 목표를 추구할 힘이 됩니다. 사람들은 희망을 품을 때 비로소 성공할 수 있다는 긍정의 마음으로 문제를 해결해 나가게 됩니다. 그 과정에서 현재의 고통도 덜 느끼게 되지요. 희망이야말로 삶을 가치 있게 만드는 중요한 요소라고 할 수 있습니다.

희망과 신뢰는 밀접하게 연결된 개념입니다. 둘 다 '신뢰 형성 단계 trust phase'라고 불리는 초기 어린 시절에 발달하지요. 신뢰는 보통 태어나서부터 18개월까지, 즉 아이들이 안정된 환경에서 양육자에게 전적으로 의존해 음식을 섭취하고 보살핌을 받는 시기에 형성됩니다. 이 시기에 아이의 욕구가 잘 충족되면 기본적인 신뢰가 형성됩니다. 그러나 양육자가 아이를 제대로 돌보지 못하면, 아이는 세상에 대한 근본적인 불신을 갖게 되고, 이 불신은 성인이 되어서도 영향을 미치지요.

이 같은 연결고리는 아이의 기대를 부모가 어떻게 처리하느냐 따라 달라집니다. 아이가 받는 양육의 질이 모든 것을 좌우하지요. 아이는 음식, 보살핌, 안정된 환경과 관련된 가장 기본적인 욕구가 충족되기를 바라며, 이 욕구가 충족되어야 비로소 신뢰감을 느낍니다. 시간이 지나면서 이런 경험이 축적되고 확장되면, 결국 다른 사안에 대해서도 희망적인 태도를 갖게 되지요."

카부터는 잠시 말을 멈추고 담뱃대를 새로 채웠다.

"희망이 세상에 어떻게 등장하게 되었는지, 그리스 신화 중에 떠오르는 게 있지 않습니까?"

카부터의 질문에 내가 답했다.

"판도라의 상자 말씀인가요? 어릴 때 들었던 기억으로, 제가 한번 이야기해 보겠습니다. 태초에 인간 세상은 자연의 아름다움이 가득한 낙원이었습니다. 하지만 오직 남자들만 살고 있었지요. 이 남자들은 프로메테우스Prometheus가 자기만족을 위해 만든 존재였기 때문에, 제우스의 노여움을 사고 말았습니다. 더구나 프로메테우스가 도를 넘어, 하늘에서 훔친 불을 남자들에게 가져다주자, 제우스는 보복을 결심하지요. 제우스는 먼저 여자를 하나 만들어 판도라Pandora라 이름 지었습니다. '모두에게 주는 선물'이라는 뜻이었지요. 판도라를 인간 세상으로 내려보내기 전, 제우스는 그녀에게 아름다운 상자를 하나 건네며, 잘 간수하되 절대로 열지 말라고 경고했습니다. 하지만 피할 수 없는 일이 벌어졌지요. 누가 그런 유혹을 마다할 수 있었겠습니까? 판도라는 상자를 열고 말았고, 그 순간 슬픔, 질병, 악행, 폭력, 탐욕, 광기, 노화, 그리고 죽음까지 세상을 어지럽히는 온갖 재앙들이 상자 밖으로 튀어나왔습니다. 놀란 판도라가 황급히 상자의 뚜껑을 닫아보았지만, 이미 일은 벌어진 다음이었죠. 상자 위에 엎드려 울던 판도라는 상자에서 나는 작은 소리를 들었습니다. 무언가 아직 상자 안에 갇혀 있었던 것이었죠. 판도라는 조심스레 뚜껑을 열었고, 그 안에서 희망이 날아 올랐습니다. 악한 의도 속에서도 제우스가 약간의 자비를 베푼 결과였지요."

내가 이야기를 마치자 카부터가 설명을 이어갔다.

"나쁘지 않은 버전이네요. 판도라의 상자는 그리스 작가 헤시오도스Hesiod의 작품에서 처음 언급된 뒤로, 철학자, 종교 리더, 시인, 그리고 심지어 의사들까지도 희망이라는 주제를 성찰할 때면 자주 인용하는 이야기입니다. 모든 악 앞에서, 희망은 우리가 살아남아 앞으로 나아갈 수 있다는 믿음을 줍니다. 좋은 일이 일어날 수 있다는 희망만으로도 기분이 나아지고 더 행복해질 수 있습니다.

희망이 사람들의 사회적, 정신적, 신체적 안녕에 미치는 영향은 널리 입증되어 있습니다. 희망이 있을 때, 목적의식이 뚜렷해지고, 긍정적인 감정을 더 많이 느끼며, 우울감이 낮아지고, 외로움을 덜 느낍니다. 반대로 희망이 없으면 우울증, 불안, 공황 발작과 같은 여러 정신 건강 문제를 겪을 가능성이 높습니다.

희망을 품은 사람들의 삶의 질이 더 높습니다. 미래를 내다보는 성향 덕분에 변화무쌍한 상황에도 잘 대처하기 때문이지요. 스트레스가 많은 상황에서도 건설적으로 대응하며 문제를 더 효과적으로 해결해 나갑니다. 다시 말해, 희망을 지닌 사람들이 직업, 재정, 건강 문제에 더 적극적으로 대처하기 때문에 일반적으로 더 성공적이고 건강한 삶을 살아간다고 할 수 있습니다.

최근에는 지구 온난화, 핵 갈등, 테러, 전쟁, 빈곤, 부패한 악덕 리더, 전염병에 이르기까지 온갖 문제가 산재한 듯 보입니다. 누군가 인생이 공평하다고 믿고 있다면, 다시 생각해 보라고 말하고 싶을 정도입니다. 인생에서 특별한 보상이나 좋은 일이 찾아오기를 기대한다면, 그만큼 크게 실망할 수 있습니다. 인생은 때로 지독할 정도로 불공평할 수 있기 때문이지요. 가끔은 상상도 못 할 만큼 큰 장애물이 가로막을 수 있고, 어떤 일이 벌어질지 예측조차 하기 어려울 수도 있습니다. 하지만 그럴 때 작은 희망의 불씨가 남아있다면, 어떤 어려움 속에서도 끝까지 해내겠다는 용기가 피어나지요.

세상의 중요한 일 대부분은 온갖 역경에도 굴하지 않고 맞서 싸운 사람들이 이루었습니다. 그들은 내일 더 나아질 것이라는 희망만큼 강력한 약도, 위대한 동기부여도, 강렬한 자극제도 없다는 사실을 잘 알고 있었지요. 희망이란 개인적인 위험을 감수하고 자발적으로 행동에 나서 무언가를 실천하는 것이라는 점도 이해하고 있었습니다. 이제 희망이 얼마나 영감을 줄 수 있는지를 보여주는 이야기를 하나 들려드리지요.

한 장군이 승리할 가능성이 거의 없는 중요한 전투를 앞두고 있었습니다. 그가 이끄는 군대의 병력은 적군에 비해 무척 열세한 상황이었지요. 장군은 병사들에게 승리할 수 있다는 믿음을 심어주려 애썼지만, 병사들의 의심을 거두기는 쉽지 않았습니다. 장군은 이런 병사들에게 희망을 불어넣어야 한다고 생각했습니다. 희망이 있다면 병사들이 모든 것을 바쳐 싸우리라는 것을 알고 있었기 때문이었죠.

전장으로 향하던 중, 장군은 어느 신전 앞에서 부대를 멈춰 세우고 병사들과 기도를 올렸습니다. 그런 다음, 동전을 꺼내 들고 병사들을 향해 외쳤지요. '이제 내가 이 동

전을 던지겠다. 앞면은 승리를, 뒷면은 패배를 의미한다. 이제 곧 우리의 운명이 밝혀질 것이다.'

장군이 동전을 공중에 던지자, 병사들은 숨을 죽이고 동전이 땅에 떨어지는 모습을 지켜보았습니다. 그리고 앞면이 나오자 환호하며 기뻐했지요. 자신감이 차오른 병사들은 맹렬히 적을 공격했고, 마침내 승리를 거두었습니다. 전투가 끝난 뒤, 한 대령이 다가와 '결국, 우리의 운명은 정해져 있었고, 아무도 그것을 바꿀 수 없었습니다.'라고 말하자, 장군은 동전을 꺼내 보여주며 '물론이네. 희망이 있으면 모든 것이 가능해지니까.'라고 답했습니다. 놀랍게도 그 동전의 양쪽은 모두 앞면이었지요."

37.
마지막 순간,
잘 살았다고 할 수 있는 사람

카부터에게서 참 많은 것을 배웠다. 이제는 이 만남을 마무리해야 할 때가 다가오는 것 같았다. 카부터와는 함께 할수록 편안해졌다. 괴짜 같은 면모, 완고함, 다정함이 그의 묘한 매력이었다. 카부터에게 나와 가족에게 해줄 말을 적어달라고 부탁해야겠다는 생각이 들었다. 그의 지혜를 가족과 함께 소중히 간직하고 싶었기 때문이다.

카부터는 주머니에서 종이를 꺼내 짧게 몇 마디 적은 뒤, 아무 말 없이 나에게 건넸다. 나는 기대에 차서 종이에 적힌 내용을 소리내어 읽었다.

"아버지가 죽고, 딸이 죽고, 손녀가 죽는다."

목소리를 높이지 않을 수 없었다.

"이게 뭡니까? 우리 가족이 소중하게 간직할 내용을 부탁드렸잖아요! 왜 이런 문장을 적으신 겁니까?"

카부터는 유감이라는 듯 답했다.

"가혹하게 들릴 수도 있겠지요. 하지만 한번 잘 생각해 보십시오. 만약 당신의 딸이 당신보다 먼저 죽는다면 어떻겠습니까? 마음이 찢어질 겁니다. 손녀가 당신과 딸보다 먼저 죽는다면, 둘 다 큰 슬픔에 빠질 테고요. 제가 적은 것은 자연의 이치입니다. 그리고 그것이 곧 진정한 행복이지요. 부모가 자식을 잃는 것만큼 큰 비극은 없습니다. 누구도 그런 아픔을 겪고 싶지 않지요. 우리가 당연하게 여기는 일상에 진정한 행복이 있습니다. 우리가 그 사실을 깨닫기만 한다면 말이지요."

나는 카부터의 말에 전적으로 동의할 수밖에 없었다. 그래서 섣부르게 목소리를 높인 것에 대해 먼저 사과하고 이렇게 말했다.

"어떤 말씀인지 이해가 됩니다. 종종 우리는 행복을 눈앞에 두고도 알아차리지 못하니까요."

카부터가 말했다.

"진정한 행복이란, 큰 불행 없이 온전히 살다가 자연스럽게 죽음을 맞이하는 것이라고 생각합니다. 우리가 모두 바라는 바이지요. 그 바람만큼 중요한 것은 없습니다. 하지만 그 바람은 이뤄지지 않을 수도 있습니다. 나쁜 일은 일어나게 마련이고, 질병과 죽음은 언제나 우리 가까이에 있으니까요. 삶이 영원할 수 없다는 것을 우리는 모두 알고 있습니다."

함께 계속 걷다 보니 지금까지 지나온 평화로운 풍경과는 완전히 다른 모습이 눈 앞에 펼쳐졌다. 온통 황폐하게 훼손된 지역이었다. 숲은 엉망이었고, 나무는 전부 뿌리째 뽑혀 있었다. 중장비가 헤집어 놓은 땅은 그야말로 전쟁터를 방불케 했다. 벌목꾼들이 환경을 아랑곳하지 않고 무분별하게 작업을 해 놓은 탓이었다.

카부터가 물었다.

"어떤 생각이 드십니까? 이 모습을 보고 어떤 기분이 드시나요?"

숲이 초토화된 이 모습에 얼마나 충격을 받았는지 선뜻 입이 떨어지지 않았다.

카부터가 말했다.

"지구 입장에서 보면 이런 파괴는 낯설지 않습니다. 지금 선생에게 충격을 안긴 이 모습은 비교적 사소한 일이지요. 6,500만 년 전, 공룡을 지구상에서 사라지게 한 대멸종 사건을 생각해 보십시오. 몇몇 포유류와 새, 작은 파충류, 물고기, 양서류가 살아남았을 뿐, 그때의 대재앙으로 지구 생명체 중 4분의 3이 사라졌었습니다.

대멸종 사건은 지구에 산만큼 거대한 운석이 충돌했거나, 여러 화산이 폭발했거나, 혹은 이 두 현상이 동시에 일어났기 때문에 발생했을 가능성이 큽니다. 하지만 그 이유가 무엇이든, 각종 파편과, 유독 가스, 먼지가 대기를 가득 채워 기후가 급격하게 달라짐에 따라, 1억 6천 5백만 년 넘게 지구를 지배해 온 생명체들이 말 그대로 전멸하게 됩니다. 언뜻 믿기 힘들 정도의 변화이지만, 지구에 실제로 이런 일이 일어났었다는 것은 자명한 사실입니다. 이는 기후 변화가 지구의 생명체에 어떤 영향을 미칠 수 있는지를 적나라하게 보여주는 좋은 사례가 아닐 수 없습니다. 지금 인간이 지구를 대하는 방식을 보면 과거의 시나리오가 반복될 위험은 커져만 갑니다. 모두가 지금보다 더 적극적인 자세로 지구를 지켜내야 하지요."

그의 말에 동의하지 않을 수 없었다. 지구 온난화의 여파가 곳곳에서 목격되고 있음에도, 모두 걱정만 늘어놓을 뿐 좀처럼 행동에 나서고 있지 않기 때문이었다. 이렇게 가다가는 행복한 결말을 맺지 못하게 될까 봐 가장 두려웠다. 그런데 정말로 '행복한 결말'이라는 게 있기는 할까? 그런 순진한 생각이야말로 동화는 그저 동화일 뿐이라는 말이 나오는 이유가 아닐까? 내 삶은 언제 끝나게 될까? 그리고 그 끝은 어떤 모습일까? 삶이 유한하다는 것을 알면서도, 여전히 마지막 순간을 상상하기 어려웠고, 언젠가는 모든 것을 놓아버려야 한다는 사실을 받아들이기 힘들었다.

마치 내 생각을 읽기라도 한 듯, 카부터가 말했다.

"물론, 마지막 순간은 언제나 삶의 일부였습니다. 그럼에도 끝을 받아들이기란 여전히 어렵습니다. 나이가 들며 신체 능력이 떨어지는 것을 느끼면서도, 죽음이 가까워져 오고 있다는 사실을 받아들이기란 여전히 쉽지 않지요. 죽음은 항상 다른 사람에게만 일어나는 일처럼 느껴지기도 합니다. 하지만 만약 삶이 영원히 계속된다면, 그 삶은 즐거울까요? 오히려 예상치 못한 순간에 끝을 맞이하게 될 수 있다는 사실을 받아들이면, 매일 자신이 진정 원하는 사람이 되어가고 있는지, 정말 살고 싶은 삶을 살고 있는지 질문해 볼 수 있을 겁니다. 내 삶이 유한하다는 것을 깨닫는 순간, 삶을 대하는 태도가 달라집니다. 세상 모든 것이 영원하지 않다는 사실을 받아들이고, 지금이 마지막

일 수 있다는 인식이 생기면, 삶을 훨씬 더 강렬하게 살아 갈 수 있게 되지요. 그렇게 되면 인생을 그저 무의미하게 흘려보낼 수 없게 됩니다.

우리 주변에서 일어나는 모든 일에 시작과 끝이 있다는 것을 알고 있으면서도, 왜 우리는 선뜻 자신의 죽음을 받아들이지 못할까요? 매일, 매 순간, 모든 관계, 모든 생명체는 언젠가 끝이 납니다. 그 사실을 알고 있으면서도 우리는 여전히 두려움을 느끼지요. 앞으로 어떤 일이 일어날지 알 수 없어서, 슬픔과 비탄을 겪게 될까 봐, 그리고 그런 상황을 감당해 내지 못할까 봐 두려워하는 것이지요.

그러나 끝은 성장과 발전으로 이어질 수 있습니다. 어떤 길의 끝에는 새로운 시작과 기회, 그리고 기대가 있게 마련이니까요. 이 세상에는 언제나 탄생, 죽음, 그리고 재탄생이 순환하며 반복되고 있습니다.

시작과 마찬가지로 끝을 삶의 일부로 자연스럽게 받아들이기를 바랍니다. 어떤 끝은 슬플 수 있지만, 다른 끝은 새로운 출발을 상징할 수 있습니다. 어떤 끝은 우아하지만, 또 다른 끝은 매우 혼란스러울 수도 있지요.

불행한 결말을 맞게 되는 한 가지 이유는 갖지 못한 것,

가질 수 없는 것을 갈망하기 때문입니다. 인생을 돌이켜 보다 보면 후회가 밀려올 수도, 기대에 미치지 못한 삶에 절망하게 될 수도 있지요. 그러나 이러한 감정들을 이겨 낼 방법들이 있습니다. 아무리 노력해도 모든 것을 다 가질 수 없다는 사실을 기억하십시오. 사람들은 많이 가질수록 더 많이 원하게 마련입니다. 어쩔 수 없는 인간의 숙명이라고 해야 할까요? 하지만 이런 욕심은 어김없이 불만과 불행으로 이어지고 맙니다. 그러니 더 나은 결말을 원한다면 욕심을 줄이고, 이미 갖고 있는 것에 진심으로 감사하는 마음을 가질 수 있어야 합니다.

제가 지난 며칠 동안 여러 차례, 여러 방식으로 말한 것처럼, 잘 살았다고 말할 수 있는 삶이 되려면, 자신의 내면에 더 많은 관심을 기울여야 합니다. 이렇게 되려면, 세상을 바라보는 방식, 자신과 타인을 대하는 방식, 그리고 삶 자체를 바라보는 방식을 바꿔야 할 지도 모르지요. 내가 겪고 있는 일이나 내면의 욕구를 더 잘 이해하려는 노력도 필요합니다.

이런 점에서, 마지막 순간을 맞이할 때 후회 없이 지난 삶을 돌아볼 수 있기를 바랍니다. 삶의 목적을 깨달았기를, 가족과 친구들과 따뜻한 관계를 맺으며 충만한 삶을 살았기를 바랍니다. 재능을 최대한 발휘할 수 있었기를, 올바른 선택을 해왔기를, 또한 개인적인 차원을 넘어 타인에게 베푸는 삶을 살았기를 바랍니다.

그러니 죽음을 앞두게 되었을 때, 삶에는 진정한 시작도 끝도 없다는 사실을 떠올리십시오. 사건들은 서로 연결되어 이어집니다. 우리가 시작과 끝으로 여기던 것들도 실제로는 구분되지 않는 경우가 많지요. 그 순간에는 모를 수 있지만, 모든 끝은 새로운 시작일 뿐입니다. 잘 살아온 삶이라면, 죽음은 완벽한 마침표처럼 보일 것입니다."

카부터가 이 말을 마치자, 우리 둘의 시간도 또 다른 끝에 다다른 느낌이 들었다. 닷새 동안 카부터 덕에 많은 생각을 할 수 있었지만, 이제는 떠나야 할 시간이라는 직감이 들었다.

동굴로 돌아와, 그동안 나를 환대해 주고 수많은 지혜의 말을 나눠준 카부터에게 감사 인사를 건네고 배낭을 멨다. 카부터는 내가 다시 문명 속으로 돌아갈 길을 일러주고 떠나는 나를 지켜보았다. 불과 닷새 만에 나 자신보다도 나를 더 잘 알게 된 이 특별한 존재와 어떻게 작별해야 할까? 어떤 인사가 어울릴까? 몇 걸음 걸어가다 뒤를 돌아보았지만, 카부터의 모습은 이미 사라지고 없었다.

카부터와 나눈 대화로 소중한 교훈을 많이 얻었다. 그의 통찰 덕에 내 삶을 진지하게 돌아볼 수 있었던 것이다. 마치 새롭게 삶을 시작할 기회를 다시 얻은 기분이었다. 만약 좀 더 젊었을 때 카부터를 만났다면 내 삶이 어떻게 달라졌을까하는 궁금증도 일었다.

하지만 지금은 모든 생각에서 벗어날 때다. 마음속 방황도 이쯤에서 멈추고, 두 눈 앞에 펼쳐진 험난한 지형에 집중해야 했다. 나는 강을 따라 걸으며 물살이 바위와 나뭇가지에 부딪히며 나는 소리를 즐겼다. 강가에 피어 있는 꽃들이 참 아름다웠다. 멀리서 무스 한 마리가 강을 건넜고 원앙 한 떼가 하늘을 날고 있었다. 이 모든 광경에 감사함이 차올랐다. 그러나 이런 감상에 젖어 있을 수만은 없었다. 강을 건너야 했기 때문이다.

그리스 철학자 헤라클레이토스Heraclitus는 '누구도 같은 강물에 두 번 발을 담글 수 없다. 강물은 흘러 예전의 강이 아니고, 사람도 변해 예전의 그가 아니기 때문이다.'라고 말했다. 흐르는 강물 속에서 모든 것은 끊임없이 움직인다. 멈춰 있는 것은 없다고 해도 틀림이 없다. 흐르는 시간 속에서 매일도 새로운 날이다. 오늘을 한 번도 미리 살아본 적이 없을 뿐만 아니라, 되돌려 다시 살 수도 없으니 말이다. 강을 건너며 나는 어쩌면 삶에서 유일하게 변하지 않는 것은 변화가 아닐까라는 생각이 들었다. 영원해 보이는 것들도 끊임없이 변하고 있으며, 사람도 역시 경험에 따라 이런저런 방식으로 변해간다. 그리고 우리가 모두 변하므로 사회도 변할 수밖에 없다.

비록 겉으로는 드러나지 않더라도, 카부터와 나눈 대화는 나에게 깊은 영향을 미쳤다. 삶을 다른 각도에서 바라볼 수 있게된 것이다. 카부터는 가치 있는 삶이란 새로운 도전이 끊임없이 이어지는 삶이라는 사실을 분명히 일깨웠다. 그와의 만남이 내게 얼마나 큰 행운이었는지 다시금 생각했다. 여전히 나는 거친 야생의 숲에 있었지만, 길을 잃었다는 기분은 확연히 사라지고 없었다. 나의 내면 상태와 외부 환경 사이에 간극이 사라지자, 이 일치감이 앞으로 닥쳐올 어떤 어려움도 극복하게 해줄 것이라는 확신이 들었다.

카부터와의 만남을 통해 나는 개인적인 차원의 문제를 넘어 더 큰 의미를 지닌 일들에 용기 있게 나서야겠다는 생각을 갖게 되었다. 삶의 완전성은 무엇을 위해 사느냐에 달려 있으며, 평범한 삶을 특별하게 잘 살아냄으로써 세상에 더 긍정적인 영향을 미칠 수 있다는 사실도 깨달았다. 비록 그동안 들었던 동화 속 주인공처럼 마법을 부릴 수는 없다 해도, 나는 여전히 나의 아이들과 그다음 세대를 위해 노력하며 세상을 조금 더 나은 곳으로 만들 수 있다.

언젠가 죽음을 앞두고 내 삶을 돌아볼 때, 잘 살았다고 말할 수 있기를 바란다. 자기 인식, 공감, 연민이 가득한 삶이었기를, 후회 없는 삶이었기를, 그리고 세상을 조금이라도 더 나은 곳으로 만드는 데 기여한 삶이었기를 희망해 본다. 프랑스 철학자 장자크 루소Jean-Jacques Rousseau가 말했다. '가장 오래 산 사람은 많은 해를 살아남은 사람이 아니라, 삶을 가장 풍부하게 경험한 사람'이라고. 결국, 잘 살았다고 할 수 있는 사람은, 삶을 충분히 풍부하게 살아낸 사람이 아닐까?

옮긴이

김현정

미네소타 대학교 상담심리학 석사, 콜럼비아 대학 조직과 심리학 박사. 맨프레드 교수의 초청을 받아 INSEAD Global Leadership Center에서 방문 학자로 가르침을 받았다. 그의 코칭 프로그램을 연구하여, 하버드 의대 Graduate Fellow로 선정되었다. 삼성전자 리더십 개발센터, 숭실대 경영학부 조교수, 숭실대 혁신코칭컨설팅학과 주임교수등을 역임한 바 있다. 현재는 케츠 드 브리스 연구원 (KDVI)와 긴밀히 협력하며, Executive Coach Society대표, 중소벤처기업 코칭컨설팅협회 부회장, aSSIST 글로벌 리더십 센터장을 맡고 있다.

양재희

한국외국어대학교에서 언어학 박사 학위를 받았다. 인공지능 기술 구현에 필요한 언어 자료를 설계하고 구축하는 연구원으로 일하며 한겨레 어린이·청소년책 번역가 그룹에서 활동한다. 『오언과 군인 아저씨』, 『기후변화는 어떻게 세계 경제를 위협하는가』를 우리말로 옮겼다.

잘 살았다고 말할 수 있기를

초판 1쇄 인쇄 2024년 11월 28일
초판 1쇄 발행 2024년 12월 10일

지은이 | 맨프레드 케츠 드 브리스
펴낸이 | 하인숙

기획총괄 | 김현종
책임편집 | 백상웅
마케팅 | 김미숙
디자인 표지 | studio forb 본문 | 김서영

펴낸곳 | 더블북
출판등록 | 2009년 4월 13일 제2022-000052호
주소 | 서울시 양천구 목동서로 77 현대월드타워 1713호
전화 | 02-2061-0765 팩스 | 02-2061-0766
블로그 | https://blog.naver.com/doublebook
인스타그램 | @doublebook_pub
포스트 | post.naver.com/doublebook
페이스북 | www.facebook.com/doublebook1
이메일 | doublebook@naver.com

ⓒ 맨프레드 케츠 드 브리스, 2024
ISBN 979-11-93153-48-2 (03320)